《喀木西南志略》
整理与研究

黄辛建　著

中国社会科学出版社

图书在版编目（CIP）数据

《喀木西南志略》整理与研究／黄辛建著． — 北京：中国社会科学
出版社，2023.1

ISBN 978 - 7 - 5227 - 1126 - 3

Ⅰ.①喀… Ⅱ.①黄… Ⅲ.①西藏—地方志—研究—清代②《喀木
西南志略》—研究 Ⅳ.①K297.5

中国版本图书馆 CIP 数据核字（2022）第 236683 号

出 版 人	赵剑英	
责任编辑	韩国茹	
责任校对	张爱华	
责任印制	张雪娇	

出 版	中国社会科学出版社	
社 址	北京鼓楼西大街甲 158 号	
邮 编	100720	
网 址	http://www.csspw.cn	
发 行 部	010 - 84083685	
门 市 部	010 - 84029450	
经 销	新华书店及其他书店	

印 刷	北京君升印刷有限公司
装 订	廊坊市广阳区广增装订厂
版 次	2023 年 1 月第 1 版
印 次	2023 年 1 月第 1 次印刷

开 本	710 × 1000 1/16
印 张	15.25
插 页	2
字 数	218 千字
定 价	98.00 元

凡购买中国社会科学出版社图书,如有质量问题请与本社营销中心联系调换
电话:010 - 84083683

目　录

前　言

　　地方志，是记载一定行政区域内自然、社会、历史与现状各方面情况的综合性、纂集性、文献性著述。具体而言，地方志又是以一定体例反映一定行政区域内的历史沿革、政治建置、武备兵防、山川形胜、交通、实业、物产、贡赋、教育、选举、风土民情、人物掌故等内容的综合性文献。我国历朝历代盛世无不修志。作为一种传统的著述形式，地方志编修在我国具有悠久的历史，并成为我国文化发展中一个优良的传统。经过长期的积淀与发展，目前流传下来的地方志数量已十分庞大。初步估算，在我国10万余种古代典籍中，地方志就占近十分之一，有9000多种。据1985年出版的《中国地方志联合目录》统计，我国现存的编纂于1949年以前的方志达8264种，共计11万卷以上。① 这些保存下来的地方志资源，具有独特的史料系统和传承体系，是传承中华文明，传播中华优秀传统文化的重要载体，不仅在我国历史文献发展史上有着非常重要的价值与地位，而且具有非常重要的现实意义。

　　目前，我国地方志资料在资治、存史和教育等方面的重要价值逐渐引起学术界的关注，地方志研究呈现出欣欣向荣的景象。一些地方志方面的国家级（重大）科研项目纷纷立项，有关地方志的目录性成果及资料类编不断出版，众多地方志资料整理、编撰与研究成果不断涌现，具有中国特色的方志学学科体系建设不断向前发展。

　　近年来，笔者相继主持并承担了多项有关我国西南边疆民族地区地方

---

① 周迅：《中国的地方志》，商务印书馆1991年版，第15页。

志资料的整理与研究方面的国家级、省部级科研项目。同时，笔者还在西南民族大学的中国少数民族史专业研究生中开设了"地方志研究"这门课程。因此之故，笔者在近年来的科研和教学工作中较多地关注了我国地方志。最近一段时间，笔者在拜读吴丰培先生于 20 世纪 80 年代中期汇辑出版的《川藏游踪汇编》一书时注意到，该书中收录了一部由清末川滇边务大臣赵尔丰属下管带程凤翔所撰之《喀木西南纪程》。但非常奇怪的是，在由程凤翔的秘书、四川雁江（今资阳）人李介然为该著作所作之《序》中，是书被称作《喀木西南志略》，而非吴丰培先生汇编出版时所称之《喀木西南纪程》。① 在《喀木西南纪程·跋》中，吴丰培先生这样写道：

> 西南珞瑜一带，处藏地之边区，故记西藏舆地者，昔鲜论及。迨清光绪末季，川边大臣赵尔丰锐意经营西康，颇多建树，乃派管带程凤翔进驻此地，凤翔此作，即记当时行程，对于道里崎岖，地势险峻，均属身历之谈，固多可据。补前人所不及，启后人调查之先声，亦属难得之资料。后有《汇志事实》一篇，有天时、地利、人事、物产、风俗等则，兹取《地利》及《喀木西南群说辨异》两篇，其余均无特点，故删而未录，以符《汇编》之例。②

在此《跋》中，吴丰培先生虽然明确称《喀木西南纪程》为程凤翔所作，同时还较为详细地介绍了这部著作的主要内容，但并未提及李介然《序》中的《喀木西南志略》这一书名。志略，是我国地方志的一种。从书名上判断，《喀木西南志略》极有可能是一部清代成书的地方志著作。

带着这些疑问，笔者查询了目前已出版的我国地方志目录性著作、地方志词典，希望能在其中有所发现。然而，在朱士嘉先生所编《中国地方志综录》及 20 世纪 80 年代中期出版的《中国地方志联合目录》等方志目录中均未著录该书，1988 年出版的《中国方志大辞典》等方志词典中也

① 吴丰培辑：《川藏游踪汇编》，四川民族出版社 1985 年版，第 441 页。
② 吴丰培辑：《川藏游踪汇编》，第 467 页。

未见收录，地方志资料的搜集、整理与研究方面的相关成果中亦无人提及。那么，在吴丰培先生整理出版的《喀木西南纪程·序》中，李介然为何将程凤翔所撰此著称为《喀木西南志略》，而非《喀木西南纪程》呢？难道是由于该著成书后辗转流传及抄录过程中的误抄所致，抑或是吴丰培先生在整理辑录时误将《喀木西南志略》写作了《喀木西南纪程》，或者是吴丰培先生虽未专门说明，但在选辑时根据出版需要对书名进行了必要改动和调整？

吴丰培先生（1909—1996 年），是我国著名的边疆史地专家、藏学家、图书馆学家，从事边疆研究 40 余年，收集史料数千万字。吴丰培先生未读过小学、中学，直接考入了北京大学国学门研究所（后改为研究院），于 1935 年毕业后，即在北平研究院史学研究会（后改为史学所）任编辑。1937 年"七七事变"后，吴丰培先生先后担任中国大学、辅仁大学、北京大学等学校的讲师、副教授。1949 年中华人民共和国成立后，吴丰培先生入职中央民族学院，先后任讲师、副教授、研究馆员等职，一直致力于西藏、蒙古、新疆等地区及目录学、明史等方面的研究工作。①

沿着吴丰培先生生平经历及工作单位这条线索，笔者又多方探访、多地查询，最终在吴丰培先生曾经的工作单位中央民族大学有了重大发现，在中央民族大学图书馆特藏室中找到了署名为程凤翔的这部著作。目前保存在中央民族大学图书馆的这部著作的书名与李介然《序》中提及的名称是一致的，即《喀木西南志略》，而非吴丰培先生辑录出版时标注的《喀木西南纪程》。这本保存在中央民族大学的《喀木西南志略》为 1959 年手抄本，系当时中央民族学院民族研究所抄制。该抄本字迹比较清晰，版面较为完整，保存状况较好，但由于时间久远仍不可避免地出现了一些虫蛀、破损的情况。在通读该书并将其与吴丰培先生辑入《川藏游踪汇编》中的《喀木西南纪程》进行仔细比对后，笔者发现，吴丰培先生所辑《喀木西南纪程》系新发现的《喀木西南志略》一书中的《序》、《自序》、《喀木西南纪程》以及《喀木西南纪程》之附记《诸路程站》、《喀木西南群说辨异》以及

---

① 　边师：《硕果累累的边疆研究者吴丰培先生》，《中国边疆史地研究》1994 年第 2 期。

《汇志事实》之下的"地利类"等部分内容。因吴先生主要选取的是《喀木西南志略》中"喀木西南纪程"的相关内容，故命名为《喀木西南纪程》，这也与《川藏游踪汇编》的出版旨趣契合。

从正式出版后的编排布局来看，《喀木西南纪程》中的内容首先为《喀木西南志略》中李介然《序》与程凤翔《自序》，继而将《喀木西南志略》中的《喀木西南纪程》作为《喀木西南纪程》的主体部分列于其后。此外，吴丰培先生又将《喀木西南纪程》的附记"诸路程站"、《喀木西南群说辨异》以及《汇志事实》之下的"地利类"（出版时更名为"杂瑜地理"）等内容作为附录依次列于文后。汇辑入《川藏游踪汇编》的《喀木西南纪程》公开出版后，很快引起学术界的广泛关注，学者们或将吴先生所辑内容选摘入其他资料汇编之中，或对所辑内容进行专门的研究，或在其他研究中参引所辑资料。① 然而，由于汇编出版的《喀木西南纪程》中仅辑录了《喀木西南志略》中的部分内容，且以"喀木西南纪程"为主，加之吴丰培先生在选辑时对篇章结构、篇目名称调整较大，使学者们在关注《喀木西南纪程》的同时，几乎没人知道《喀木西南志略》的存在，抑或知道其名但未见其书，更谈不上对《喀木西南志略》一书进行专门的整理和深入细致的研究。

从书名、体例、内容及成书时间来看，新发现的程凤翔撰《喀木西南志略》为清末有关西南边疆民族地区的一部非常重要的地方志著作。保存在中央民族大学图书馆的手抄本是目前所见唯一一部《喀木西南志略》，故而尤为珍贵。总体来看，该手抄本共 20000 多字，体例完备、内容全面。从资料来源上看，该地方志系作者在参考和引用大量历史典籍与地方志文献的基础上，根据沿途亲历、见闻及调查访谈资料撰写而成，非常全

---

① 其中，西藏自治区社会科学院与四川省社会科学院编写的《近代康藏重大事件史料选编》（下）（西藏古籍出版社 2001 年版）与任乃强、任新建的《清代川边康藏史料辑注》（巴蜀书社 2018 年版）等系将吴丰培所辑选摘入资料汇编之中；赵心愚的《清末藏东南方志类著作〈门空图说〉〈杂瑜地理〉考论》（《民族学刊》2013 年第 3 期）等系对其中部分内容的专门研究；张钦的《〈藏行纪程〉所载滇藏交通研究》（《中国边疆史地研究》2020 年第 1 期）、卢梅的《简析 1909—1911 年清军对藏东南地区的改流设治及其意义》（《西藏民族大学学报》2020 第 1 期）等成果则是利用吴先生所辑《喀木西南纪程》中的资料开展的相关研究。

面地记载了 20 世纪初今西藏自治区察隅县、左贡县、八宿县等地地理、社会、历史与现状各方面的情况。难能可贵的是,《喀木西南志略》还揭露了清末之际英人在我国西南边疆地区的侵略行径以及我国在这一地区维护领土完整、防止英人入侵的历史事实,所载资料是我国在这些地区行使有效管辖和拥有绝对主权地位的有力历史依据,因而具有十分重要的学术价值和现实意义。

由程凤翔撰、成书于清末的这部《喀木西南志略》及其中有关记载,是历史上西南边疆民族地区各族群众与全国人民一道,共同开拓祖国疆域,共同书写悠久历史,共同培育伟大精神,共同缔造、发展、巩固统一的伟大祖国的历史见证。为保护、利用好这部新发现的、珍贵的清代地方志著作,笔者将这部几乎不为人知的重要地方志著作介绍给从事相关研究的学者,从而发挥其在学术研究中的重要价值及其在当代的现实意义,让其在新时代引导各族群众看到民族的走向和未来、促进各民族交往交流交融和铸牢中华民族共同体意识中的重要价值,笔者对《喀木西南志略》手抄本进行了全面的整理、点校与细致深入的考察研究。同时,为对读者认识和了解《喀木西南志略》的作者、内容、体例、资料来源及地位价值有所助益,本书中还收集、整理和选编了清末之际程凤翔在康藏地区活动的相关文牍,在仔细搜集和梳理基础上编写了《程凤翔年谱简编》,以飨读者。

由于水平有限,加之有关《喀木西南志略》及其作者程凤翔生平经历的文字记载非常少,致使目前呈现出来的这部《〈喀木西南志略〉整理与研究》还存在诸多不足。例如,因时隔久远,《喀木西南志略》中的一些地方、村落、寺庙、山川名称及确切位置已无法考订清楚,一些出现在《喀木西南志略》中的历史典籍、地理书、方志文献及档案文书早已散佚而无法寻其来源,一些历史人物、历史事件及历史关系也无法加以佐证和阐释清晰。如此种种,既是目前整理研究中的一些遗憾,也是我们今后继续开展相关研究的重要方向。在这里,恳请各位专家、学者批评指正,各位专家、学者宝贵的意见、建议将鞭策笔者继续做好《喀木西南志略》这部清代地方志著作的整理与研究工作，也是笔者深入开展清代地方志资料的挖掘整理与研究利用工作的最大动力。在接下来的研究工作中，笔者也将投入更大精力、继续尽最大努力、最大限度搜集挖掘、整理研究和宣传利用我国边疆民族地区史志文献，使更多重要的、至今仍不为人知的边疆民族地区史志文献在社会主义新时代发光发热，焕发光彩。

需要特别说明的是，此次对新发现的清代地方志著作《喀木西南志略》的搜集、整理与研究工作，得到西南民族大学赵心愚教授以及我的博士导师、四川大学石硕教授的悉心指导和帮助，在搜寻、探访《喀木西南志略》的过程中，西南民族大学秦和平教授不厌其烦的指点，给了笔者莫大的鼓励，不胜感激。四川省民族研究所的蒋小琴助理研究员在资料查找、查阅上提供了大量的帮助，西南民族大学旅游与历史文化学院的硕士研究生吴万欣、民族学与社会学学院的硕士研究生冯雨晨，以及四川师范大学历史文化与旅游学院的硕士研究生阙凡雨、周晓宝等同学参与了《喀木西南志略》部分文字资料的整理、校对与录入工作。在此一并致谢。

本书的出版得到国家社会科学基金一般项目"清代西藏地方志书写中的西藏观与国家认同研究"（课题编号：20BMZ026）、国家社会科学基金重大项目"西藏地方志资料的整理与研究"（课题编号：17ZDA159）第四子课题"清代民国时期西藏方志发展史研究"和西南民族大学入选人才计划科研资助金项目的大力支持。

第一部分

《喀木西南志略》 整理

整理说明

一、《喀木西南志略》，作者程凤翔①，清宣统三年（1911 年）四月成书，稿成后一直以抄本传世。目前，仅在中央民族大学图书馆发现《喀木西南志略》手抄本一部，抄制时间为 1959 年，抄制单位为当时的中央民族学院民族研究所。

二、此次整理点校注释工作，基本依照陈垣先生提出的"校勘四法"（对校、本校、他校、理校）进行，以中央民族大学图书馆藏《喀木西南志略》1959 年手抄本为依据，同时结合程凤翔及时人遗留下来的往来文书、私家笔记、日记行纪及相关著作等其他文本进行对勘。

三、本次整理点校注释工作，对书中的典故、引文，均尽量找出原始文献，指出其资料来源。志中所记人物、地名、事件及地理方位、桥梁道路、名胜古迹等，尽量参照《大清一统志》《四川通志》及其他西藏地方志、地名录等相关记载，在其页下作注释，以方便读者比较。

四、本次整理点校注释工作，采用简体横排的形式。若逢用简体易致歧义时，则用繁体字。底本中个别难以辨识的字、词，均不擅改，用方框"□"标出。

五、底本中存在的诸如脱文、衍文、讹字等，若其他文献可资参校的则尽量予以校正，并在校语中加以说明。

---

① 程凤翔，字梧冈，山东聊城人，生卒年不详。1905 年，凤全在巴塘被杀，建昌道赵尔丰奉命平乱，随即在康藏地区推行改土归流。程凤翔以武童投军，初为赵尔丰之厨师，虽不通文墨，却甚为机智豪爽，勇猛善战，战功卓越，迅速成为赵尔丰的左膀右臂，是赵尔丰经略康藏地区最为倚重的战将之一。

3

（1）脱：在（　）内补入脱漏的文字。

（2）衍：将衍字写在〈　〉内。

（3）讹：在讹字后用〔　〕标出，写入改正的文字。

六、本次整理点校注释力求简明扼要。属于语义、音读方面的内容，一般不作注。

七、注释征引资料均详明出处。首次引用时按时（朝）代、撰编者、书名、卷次（或篇章名）、版本、页码为序标明；尔后引用只注撰编者、书名、卷次（或篇章名）、页码。先秦要籍、著名史志则省略撰编者名。

八、注释中出现的数字，除括号里表示公元纪年者和其他个别特殊情况下可用阿拉伯数字外，均用汉字，卷次、页码的写法按古书惯例，如卷二五不作卷二十五，一一九页不作一百一十九页。

九、需要专门说明的是，《喀木西南志略》手稿中对当地民族和部落的一些称呼、表述，我们并不赞同。但是，为保存史料，保留资料的全貌，我们在反复斟酌后，还是全文录入，相信广大读者具有鉴别能力，也不会受原书中少数文字中不当称呼和表述的影响。

一　序

　　窃维九星分野，未列化外之区，重译来朝，不及野人之域。坤舆之大，亥竖莫周。山经志怪，咸知冥索。无稽海客谈瀛，终觉微茫罔据。班氏括地，里不至八万四千。邹衍谈天，州推及八十有一。矜考据者，按图自信。恃渊雅者，数典而谭。著作日多，门户愈杂。所以《禹贡》但叙梁州，事惟求实。国风不采荆楚，词恐涉荒。越乎贯胸穷索，圣人早示无外之规，惟彼铁勒波罗，志士亦在不论之列。秦汉而还，疆圻渐广，汉使停大宛之槎，隋贡削西图之箷，流沙画界，遐裔铭碑，固已极一时之盛事，穷异域之奇观矣。

　　圣清列祖列宗，丕承丕烈，怀柔无外，遐迩胥宾，月窟日际，罔敢弗庭，西尽南琛，无思不服。峥彩云于葱岭，赤□内藩。净浊浪于金沙，重详表错。牦牛徼外，朝天而共戴王□。羁狄后裔，款土而岁输上贡。戎羌百五十种之繁，共登天府。雍梁数千余里之地，尽列版图。惟怒江以外，龙川之间，志乘阙如，等于瓯脱，幅员广莫，未载宝书。固为筹边所向隅，抑亦掌故之缺限〔陷〕。

　　程君梧冈①，以虎贲之才，扛龙文之鼎，绳行沙度，历险讵畏。蚕虫啮雪餐毡，裹尸何虞马革。故能于人迹不到之乡，据鞍顾盼，历史未及之地，涉笔成篇。所辑《喀木西南志略》一书，陈险隘于简端，不同扪槃扪烛，辨关河于眼底，何烦聚米画山。介然忝列幕曹，久荒笔砚，览斯煌煌

---

① 即程凤翔，字梧冈。

著作，愿供瓣熏香，自愧渺渺予怀，徒殷揄颂。是序。

　　宣统三年麦秋节①，雁江李介然②拜序于龙川管次。

---

① 宣统三年（1911 年）农历四月。
② 李介然，字怀仁，四川雁江（今资阳）人，为程凤翔秘书，随程凤翔进驻喀木西南地区、进攻波密，深得赵尔丰、程凤翔的信任和器重，著有《李介然日记》。

二 自 序

　　粤自皇帝画井分疆，州列十二，而山川风土阙而弗详。亦以删书，断自唐虞轩辕之世，荒远难稽耳。《禹贡》为志地之书，导河始于龙门，导江肇自岷山，外此则存而不议，可知天地之运，日辟日新，当其混茫隔阂，凿无可凿。及乎时至气应，东渐西被，俨然乎翁所以《周礼》一书，春官掌邦国之志以记事，太史采风俗之谣以陈书，举凡舟车所至，人力可通，罔不载在简编，垂为故实。降而地里〔理〕有志，寰宇记书，舆图亦云详矣。西藏数千里，幅员广矣，山经所不载，职方所未及，即《后汉书·西域志》《新唐书·吐蕃传》为西藏志乘之祖①，一云西羌百五十种，而名号无由知；一云赞普居跋布川，或逻娑川，而道里未能详历。宋、元、明传志日多，所载疆域，广狭各殊，均不足据为典要。我朝圣化洋溢，遐迩率宾，西戎析支，咸入版籍，一时名公巨卿来西藏者，罔不各手一编，以志熙朝之盛，独于喀木西南②、怒江以外，悉以为野人而遗之，实为掌故之阙典。

　　己酉季秋③，凤翔奉檄来戍兹土，凡有见闻，无不笔之于书，以志梗

---

① 西藏志乘，指西藏方志，也称"西藏地方志""西藏志书""藏志"，是指按照方志体例编纂的、记载西藏地区自然、社会、历史、现状各方面情况的地方志著作。根据学术界的研究，清雍正初成书的《藏纪概》为目前所知最早的西藏方志著作，《后汉书·西域志》《新唐书·吐蕃传》虽均为专篇且出现的时间较早，但并不具备地方志的体例特征，故非志乘之作。

② "喀木"一词，为藏语"khams"的英译，是藏族传统地理概念中康区的另一种译法，在清代出现和使用频率较高。从其记载来看，《喀木西南志略》中的"喀木西南"主要指位于西藏东南部的左贡、桑昂曲宗及杂瑜等地，即今西藏自治区林芝市的察隅县、昌都市左贡县等地。

③ 即清宣统元年（1909 年）秋。

概。自憾疆场混迹，穷涩枯肠，词则未经详论，编则未有条例，亦以遐陬僻埌，旧典阙如，既非著作之才，又无可述之文，□言□语，知不免贻笑方家，何敢□灾枣梨。然郢书燕说，尚且辑而成书，谈天□文，亦尝据而为典，千虑一得，愚者恒有此心。谨就所过之山川、风土、人情、物理，信笔及之，而政教大纲则非蠡见管窥所敢妄拟。仰见圣天子怀柔抚外，星使赵①经略有才，改土归流，设治兴学，规模于兹大备，将来必有接踵，著作日宏，知必有煌煌大文，以继承赵公之鸿业也。凤翔庸鲁谫陋，戎马驰驱，白豕入南，未免自惭，后有作者请为之化其腐而正其谬焉。是则，鄙人之幸也。

　　宣统辛亥清和月②山（东）武水梧冈程凤翔序。

---

① 即赵尔丰。赵尔丰（1845—1911 年），字季和，祖籍襄平（今辽宁省辽阳市）。初以捐纳任职广东，之后历任静乐、永济等县知县，并得到山西巡抚锡良赏识，锡良调任四川总督之后，随之赴四川任职。1905 年 5 月，调任建昌道，负责处理川边事务，不久升任川滇边务大臣。1908 年 2 月，任驻藏大臣，兼川滇边务大臣。1911 年 4 月调署四川总督。辛亥革命后不久，被处决于成都贡院。
② 即宣统三年（1911 年）农历四月。

三　喀木西南图略

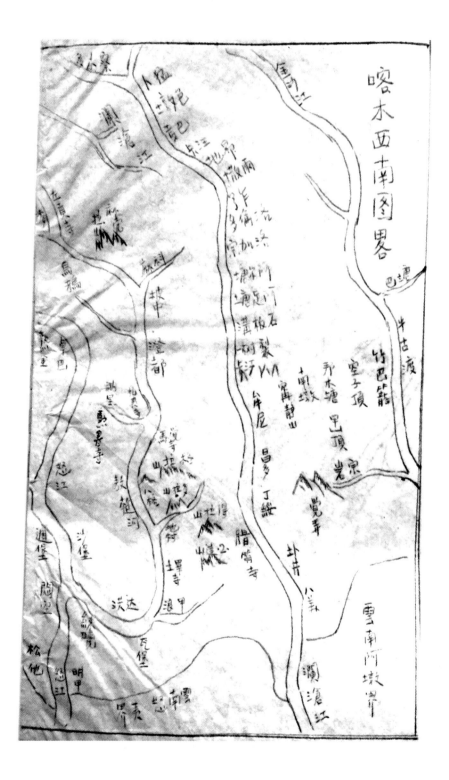

四　喀木西南纪程①

宣统元年（1909 年）十二月初五日，奉星使赵公橄，晋〔进〕驻桑昂曲宗②。因乌拉不齐，初八日始拔队西行。由蒲丁③下坡，五里至澜沧江，渡溜索，滇人因呼其江为溜筒江。④ 光绪三十二年（1906 年），

---

① 在中央民族大学图书馆特藏室所藏《喀木西南志略》1959 年抄本中，该部分的名称为"喀木西南志略"，但有被人划去的痕迹。吴丰培先生在整理出版中将其命名为"喀木西南纪程"。从内容上看，该部分实际上是清代边疆民族地区地方志中均普遍设置的"纪程"类篇目。抄本中之所以出现这一名称，可能是抄录者在抄录手稿或其他更早版本时将整本书的书名误置于此，抑或是将"喀木西南纪程"误写为"喀木西南志略"。综合考虑之下，我们决定沿用吴丰培先生所列"喀木西南纪程"之名。如果将"喀木西南纪程"与《赵尔丰川边奏牍》相对照可以发现，程凤翔禀文中的行程与《喀木西南志略》所记出入较大。程凤翔禀文当无虚假。那么，《喀木西南志略》中所记"行军纪程"当为他人所作。任新建先生等在发现《喀木西南纪程》"所记行军纪程与程凤翔前禀不符"后指出，此明显非自所记，并认为该志中"纪程"之作者"当为从盐井奉令赶赴军前的李介然，十八日至吞多会合后，一同前进，此后的日程才符合程凤翔禀文"。参见任乃强、任新建：《清代川边康藏史料辑注》（三），巴蜀书社 2018 年版，第 625 页。
② 桑昂曲宗，位于今西藏自治区林芝市察隅县境内，这一带属喜马拉雅山与横断山过渡地带的藏东南高山峡谷区，整个区域位于怒江西南，地势北高南低。桑昂曲宗偏北，其东面为左贡、盐井。雍正三年（1725 年），清廷以"仅卫藏赋税，不敷си喇嘛之费用"为由，将"坐尔刚、桑噶吹宗、衮卓等部族"划归西藏由达赖喇嘛管理。这里的"坐尔刚"，即左贡；"桑噶吹宗"，即桑昂曲宗。《西藏研究》编辑部编：《清实录藏族史料》（一），西藏人民出版社 1982 年版，第 311 页。
③ 据段鹏瑞纂《巴塘盐井乡土志·盐田》载："盐田之式，土人于大江两岸层层架木，界以町畦，俨若内地水田。又掘盐池于旁。平时注卤其中，以备夏秋水口淹没之倾晒。计东岸产盐二区，一名蒲丁，一名牙喀，西岸产盐一区，曰加打。"段鹏瑞：《巴塘盐井乡土志》，宣统三年（1911 年）油印本，第 13 页。
④ 据段鹏瑞纂《巴塘盐井乡土志·津渡》载："澜沧江，俗名溜筒江。"段鹏瑞：《巴塘盐井乡土志》，第 18 页。

腊翁之役①，始设皮船，以利战事。其江东岸产白盐，西岸产红盐，盐井深不及丈，卤盛若泉，夷民拙不能汲，架梯入井，负水为盐，四方商贾多懋迁焉。其取盐之法，不藉火力，江之岸岩峻若壁，夷民缘岩构楼，上覆以泥，边高底平，注水于中，日暄风燥，干则成盐，扫贮楼下以待沽。夷名其楼曰盐田。数田之间有盐窝，状类田而稍深，用以囤积盐水。春夏雪融，江汜井淹，盐户取田泥浸诸其窝以取盐，仍与井水相若。盐楼鳞比数千，岁产缗累巨万，诚天生利源也。②齐西螺旋而上，百余盘始至腊翁寺③，寺内大诏④一所，僧舍六十八院。⑤光绪三十二年（1906 年）冬，该寺胡都克图⑥之弟巴拉染江弗共〔贡〕，奉檄讨之，三旬而平。⑦腊翁僧房从此为防营驻扎之所。⑧寺右下行十余里，过小溪桥，又十余里，越浅原，逾小溪，即中村⑨。计程约七十里。

---

① 光绪三十一年（1905 年），清政府在盐井设立盐厘局，驻兵守卡。光绪三十二年（1906 年）十一月二十一日夜，守卡兵丁拿获腊翁寺私盐一驮，连马送局充公。次日夜，守卡官兵与当地运送私盐之人发生冲突，腊翁寺喇嘛先后纠集 2000 余僧众反复围攻盐厘局和天主教堂，赵尔丰令管带程凤翔率兵围剿，引起西藏地方的不满并惊动清廷中枢，最后赵尔丰电令程凤翔撤出以避免更大的冲突。此役中，清廷以程凤翔"尤为异常出力"，免补守备，以都司尽先补用。吴丰培：《赵尔丰川边奏牍》，四川民族出版社 1984 年版，第 42—43 页。
② 刘赞廷当时奉调随程凤翔出征，途经盐井。刘赞廷留下的记载可与此段文字互补。其曰："（盐井）系澜沧江下有底泉，以石砌坎，就山坡架木为畦，上铺寸厚之黄土，以人汲水倾于畦内，见风成盐。每人一日可晒盐三十余斤。盐呈红黄色，食之味浓。此盐销于康南及迤西数十县。"参见刘赞廷《西南野人山归流记》，《西藏地方志资料集成》（2），中国藏学出版社 1997 年版，第 4 页。
③ 腊翁寺，位于今西藏自治区昌都市芒康县境内，属藏传佛教格鲁派寺院，地处澜沧江西岸的腊翁山（今称拉贡山）上。拉贡山海拔 4000 米左右，比江边的加达村高出近 2000 米。腊翁寺正处于川滇藏交界地带，四面分别与西藏的芒康、左贡，云南的德钦，四川的巴塘相邻，地理位置十分重要。
④ 大诏，即正殿。
⑤ 据段鹏瑞纂《巴塘盐井乡土志·喇嘛寺》载："盐井属地之喇嘛寺，从前以河西之腊翁寺为冠，其寺大昭一，左右喇嘛坐静房舍大小一百四十余间，结构宏敞，金碧璀璨，外布缭垣，俨若城墉。"段鹏瑞：《巴塘盐井乡土志》，第 22—23 页。
⑥ 胡都克图，即呼图克图，是清王朝授予藏族及蒙古族藏传佛教大活佛的称号。凡属此级活佛，均载于理藩院册籍，每代"转世"必经中央政府承认和加封。
⑦ 此即前述之"腊翁事件"。
⑧ 据段鹏瑞纂《巴塘盐井乡土志·喇嘛寺》载："今以驻扎防军营哨一，若阒其无人马。"段鹏瑞：《巴塘盐井乡土志》，第 23 页。
⑨ 中村，在《巴塘盐井乡土志·里甲》中称为仲村，段鹏瑞在盐井任职期间采取里甲制度，将中村划归"江西里"管辖。段鹏瑞：《巴塘盐井乡土志》，第 5—6 页。

初九日，五更起行，盘旋而上，十里至牛厂。有板棚一间，为牧人栖息之所。折北入清杠林，隆冬不凋，层阴障翳。又十余里，苍松夹道，虬枝□雪，下垂至地。又十余里，度出林表，童山豁然，怪石嵯峨。道中积雪及肩，罡风刮雪，如沙扑面，痛不可忍。俯视众山，皑皑眩目，如琉璃世界，真佛地也。山顶下五里草大坪，廓然无际，其南即毕逢山，为毕土①大道。西行逾得拉山，为札夷②大道，将及山顶，陡险绝伦，马无稳步。至此真觉天近，惟地高险极，寒不能耐，须眉皆垂冰柱，肌肤罔不皲裂。山阴路稍平，十余里入松林。冰雪断路，牛马滑跌，过小溪桥，又十余里出林表，下斜坡即地村③。计程一百二十里。

初十日，为雇乌拉小住一日。午间，陟浅原，度平冈，以觇其形胜。地村在敖楚河北岸，居民萃处坝中。江西一山，奇峰瘦削，高插云表，经年积雪如银。土人呼为雪山太子，岁往朝之。山阴产竹，大不盈握，朝山者皆持竹归祀诸厨，以志朝山之实。谓之曰神竹，亦可见信佛之一端也。

十一日，西北行三十里至萨村④。沿沟居民七八家。过漫坂，逾小桥，陟五里峻坡至朵村⑤。计程约九十里。

十二日，出朵村，即多拉山麓。且始径行直上十余里，即羊肠鸟道，险陡绝伦。又三十里至顶。罡风峭劲，草木全无，俯视群山，累累如塚，山阴五里冰凝滑沱，约二里行无稳步。接入深林，约十五里至麓，则小溪漫水皆结为冰，步履艰难。又十余里至八格，平畴广衍，鸡犬相闻，无殊内地。坝中环小溪，东岸有行台，为更换乌拉之所。由朵村至八格，计程

---

① 《西南野人山归流记》载："毕吐南北一水，名毕吐河，历为巴塘土司与桑昂曲宗之界河。南为瓯曲卡，地方膏腴，向为盐井产粮之区。东南有喇嘛寺一座，建于山麓，松柏环绕，古刹也。"参见刘赞廷《西南野人山归流记》，《西藏地方志资料集成》（2），第4页。

② 札夷，又作扎玉、扎宜，即今西藏自治区昌都市左贡县扎玉镇。

③ 地村，位于今左贡县碧土乡地巴村，与甲浪距离30公里左右。刘凤彩著《藏纪概》称之为"抵台"，杜昌丁纂《藏行纪程》中称为"喇嘛台"。参见张钦《〈藏行纪程〉所载滇藏交通研究》，《中国边疆史地研究》2020年第1期。

④ 萨村，今左贡县碧土乡沙多村，又作沙坝。康熙末年杜昌丁所纂《藏行纪程》记为煞台。参见张钦《〈藏行纪程〉所载滇藏交通研究》，《中国边疆史地研究》2020年第1期。

⑤ 朵村，即台克满《领事官东部藏区游记》书后所附康区地图中 Do La 东南的 Do，《茶马古道路线及里程》作冻，冻山名冻腊。参见张钦《〈藏行纪程〉所载滇藏交通研究》，《中国边疆史地研究》2020年第1期。

约一百里。①

十三日，逾格拉山，陡险亦如多拉，惟树皆合抱，至顶亦层阴蔽日。山阴路平坦，约二十里入香柏林。又十余里至惹麦村②，居民悉在半山。下山逾小溪，沿沟而进，户口殷繁。上小岭即觉马寺③，该寺横跨岭表，三面俯瞰敖楚（河）。逾岭北行，二十余里至一大村落。④ 逾山东行，为入江卡⑤大道。沿江上行，为入札夷大道。自是龙塍□□，烟火连村，风景无殊内地。又二十余里，过敖楚河大桥，即札夷寺。⑥ 计程约一百二十里。

附记：由觉马径赴左贡⑦，沿江而上，不过桥，由札夷越岭而西，为入桑昂曲宗大道。勋噜（寺）即在道左。

十四日，由札夷东逾桥转而北行，上折坡高五里，上有平原，居民七家，下山沿江上行，松阴夹道，至澄都村⑧。计程约六十里。

十五日，沿江溯行羊肠小径，十余里至头道桥。冰结断流，两山壁立，天面皆窄，凿石为栈，险狭可畏，舍马徒步，几不容足。不数里至二

---

① 八格，即今西藏自治区昌都市左贡县扎玉镇巴给村所在地，《藏纪概》载多台经小雪山 70 里至坝台，小雪山即多拉，台克满康区地图作 Bage，《茶马古道路线及里程》中由冻翻越冻山上下载约 70 里至巴更。朵村至八格的距离不到 70 里，此处误记为约 100 里。参见张钦《〈藏行纪程〉所载滇藏交通研究》，《中国边疆史地研究》2020 年第 1 期。

② 惹麦村，即今左贡县扎玉镇然米村。杜昌丁纂《藏行纪程》中称为临米，《藏纪概》作立弥。参见张钦《〈藏行纪程〉所载滇藏交通研究》，《中国边疆史地研究》2020 年第 1 期。

③ 觉马寺，位于今西藏自治区昌都市左贡县觉马乡一带。觉玛（gyng dmar），又作觉马、脚马、江玛、觉冈。

④ 杜昌丁纂《藏行纪程》中称为江木滚。此应指今西藏自治区昌都市左贡县觉玛乡，驻地为毕西村。参见张钦《〈藏行纪程〉所载滇藏交通研究》，《中国边疆史地研究》2020 年第 1 期。

⑤ 江卡，又名宁静，位于现西藏自治区昌都市芒康县境内。

⑥ 据刘赞廷记载："札夷寺据宜穆楚河之上游。气候温和、地方膏腴，沿河两岸数十里，人烟相望，为一丰富之区。嗣后西康建省，拟设宜水县未果，划分盐井、科麦两县，以河为界。札夷寺据河西岸，明殿三层，上安金顶，辉煌夺目，一雄寺也。"参见刘赞廷《西南野人山归流记》，《西藏地方志资料集成》（2），第 7 页。

⑦ 左贡，藏语音译，意为"犏（耕）牛背"。古称作岗、作冈、著公、坐尔刚，别称察娃左贡、察瓦绒、察瓦冈、匝作里冈、察洼冈隆、科麦，即今西藏自治区昌都市左贡县。

⑧ 澄都村，即今西藏自治区昌都市左贡县扎玉镇西北方向 17 公里左右的成德村，村东约 300 米有温泉，是左贡比较有名的温泉之一。杜昌丁纂《藏行纪程》中称热水塘，《藏纪概》载扎鱼滚 40 里至热水塘。参见张钦《〈藏行纪程〉所载滇藏交通研究》，《中国边疆史地研究》2020 年第 1 期。

道桥，险亦如之，诚有一夫当关、万夫莫开之势。过漫坡至坡中村①茶尖。以上道路稍宽，河西有石笋二枝，耸立山腰，皎洁如玉，夷多往拜之。过小溪至麻科村②。计程一百二十里。

十六日，沿江上行约十里，进沟为江卡大道，下坡为左贡大道，至三道桥。中贯大江，石栈钩连，仰视如在瓮盎，名龙虎山。土人谓山腰石洞有老僧，昔年烧丹炼气于其中，攫龙缚虎以为食，百三十余岁始圆寂，石灶石榻，遗迹尚存。姑记之，以资好事者之采择焉。三道桥之险，较头二道更甚，江面宽不及十丈，两山壁立，并无可绕越之处。夷人凿岩脚为路，乱石填塞，几不容足，行人咸感颠踬。过五六里则道途坦易。又大小九坝至乌鸦村。计程约六十里。

十七日，逾桥而东，折北溯上，三十里至多麦村。人烟辐辏，萃处河西，宛然市廛，惟非左贡大道，河西亦是平坝，惜无人垦。越五坝至慕渴拉山，高不及五里，初上斜坡，渐及山腰，斩石为关，两壁高逾数丈，如行南道。半里许，复上漫坡，石坚而滑，行者戒踬。山阴状如悬绠，未有路径，夷人斫木塞诸其中，钩梯搭栈，以利往来，其险陡仍不可形容，诚天堑雄关，非人力所能为也。自此以上，村落毗连，至左贡。计程六十里。

附记：左贡寺③横跨岭表，敦楚河自南流入，折西转东南而下，回抱岭脚。又有小溪自寺东山沟萦纡环绕，至岭南会于河。该寺僧舍三百余院，由岭腹层构至顶，寺后紧靠番官寨，沿居佃户二十余家，散处百姓十余家。俯瞰襟带，高踞屏藩，金汤盘石，未足过之。河西越山一百二十

① 坡中村，即今西藏自治区昌都市左贡县旺达镇普绒村。杜昌丁纂《藏行纪程》中称三巴拉，《藏纪概》作三巴塘。参见张钦《〈藏行纪程〉所载滇藏交通研究》，《中国边疆史地研究》2020 年第 1 期。
② 麻科村，即今西藏自治区昌都市左贡县旺达镇麻科村。杜昌丁纂《藏行纪程》中称木科，《藏纪概》作费柯。参见张钦《〈藏行纪程〉所载滇藏交通研究》，《中国边疆史地研究》2020 年第 1 期。
③ 左贡寺，位于今西藏自治区昌都市左贡县田妥镇亚中村，由康卓益西措加在 830 年创建，时属宁玛派。1450 年，由吉宗卡巴欧洛察库恩巴·阿旺扎巴改为格鲁派。1679 年，五世帕巴拉·甲瓦江措将当时桑安曲林寺所在地周围的苯教寺改为格鲁派，同时并入此寺。目前，左贡寺为左贡县县级文物保护单位。

里，至色朱卡，为入桑昂曲宗小道。

十八日，沿江西北溯行，道路平坦，三十里至田落〔妥〕村，又十里至吞多寺①宿。计程四十里。

附记：吞多寺有坐静僧，闭门跌〔趺〕坐十余年不□交接，门外青草蒙茸，积尘愈怅，朝山者年插竹于门以为记。

十九日，寺后上漫坡七八里，转东南下行五十里至怒江东岸。半山俯视，江水浓绿如染。路缘山腰，巉岩峻峭，下临无际。下行十余里，小岫突兀，梗塞道路，夷人剂石为栈，盘纡曲折，状若垂绠，险实可畏。又二十里至工巴村，气候温和，物产蕃昌，惟葡萄最盛，藤逾合抱，岁输入藏以充碗料。林木畅蔚，胥胡桃、梨、桃等类，人民殷富。由吞多至工巴，计程八十里。气候之寒燠，判若冬夏，地势之高下，无殊南北，工巴实西南陬区也。

附记：工巴在怒江东岸，居民六十余家，有土百长一员，管辖六村，计一百二十余家，皆察木多番僧佃户。

二十日，沿怒江溯行。二十里至慈令竹筏渡，宿业巴村，为察木多入桑昂曲宗大道。初闻工巴西渡一站可至咱工，为入桑捷径，因其地太险，西岸一山，怪石嵯峨，夷人从石隙中削木为梯，徒手猱升，尚多难行之处，若运载糗粮，实无路可通，始绕道向业巴。进至距工巴五里，为可乌山，险狭异常。其山本无路可通，夷人凿石为径。俯视怒江，奔流如泄，仰觇岩际，峭壁摩天，而又乱石堆叠，倾斜可畏，载运皆代负而行，诚畏途也。又十里至慈令竹筏渡西岸，入桑昂曲宗界，宿业巴村。计程二十里。

附记：慈令竹筏渡，为桑昂曲宗之险关，其水势汹涌，徒涉不能，木筏仅容四五人，故两日夜始全渡毕。若番人早为设备，汉兵虽锐，其能飞而渡乎！

---

① 吞多寺，即今西藏自治区昌都市左贡县田妥寺。据程凤翔禀文，宣统元年（1909 年）十月二十八日至二十九日，程凤翔部与藏兵在吞多发生了激烈的冲突。在此役中，边军生擒甲本宜喜大吉，并在吞多驻扎至十二月十八日。

二十二日，过应噶大山。初由夺拉寺左上漫坡，约二十里至小山顶，中开平坝，两山对峙，居民环处于中，过此则层岗叠巘。又过二山，始登最上一层，下山亦甚陡险，至拉龚村①。计程约七十五里。

二十三日，涉小溪上贡噶山。山面逼人，险峻可畏。三十里至顶，下斜坡十余里即杂公村②，应换乌拉。因牛马未齐，径向西进，逾罗洛新戈山，下十余里，道旁有牛厂，隆冬未有人居。接逾公拉大山，冰雪微厚，马蹄滑跶。惟地近怒江，气候微温，罡风虽劲，不甚寒冷。山阴路狭，峻而险远，螺旋百余盘至鸦挞寺。计程一百二十里。

二十四日，西逾小溪，缘山而上，路曲而险，山峻而逼。每转至山嘴，夷民皆凿石为路，间有无路可通之处，则搭木以济，诚天堑也。山阴坡不甚高，陡险奇绝。下至怒江支流，两岸居民四十余家，过木桥二座，至龙恰寺，喇嘛习尚黑教。又五里至冷卡。计程五十里。

附记：冷卡官寨，高踞岭表，倚山临水，襟带屏藩，路无两歧，而又皆怪石嵯峨，绝人攀跻。该寨控扼冲要，地居上游，金汤盘石，未足过之。刻"丸泥关"三字于寨右，以志其险。向有协廒一员，管辖十九村，本桑昂曲宗地面，协廒又归江卡派委，百姓粮税，岁输两次，故疲于征役，仍不免叩门追呼。夷规之陋，于此可见。缘冷卡官寨乃江卡番官莽噶特已所建别墅，向来协廒皆三年一换，独现任协廒系莽噶特已私人，历任八年，民苦其虐，侧目抉怨而不敢言。冷卡逾山，西行两站入波密界。

二十六日，沿江下行二十余里，绕山腹倚岩凿径，下至怒江西岸，为饶〔若〕巴村③。对岸色朱卡为入左贡捷径。夷民以皮绳作渡，隆冬水涸，间用木筏。西岸概是平坝，惟石确林立，无人耕种。番官常叠石为卡，以御官兵。又三十里至俄巴村④。计程六十里。

二十七日，至坡拉⑤，绕山越岭，下抵怒江支流，径西南行溯上至俄

---

① 拉龚村，当系今西藏自治区昌都市左贡县中林卡乡拉炯村。
② 杂公村，即今西藏自治区昌都市左贡县中林卡乡扎贡村。
③ 若巴村，即今西藏自治区昌都市左贡县中林卡乡若巴村。
④ 俄巴村，即今西藏自治区昌都市左贡县中林卡乡俄巴村。
⑤ 坡拉，当即今西藏自治区昌都市左贡县中林卡乡普拉村。

斯沱①。计程九十里。

二十八日，仍沿支江上行，二十里至萨麦村②。是日路甚平坦，沿途皆有居民，惟无大村落，经大坝十余处，始抵昌易。计程一百里。

附记：昌易至桑昂曲宗分两路。径西逾震折山转东南，下行三站可至，是为捷径。径南至竹洼③转西北，上行六站可至，是为大道。夷民多由是路以避震折之险。

二十九日，由昌易西行，逾小桥，沿溪而上，路甚曲折，越跕〔折〕拉山。高约十余里，连上五峰，山阴有流沙，坡陡如挂壁，不能驻足。下至平坝，初揆荆榛，渐入松林，层阴障天，积雪没径，罡风料峭，寒气逼人。比至色龙，则四山回护，仰视如坐瓮盎。敲冰煮雪，剪烛挑灯，百子卷张，席地团坐，山高风静，俨然在室，诚野宿佳境。色龙，一名色迁。计程六十里。

三十日，仍西行。十里至震折山，高插云表，积雪如银，曲折盘纡，马无稳步。至顶，瞀〔遥〕视众山，白茫茫，廓无涯际。山阴雪厚及肩，路曲而狭，冰雪坚凝，牛马鲜不滑跌。山半亦有流沙，可为捷径。过小溪，为夷人野宿之所。又沿溪下行，经大小王坝至扪楚河④，过大木桥，至坝雪村。计程一百二十里。

宣统二年（1910年）正月初一日，为催乌拉，小住一日。初二日黎明，拔队沿江下行，两岸居民繁庶，林木丛生。五十里至鹅惊村，过扪楚河，溯上转西北十余里至桑昂曲宗。⑤ 计程六十里。

附记：桑昂曲宗有番官二员，其寨在踏巴寺⑥右，横跨岭表。扪楚河

---

① 俄斯沱，当系今西藏自治区昌都市左贡县中林卡乡咔丝塘所在地。
② 萨麦村，即今西藏自治区昌都市左贡县中林卡乡沙麦村。
③ 竹洼，以竹洼寺得名，也称竹瓦根。竹洼，指众生之意；根，指寺庙，意为众生修行的地方。其所在即今西藏自治区林芝市察隅县竹瓦根镇，镇政府驻地为嘎巴。
④ 扪楚河，即桑曲。
⑤ 据《清史稿》记载："（西藏）于桑昂曲宗设大营官（五品）二人。"清雍正三年（1725年），清廷将杂瑜、桑昂曲宗等地赏给达赖喇嘛管理，西藏地方政府随后在藏东南一带设立桑昂曲宗，其驻地在今西藏自治区林芝市察隅县古玉乡所在地。
⑥ 踏巴寺，即今塔巴寺，位于今西藏自治区林芝市察隅县古玉乡，建造于五世达赖喇嘛时期，是今察隅县境内藏传佛教格鲁派中影响最深远的寺院之一。

正流自西北流来，曲曲回抱，三面临江。岭高十里，后依大山，怪石嵯峨，突兀凌空。从古未经人到，亦以一当万之奇险也，惟地僻极边。西北四站，至波密界，转西四站至妥巴①界，西南五站至杂瑜②界，又二站至倮倮③界。

二月初九日，进驻杂瑜。午正拔队，三十里宿鹅惊村。由桑昂曲宗至骡马〈夷民〉（村）④，原系二站，中有野宿一站。

初十日，沿江两岸下行，路皆奇险，并无居民。约百里，东岸即骡马村。地土膏腴，人民殷富，惟大道原在西岸。仍径行二十里，宿波罗村⑤。计程一百二十里。

十一日，沿西岸下行至甲惹冈山。虽不甚高，而险峻可畏。路缘山壁，石栈钩连。下坡即甲惹冈，有大桥名波惹刚穰，逾桥而东即昌易大道。甲惹冈为夷民野宿地方，林木畅茂，因饬建板屋三间，为往来栖止之所。南行过木桥四道至竹洼。计程一百四十里。

附记：波罗至竹洼，中有大小十余坝。甲惹冈以上，坝多石确，以下概是沃壤，水利亦便，惜无居民，卒为污莱，殊堪浩叹。

十二日，仍沿东岸下行，间有人户，惟居民无多，村不过三数家。过望鹊桥，即拿拖桑巴。峭壁凌空，缘岩凿径，中有断堑。土人架木于上，以为偏桥。幸不甚长，尚不觉其可畏。又东行，上布达拉坡，至鸡贡⑥。计程七十五里。

附记：鸡贡北一里有昂朗大桥，通河西呷巴村，非杂瑜大道。

十三日，仍沿东岸下行，路稍平。至札拉大桥，横跨恩曲江⑦岸，旧

---

① 妥巴，为珞瑜之一部，其地望在今西藏自治区墨脱县东南一带。
② 据乾隆初成书的《西藏志考》载："（康熙五十八年）七月复差成都府同知马世烆、四川后营游击黄喜林招安乍丫、察哇、作工、奔达、桑阿却宗、察木多等处。"又记"五日至杂义"。这里的作工，即左贡；桑阿却宗，即桑昂曲宗；杂义，即杂瑜。《西藏志考》，中央民族大学出版社 2010 年影印本。
③ 倮倮，原为对彝族的一种称呼，但《喀木西南志略》中所称倮倮，实际上是桑昂曲宗、杂瑜、闷空一带的僜人及某些珞巴支系。参见任乃强、任新建《清代川边康藏史料辑注》，第 18 页。
④ 骡马村，也作罗玛村，即今西藏自治区林芝市察隅县古玉乡罗玛村。
⑤ 波罗村，即今西藏自治区林芝市察隅县古玉乡菠萝村。
⑥ 鸡贡，即吉公，今西藏自治区林芝市察隅县县治所在地。
⑦ 恩曲江，即桑昂曲。

志名扪楚河。桥长无墩，动摇可畏，乌拉至此皆卸驮而行。又南有阿心桥，与札拉大桥大概相同。至恍觉，一名杂龚。计程一百二十里。

十四日，沿东岸行五里至窝穰。番官向设税卡于此，以收出入货厘。至倮桑洒巴桥，逾西行至车盖渣，亦依岩架板为偏桥，长仅七八丈，下不甚高，行者尚无恐惧。又逾拓桑岭桥而东下，至忙多甲穰偏桥，长约二十余丈。其地峭壁横空，夷民以铁椿凿岩，曲铁为钩，倒攫桥梁，上覆木板，俯视江流奔腾，高数百仞，实畏途也。又十余里，罗楚河①自西北来会。至下杂瑜②。计程一百四十里。

附记：杂瑜，隶藏卫极边，实为西南门户，分上下两区。上杂瑜沿罗楚河两岸，袤长七站，西接倮俘界，北接波密界，西北接妥巴界。扪楚河自东北来会，名绰多穆楚河。下杂瑜在二水汇流之间，沿江下行四站，有压必曲龚溪自西北来会。溪之东南为倮俘属地，竖龙旗③于溪上，以示国界。杂瑜、倮俘两族交界，层隔大山，多产黄连，夷民于夏秋之间锄之，以易食用之品。又产獐，夷以绳捕之，取麝待售。其黄连以倮产为佳，亦负往杂瑜交易。擦□坝者，冈空夷民也，尚商贾，常运货入杂以易黄连、麝香，转售阿墩子。故连、香为杂瑜大宗，滇商多艳称之，而不识其地之所在。又产米，分红、白两种，夷民不善布谷，夏初犁田，始灌以水，复□以板，土质沙而黑，见水即化，夷民以盆浸谷，俟其萌芽即遍撒诸田，既无粪沃之功，又无分布之法。待其苗已长，始择其密者耕之，必拔除过半始获，所以费种多而收成少也。九月，割获摘穗，随击随舂，秕糠参杂，不解簸扬，此其米所以粗粝不堪也。杂龚以下即产米，惜地广人稀，旷土十居七八，关外气候温和，以此为最。道旁野生兰草、芭蕉、海棠、椿树，山间产竹。其最盛者莫若桑树，竹洼以下皆有之，其漆树则尤盛者也。惟因地甚偏僻，未经人到，遂令广衍陬区，沦为瓯脱。故记之，以俟开濬者之采择焉。杂瑜以手碓舂米，用力多而成功少，因就水势之便，制

---

① 罗楚河，即贡日嘎布曲。
② 下杂瑜，位于桑曲与贡日嘎布曲汇合处，汇流后的河流称察隅河，向南流入印度境内，今设下杂瑜镇，属西藏自治区林芝县察隅县管辖。
③ 龙旗，即清朝国旗，全名为"黄底蓝龙戏红珠"旗。

造水碓八具，军民罔不称便。

附记：诸路程站①

杂瑜至巴塘

由竹洼分路，札夷合路程站：

杂瑜，一百四十里至杂龚，一百二十里至鸡公，有台站。以上两站，均有人户、柴草。七十五里至竹洼，有寺院，无居民，有柴草。九十里至恰音，一百一十里至笃噶纳嗟。以上两站，向系野宿，现已修建台站，无人户，有柴草。一百二十里至昌易，有台站。七十里过大山至萨□，一名瑟墨，有古噪②供给差役，有台站。九十里至以巴，一名有（村）。九十里至树日，一名学依。八十里至热巴，一名惹鲁。一百四十里过大小山各一，至卓（巴），从此过怒江入札夷界。八十里过大山至惹自、昌易，以下均有人户，有柴草，均换乌拉。八十里至札夷，有寺院，有柴草，有协廒③供给差役。一百三十里至八格，中有觉马寺。距札夷四十里渡江，分路入杂瑜，别记程站备查。八格一百五十里至地（村），九十里过大山至钟（村），七十里过腊翁山，渡澜沧江至盐井。一百二十里至宗俄，一百零五里至莽里，一百三十里至竹巴笼，九十里至巴塘。以上程站，共计二千一百七十里。

竹洼分路，由闷空至巴塘程站：

杂瑜，三站至竹洼，计程三百三十五里。四十五里至朱姐，一名朱溪。一百二十里过大山至阿宗喀哒，一名夺空，无人户。八十里过蔡翁大山，至□赊官。一百三十里过大山，至甲〔呷〕哈，无人户。六十里过山

---

① 在《川藏游踪汇编·喀木西南纪程》中，吴丰培先生将该部分内容单独成篇，后来成书的其他汇编成果多依从吴丰培先生。但从《喀木西南志略》的体例、布局上看，此部分应为"喀木西南纪程"的附记。参见吴丰培辑《川藏游踪汇编》，第452—453页。

② 古噪，也常写作古曹，藏语音译，为代表、代理人之意，这里指由西藏地方政府派驻管理地方事务的人员。

③ 协廒，也写作协敖，藏语音译，意为头人。在桑昂曲宗，西藏地方政府于营官之下，分别于左贡、闷空、昌易、冷卡、杂瑜等处各设协廒一员管理地方事务。

至闷空。一百二十里至瓦堡。六十里至毕土。一百里过大山至钟（村）。七十里至盐井。四百四十里至巴塘。以上程站共计一千五百六十五里。

竹洼分路，由觉马至巴塘程站：

杂瑜，三站至竹洼，计程三百三十五里。一百二十里至泽绷，即若工四村总名。六十里至鄂迁。五十里至腊公，换乌拉尖。五十里至窄巴宿。六十里至腊青。七十里至姑吕。七十里至觉马，合札夷路。九十里至八格。三百一十里至盐井。四百四十五里至巴塘。以上程站共计一千六百六十里。

杂瑜至察木多程站

杂瑜，六站至昌易，计程六百五十五里。九十里至俄司沱。六十里至俄巴，换乌拉。又三十里，过溜索，至色朱卡。一百三十里至吞多。一百二十里至邦达。八十里至曲渣。一百五十里至摩挲。一百一十里至卓□。五十里至察木多。以上程站共计一千四百七十五里。

下杂瑜至倮倮程站

一站至呷呵。二站至郎巴。三站至登能。四站过溜索至瓦眬。五站至压必曲聋，为倮倮界。六站过山至孔猛。七站至东珠。八站至斗拉。九站至邦工。上为倮倮中区。

由桑昂曲宗至波密程站

里数未详。按蛮站登记，一站至若拉。二站至拉公入巴雪界。三站至瓦□，此处有生成石门，仅容一人出入，并无歧路可以绕越，巴雪人据以为卡。四站至密格，入波密界。五站至密墨。六站至龚□。七站至惹拉。

由杂瑜至波密程站

上杂瑜，一站至惹拉。二站至车当。三站至襄勒，西逾□空山即妥巴界。四站至绒玉。五站至奔追野宿。六站至木中。七站至阿渣〈半〉站。八站至公拉野宿。

五 喀木西南群说辨异

喀木西南群说之异，盖聚讼于考据黑水诸家。《禹贡》："导黑水，至于三危，入于南海。"后儒从九州域尽，于是各执一说，以相争逐，致江水之源流，部落之南北，道里之远近，错乱纷纭，无从考核。

周文安《辨疑录》云："《甘州志》，甘州之西十里，有黑水流入居延海，肃州之西北有黑水东流，遐远莫穷，所之〔以〕是其源出于雍州之西，流入梁州之西南。"① 唐樊绰以丽江为《禹贡》之黑水。② 程大昌疑其源流狭小，不足以合雍梁二州之境。③ 此以金沙江为黑水者也。

---

① 周文安《辨疑录》，即周洪谟所著《经书辨疑录》。周洪谟（1421—1492 年），字尧弼，今四川长宁人。明正统十年（1445 年），进士及第，殿试榜眼，并授翰林院编修一职，弘治五年（1492 年）去世，享年七十二岁，谥号文安。周洪谟参与了《寰宇通志》《英宗实录》《宪宗实录》的编修，其一生著述颇多，然大多散佚，唯《箐斋读书录》《经书辨疑录》两种传世，两书篇目和内容大多一致。《经书辨疑录》是周洪谟研治儒学经典的成果，共三卷，其中《南广水非黑水之辨》中曰："汉之张掖即今甘州。甘州之西十里许有水焉，名为黑水，自西南山中来，折流入于西北，荒远莫穷，所以此得非水经之所谓黑水乎？其源出甘州，而在雍之西北，其流入南海而在梁之西南。"（明）周洪谟：《经书辨疑录》（卷中），国家图书馆藏明嘉靖刻本。
② 樊绰，系唐懿宗李温时安南经略使蔡袭的属吏，其著《蛮书》是唐代仅存之有关云南的专著，为研究唐代云南历史最重要的资料。《蛮书》，又名《云南志》《云南记》等，共十卷，对了解与研究唐代云南地区的山川地理、历史民族、物产交通、风俗文化等各方面情况具有重要的史料价值。樊绰著《云南志·山川江源》载："（丽水）源自逻些城三危山下。南流过丽水城西。又南至苍望。又东南过道双王道勿川，……《禹贡》导黑水至于三危，盖此是也。或云源当是大月河，恐非也。"（唐）樊绰著，赵吕甫校释：《云南志校释》，中国社会科学出版社 1985 年版，第 87 页。
③ 程大昌（1123—1195 年），字泰之，徽州休宁（今属安徽）人，南宋政治家、思想家、文学家、哲学家。高宗绍兴二十一年（1151 年）进士，历国子司业兼权礼部侍郎、直学士院，著有《演繁露》《考古编》《雍录》及《禹贡山川地理图》等书。其《禹贡山川地理图·今定黑水图》载："大海者，乃始可以名为黑水，而惟叶榆西洱海足以当之。"（宋）程大昌：《禹贡山川地理图》（卷下），北京图书馆载宋刻本。

张机、黄真元又指，大金沙江，即雅鲁藏布江，为《禹贡》之黑水。张机曰："大金沙江，发源昆仑山西北吐蕃地，即《禹贡》所导之黑水也。虽与云南小金沙江及澜沧、怒江皆发源吐蕃，然大金沙江之源，较三江最荒远，其下流亦十倍于三江之水。"① 《云南志》载："大金沙江出西番，流至缅甸，其广五（百）里。得非黑水出张掖，流入南海者乎？"② 黄真元曰："大金沙江上流，相传近大宛国，自麻里茶山至孟养极北，不闻有所往，□赤发野人境，惟远见川外隐隐有人马形，殆西羌之域也。"③ 此大金沙江为黑水者也。

明人李元阳著《黑水辨》、史秉信著《〈春〉冈〔脊〕黑水辨》俱以澜沧江为《禹贡》黑水。元阳云："澜沧、怒江皆由吐蕃北来，盖与雍州相连。水势并汹涌，皆入南海。然潞江西南趋缅中，内外皆夷，其于梁州之境若不相属，惟澜沧由西北向东南，徘徊云南郡县之间，至交趾入海。今水内皆汉人，水外皆缅夷，则《禹贡》之所导分别梁州者，惟澜沧足以当之。"④ 《元史》："至元二年，大理劝农官张立道使交趾，并黑水，跨云南，以至其国，则澜沧江之为黑水益彰明矣。"⑤ 此以澜沧江为黑水者也。

---

① 张机，明代人，其所著《大金沙江源流考》中曰："大金沙江，发源昆仑山西北吐番地，即夏禹所导黑水也。虽与云南小金沙江及澜沧、潞江，皆发源吐番，然大金沙江之源，较三江最荒远，且其源与三江源邈不相近，其下流亦十倍小金沙江，及沧潞二江之外。"

② 此处所称《云南志》即《云南通志》。据鄂尔泰监修之《云南通志·山川》载："金沙江，在城（丽江府）东北一百五十里，源出吐番，经中甸东南流至府，又东南流入永北府。"（清）鄂尔泰：《雍正云南通志》（卷三），四库全书本。

③ 黄真元，即黄贞元，云南腾越（今保山市）人。著有《黑水考》一书。其云："大金沙江上源，相传近大宛国，自里麻茶山至孟养极北，不闻有所往，号赤发野人境，峭壁不可梯绳，弱水不任舟筏，土人亦远见川外隐隐有人马形，殆似西羌之域也。"参见（清）屠述廉修，刘明元、马勇点校：《云南腾越州志点校》，云南美术出版社2006年版，第202—203页。

④ 李元阳，明代人，其所著《黑水辨》曰："夫陇蜀无入南海之水，惟今滇之澜沧江、潞江二水皆由吐番西北来。盖与雍州相连，但不知果出张掖地否。水势并汹涌，皆入南海。是岂所谓黑水者乎？然潞江西南缅中，内外皆夷，其于梁州之境，若不相属，惟澜沧由西北迤逦向东南，徘徊云南郡县之界，至交趾入海。今水内皆为汉人，水外即为夷缅。则禹之所导于分别梁州界者，惟澜沧足以当之。"参见（明）何金堂《古今游名山论》卷16，《明李元阳黑水辨》，嘉靖四十四年刻本。

⑤ 《元史》所记原文为："至元二年，大理劝农官张立道使交趾，并黑水，跨云南以至其国，观此则澜沧江之为黑水益彰明矣。"（明）宋濂撰：《元史》（卷一百六十七），中华书局点校本1976年版。

《明一统志》[①]："潞江，一名怒江，源出雍望，经潞江安抚司之北，蒙氏〔氏〕僭封为四渎之一。"《卫藏图识》："潞江，发源卫地，即藏地之布喀大泽，渊澄黝墨，又多伏流。蒙古呼黑为喀喇，池为乌斯，一名乌苏，故名喀喇乌斯，以北为《禹贡》之黑水，则称名犹旧。"[②] 康熙五十八年，上谕："澜沧江之西喀喇乌苏[③]，即《禹贡》之黑水，今云南所谓潞江也。《禹贡》导黑水至于三危，入于南海。（旧注：三危，山名，不识其地之所在。）朕今始考其实，三危者，犹中国之三省也。打箭炉[④]西南，达赖喇嘛所属为危地[⑤]，拉里城东南为喀木地[⑥]，班禅额尔德尼所属为藏地[⑦]。合三地为三危耳。喀喇乌苏由其地入海，故曰：'导黑水至于三危，入于南海也。'"[⑧] 此以怒江为黑水者也。

予考诸江之地位与称名之肇端，均不若以怒江为黑水者之确而有据。黄楙材《西徼水道》："大金沙江，即雅鲁藏布江，乃滇人对云南丽水之小金沙江而言，其源发于藏之西界，卓术特部落西北三百四十余里之打木

---

① 《明一统志》，是我国历史上一部著名的全国性总志和一统志。天顺二年（1458 年），朱祁镇便令李贤等人启动编修《大明一统志》的工作，并在三年后的天顺五年（1461 年）稿成。《大明一统志》编成之后，由英宗亲自作序并定名为《大明一统志》。弘治、万历年间，明朝又对《大明一统志》进行了修订，增加了嘉靖、隆庆两朝以后政区建置方面的内容。全书共 90 卷，在篇章布局上以当时两京十三布政使司为纲，其中一百六十为州、二百三十四为县、一千一百十六为边陲之地的都司卫所及宣慰、招讨、宣抚、安抚等司，各部之下以建置、沿革、郡名、形胜、风俗、山川、土产、公署、学校、书院、宫室、关津、寺观、祠庙、陵墓、古迹、名宦、流寓、人物、列女、仙释等 38 目为纲进行具体设置。

② 《卫藏图识》，（清）马揭、盛绳祖纂，乾隆五十六年（1791 年）编纂，次年初正式刊行。经查阅，《卫藏图识》中并无这一记载，待考。

③ 喀喇乌苏，即金沙江。

④ 打箭炉，即今四川省甘孜藏族自治州康定市。

⑤ 即卫地，为藏语之音译。

⑥ 即康区，为藏语之音译。

⑦ 即后藏地区。

⑧ 此为雍正帝所颁《论地理水源文》中的一部分。对于此文，学术界褒贬不一，其中以任乃强先生的评价颇具代表性，其称："此文能将西陲山水脉络分成条理，又能参译藏典，解释三普陀与四大出水口之意义，不可谓非三百年前最有价值之纪地文字"，"查其误人最深者，莫如康熙五十年（1721 年）上谕，后世种种谬说，每多援之而起"。刘凤强先生认为此文体现了"大一统观念下的历史地理认同，此论一出，影响深远，后世莫不奉为圭臬"。参见任乃强《西康图经》，引自《任乃强藏学文集》（上），中国藏学出版社 2002 年版，第602—605 页；刘凤强《清代藏学历史文献研究》，人民出版社 2015 年版，第 135—137、138 页。

朱克喀巴泊山东，流经后藏、前藏，左右纳大小数百水，至德庆转东南，流经工布泽布拉冈城南，又东南流出唐古忒①界，入珞瑜野番境。"② 按：德庆距前藏拉萨东八十里，距喀木界尚远，大金沙江至此即转东南流。是其源虽远，其流虽大，仅及藏地而未及喀木与危，何得谓之至于三危乎？小金沙与怒江两源相去不远。《一统志》："巴萨通喀木山，在喇③北八百余里，西藏西北交界地方，即金沙江发源之山，状如乳牛，故名木鲁乌苏④。又诺莫浑乌巴什山，在喀〔喇〕萨东北八百九十里，近布喀山东，山之西南为怒江源，山之西北近金沙江源。"⑤ 按：小金沙江源尚在怒江西北，周文安谓其源发于雍州之西，流入梁州之西南，故确凿不可移易。所以解黑水西河为雍州，华阳黑水为梁州者，恒于小金沙求之，而不知《禹贡》黑水以至于三危，入于南海为正文。今为之究委穷源，小金沙上流，虽经三危之域，下流则会岷江而入东瀛，又何得谓之至于南海乎？

　　若澜沧江发源于格尔吉匝噶山。旧志："山在诺莫浑乌巴什山东北三百余里，在今藏地之东界，喀木之西北界。"⑥《滇志》谓："澜沧江，发

---

① 也做"唐古特""汤古特"，在这里指西藏地区。参见黄辛建《清代"唐古特"考》，《中国藏学》2019 年第 4 期。

② 《西徼水道》，清黄楙材著。黄楙材，字豪伯，江西豫章人，贡生，熟于地理测量之术，著有《得一斋杂著四种》等，皆为考证地理水道之书。《西徼水道》，不分卷，分为十篇：金沙江源流考、雅砻江源流考、澜沧江源流考、潞江源流考、龙川江考、槟榔江考、禹贡黑水考、阿耨达四水考、恒河考、印度河考。其中，"禹贡黑水考"称："大金沙江，乃滇人所名，对丽江之小金沙江而言也。"参见（清）黄楙材《得一斋杂著四种》，光绪十二年（1886 年）梦花轩重拾刻本。

③ 即今西藏自治区拉萨市。

④ 亦作穆鲁乌苏河，蒙古语意为"冰河"，即通天河。

⑤ 《大清一统志》，中国清朝官修地理总志。前后 3 次编修，始于康熙二十五年（1686 年），至道光二十二年（1842 年）完成，分别为康熙《大清一统志》、乾隆《大清一统志》，《嘉庆重修一统志》。《嘉庆重修一统志》不仅仅是嘉庆二十五年（1820 年）以前的清代地理总志，而且也包含了以往各代的地理志内容，因此，成了每一个研究中国历史、地理工作者的必读物，而受到官方、学者的重视；同时，它也为我们研究清史提供了许多宝贵的资料。据《嘉庆重修一统志·西藏》记载："巴萨通喀木山，在喇萨北八百余里，即金沙江发源之山也。山势高达，状如乳牛，故名木鲁乌苏。"又据载："诺莫浑乌巴什山，在喇萨东北八百九十里，近布喀山东，山之西南为怒江源，山之西北近金沙江源。"

⑥ 旧志，即《西藏志》，无名氏纂，成书时间在乾隆元年（1736 年）下半年或次年初，最初只有抄本流传，乾隆末年和宁将其刊刻印行。参见赵心愚《清代西藏方志研究》，商务印书馆 2016 年版，第 3 页。

源于鹿石山。"① 即此是澜沧之源，但及藏与喀木交界之间，尚未流经藏地，下虽入于南海，上实不得谓至于三危，且又在怒江之内，距雍州之境益远。《禹贡》黑水，吾知其必不在澜沧矣。惟怒江发源于布喀巴池，足以当黑水。《图经》："池在滕格里池之正北偏东，已入藏境千有余里。"《水道提纲》："滕格里池，在拉萨前藏大诏西北，其东北隔山即怒江发源之布喀诸池，其北隔山即大流沙。"②《王制》："西不尽流沙，其池固在雍州之域，是怒江发源于雍州，入于梁州，经三危之域，下流趋缅甸而入海。"然则，《禹贡》之导黑水，至于三危，入于南海，其在怒江乎！李元阳谓怒江内外皆夷，于梁州若不相属，惟澜沧江内皆汉人，水外皆缅夷，足以当黑水。吾谓唐宋以前之时代，不独怒江内外为夷，即澜沧、金沙之间，无非夷人散处之地。《滇志》："丽郡，古么些诏，为六诏之一，城外有大雪山，南诏蒙氏僭封为北岳。明洪武时，宣抚司副使阿得率众归附，赐姓木，为土知府，子孙承袭。国朝雍正元年（1723 年），改土归流降为土通判，境内夷民凡九种，么些、傈僳、倮倮、古倧、西番、巴苴、刺毛也。又有俅夷③、怒夷④居澜沧江外。"⑤ 愚按：云南澜沧江、金沙之间，皆大诏之地，明初尚设宣抚司，而唐宋以前安知非化外之地乎？方今怒江之外之俅夷、怒夷、倮夷，已渐次入云南版图矣。

元阳而生于今，不又曰怒江内外皆汉人乎！夫风气以渐而自开，疆围

---

① 《滇志》，即明代刘文征编著的云南省志。其曰："澜苍江，源出吐番磋歌甸，流经兰州西北三十里。"（明）刘文征纂：《滇志·地理志》卷二，明天启年间写本。

② 《水道提纲》，清齐召南著，二十八卷，书成于乾隆二十六年（1761 年），为专叙水道源流分合的地理著作。据《水道提纲》卷二十二记载："滕格里池，在卫地拉萨西北二百二十余里，藏地日略则城东北五百里，其东北隔山即怒江源之布喀诸池，其北隔山即大流沙也。"（清）齐召南：《水道提纲》，传经书屋藏版、乾隆四十一年。

③ 俅夷，即独龙族。

④ 怒夷，即怒族。

⑤ 此段文字系采撷自黄楙材著《西辖日记》，而非《滇记》。黄楙材《西辖日记》载："丽郡，古么些诏，为六诏之一，城外有大雪山，莹静如银。南诏蒙氏，僭封北岳，今寺庙犹存。明洪武时，宣抚司副使阿得率众归附，赐姓木，授为土知府，子孙承袭。至雍正元年改土归流，降为土通判。境内夷民凡九种，曰么些、曰傈僳、曰倮倮、曰古倧、曰西番、曰巴苴、曰刺毛，又有俅夷、怒夷居于澜沧江外。"参见（清）黄楙材《得一斋杂著四种》，光绪十二年（1886 年）梦花轩重校刊本。

以辟而益广，居今日而谈往事，当先观其会通，不得囿于时代。元阳，明人，殆就其目前论之而未参观夫古今之大局也。吾以怒江为黑水者，犹更有说。《禹贡》："西戎，即叙。"旧注：西戎，氐羌属。《明一统志》："陕西洮州、岷州，四川龙州、犁州诸处，民杂氐羌，即西羌，皆是吐蕃之后。"《汉书》："西羌，凡百五十种，其种别名号皆无由知之。"《唐书·吐蕃传》："普赞，君长之称，居跋布川或逻婆州。"又，《唐蕃盟约碑》："洮岷之东，属大唐国界，其塞之西，尽是大蕃地土。"① 《五代史·吐蕃》："当唐之盛时，河西三十五州之中，以凉州为最大，设安西都护府以羁縻西域三十六国。"《明外史·西番传》："西番者，西羌之种族最多，自陕州西，今陕西、甘肃二省地，历四川、云南，西徼外皆是也。"

愚按：历史所载西戎疆□，广狭各殊，然皆不外陕西、甘肃、四川、云南边徼之地，抑以疆场三邑，一彼一此各据其时而言之耳。夫境地以辟而日增，舆志即以愈新为愈确。西藏之道里、山川，历史均不甚详。若《西域志》《西藏志》《卫藏图识》《西域闻见录》，各皆一代专书，黄氏沛翘又汇群书而为《西藏图考》②，亦云美善兼收矣，独于喀木西南、怒江内外诸藏地略而不评，或记之而颠倒错乱。盖怒江为黑水外，此则王化所不及，古人以其荒远难稽，付之不议，后人或采异说以成书，凭耳食以为记，遂使怒江以西水道，若龙川，若槟榔，若雅鲁藏布诸巨川，源委淆乱，莫可究诘。而黄楙材又由下流溯上源，江道虽定，而其中之部落种族、疆域远近，卒以中隔野番，游移鲜据。观于此，则知黑水之为怒江，固不待辨而自明矣。怒江既定，而西南诸水犹当次第及之。

《一统志》："薄藏布河，在薄宗城南二里，有二源：一源发于薄宗城东北三百余里春多岭，为鸭龙河，合六水西南流；一源发于薄宗城西北五百余里东拉岭，名厄楚河，十余水东南流，至薄宗城，前二水合流，名薄藏布

---

① 《唐蕃盟约碑》，即《唐蕃会盟碑》，是唐朝长庆三年（823 年）唐蕃双方为纪念唐蕃多次会盟刻建的。

② 黄沛翘纂《西藏图考》，清光绪十二年（1886 年）成书，是清末一部重要的西藏地方志著作，主要记载了西藏地区山川、城池、关隘、道里、风俗、物产、艺文等多方面的情况，且内另附《西藏全图》《西藏沿边图》《西招原图》《乍丫地图》等。

河，西南流经噶克卜部落及罗克卜札所属之门布部落，入云南腾越州界，为龙川江。"① 此以薄藏布河、龙川江二水误为一水者也。西人地图以雅鲁藏布江连于亚山部之蒲兰蒲达江而入印度，复以大金沙江为怒江，然其图但以点线连之，以存阙疑之义，尚未敢自信为是。《海国图志》宗之，遂以大金沙江下流会恒河而入海，且又以大金沙江、雅鲁藏布江一水而误分为二者也。

黄楙材曰："大金沙江，经流阿瓦都城，再南流至跋散入海。"② 西北去孟加拉之恒河五六千里，且孟拱孟养西北一带，崇冈叠巘，绵亘蜿蜒，直至跋散海口，山阴之水悉汇于蒲兰蒲达江，山阳之水悉汇于大金沙江。何缘相会？此乃两图之误，中土从来无有言大金沙会恒河者也。又，《一统志》误以薄藏布河于龙川江上源，于是不得不以雅鲁藏布江为槟榔江，西人地图误以雅鲁藏布江连于蒲兰蒲达江，故以薄藏布河为大金沙江，或一水而误分为二，或二水而误合为一，彼此岐〔歧〕异，迄无定论，然皆以意为之，不能考其实也。

盖自金沙江之西，雅鲁藏布江之东，江卡之南，腾越之北，中间纵横千有余里，群山周遭，众水会萃，若澜沧，若怒江，若龙川，若槟榔，皆发源藏地，东南流至此紧束，各隔一山，相距不过数十百里之遥。其附近怒江者，有怒夷、俅夷二种，时与外人相通，稍具人性。至于内山珞瑜野人，则以树皮、木叶蔽体，龙蛇、鸟兽为粮，见人则攫而生啖之，《卫藏图志》所谓戳□鸟尔鲁□族是也。③

旷古以来，人迹罕到，是以诸水源委错乱。《一统志》以薄藏布河为

---

① 《嘉庆重修一统志·西藏》载："龙川江，番名薄藏布河，在薄宗城南二里，有二源：一源发于薄宗城东北三百余里春多岭，名鸭龙河，合六水西南流；一源发于薄宗城西北五百余里东拉岭，名厄楚河，合十余水东南流，至薄宗城，前二水合流，名薄藏布河。西南流经噶克卜部落及罗克卜札所属之门布部落，入云南腾越州界，为龙川江。"
② 黄楙材《西辘日记》载："大金沙江，东北自孟拱而来，其上源即雅鲁藏布江，自发源至此已历五六千里，缅人称曰伊拉瓦底江。……自新街至跋散海口。"参见黄楙材《得一斋杂著四种》，光绪十二年（1886年）梦花轩重校刊本。
③ 马揭《卫藏图识》："珞瑜野人，国在藏地之南数千里，其人名老卡止，荒野蠢顽，不知佛教，嘴剖数块，涂以五色，性喜食盐，不耕不织，穴处巢居，冬衣兽皮，夏衣木叶，猎牲并捕诸毒虫以食。卫藏凡犯罪至死者，解送赴怒江群老卡止分而啖之。"马揭：《卫藏图识》，载沈云龙编《近代中国史料丛刊》（57），台湾文海出版社1966年版，第231页。

龙川江上源，其实薄藏布河下流为槟榔江，非龙川江也。《云南通志》云："龙川之源有三，一出光明山，一出阿幸山，一出南香甸山，三水合流名龙川江。"黄楙材曰："予考图经，江卡之南，怒江之西，有绰多穆楚河，实为龙川江之〈的〉派〔源〕。上有二源：右源出巴哈里山，曰罗楚河，东流为受二水；右出桑昂曲宗城，南流二百余里，二源相合，名绰多穆楚河。东南经俅夷界，约四百余里，至光明隘，入腾越厅界，下流出天马关，入缅甸至格沙合大金沙江。"又黄氏《槟榔江考》云："《卫藏图识》前藏、拉里之桑楚河，左右二流，合而南流百余里，有阿咱、山湾、常多、宁多四水合流，自东南来会，又南流转东南百余里，卫楚河自东北来会，又东南流二百余里，左右各受二水，至薄宗城前与鸭龙布河会，乃名薄藏布河，南流薄宗城，折东南经珞瑜野番界，至古永隘入腾越厅界为槟榔江，下至蛮慕新街入雅鲁藏布江。"

愚按：黄氏所考龙、槟两江，由其委而溯其流，江道之次序，源流之贯串，条分缕晰，自无不合之处。惟于道里之远近、经过之部落尚未评究，今但就己亲历之境，按图而稽。龙川江左源罗楚河，土人呼为聋曲江源，出桑昂曲宗西北六七百里，经八雪[①]境入上杂瑜，又五百余里至下杂瑜；右源扛楚河，土人呼为思曲江源，出桑昂曲宗城东北五百余里，经八雪境，至桑昂曲宗城东有一水自西北来会，合流五百余里，左右各受一水，至下杂瑜与罗楚河会，名绰多穆楚河。东南流二百余里，有亚必曲聋水西北来会，入保俘界南，流四百余里入阿子纳界，又五百余里入俅夷界，又四百余里入腾越厅界，下流详黄楙材《西徼水道》，是龙川江发源，至此已不下二三千里矣。黄氏谓为四百余里者，殆以地望考之，犹未离夫旧图之窠臼也。其自叙云，光绪四年（1878 年），奉川督橄游历印度，行抵巴塘，前途番民阻疑〔挠〕不能进，因改道中甸而行，越澜沧、怒江、龙川、槟榔、雅鲁藏布诸江而至缅甸，驾轮驶而西去。云是，楙材殆就下

---

① 八雪，即八宿，藏语意为"勇士山脚下的村庄"，位于今西藏自治区昌都市东南部，地处怒江上游，东邻左贡县、察雅县，南与察隅县接壤，西靠洛隆县、林芝市波密县，北连昌都市卡若区、类乌齐县，县城所在地白马镇海拔 3260 米。

流之大小溯来流之远近，而又就东西之位次以定河水之源流，所以不至李戴张冠。

群说之谬已足辟开一层，惟未经亲历，尚不免对图冥索，贻不实、不尽之咎为可惜耳。其《腾越边徼》一篇则曰："大金沙江以东，怒江以西，江卡以南，腾越以北，中间广袤二千里，悉为野番。"《藏江考》又云："金沙江之西，雅鲁藏布江之东，腾越之北，江卡之南，中间纵横千有余里，悉为野番。"按：小金沙江在怒江之东，中隔澜沧，相距尚不止七八百里，黄氏两说远近倒置、自相矛盾，或亦为旧图所惑耶。今之程站考之，小金沙江至龙川江已不下二千里，而槟榔、雅鲁藏布两江相距犹远，合而计之，大金沙江之东、小金沙江之西，中间相去约在四千里之外，黄氏所谓二千里、千余里者，或在印度时据西人所称珞瑜部落而言，岂知珞瑜部落仅及槟榔江之西，迤东而至龙川江两岸，尚有妥巴、倮㑩、阿子纳各部族，历来志乘所不载，黄氏或未之闻。观其附近，怒江有俅夷、怒夷，时与外人相通，至于内山珞瑜野番攫人生啖之说，知黄氏但知有珞瑜而不知有倮㑩诸种，所以其中之远近相去悬殊也。今据保民称，由龙川江西岸，逾直巴之山，八站有倮㑩七八十家，架板为屋，聚族而居，尚耕作织保绸，即藏番所谓藏绸者是也，人民殷富，为倮㑩西境最大村落。又西南行则丛林丰草，上不见天，下不履地，野藤盘空，状如楼台，人行其上动摇牵连数里，殊堪畏惧。又八、九站皆无人烟，下临大江，岸高无路，但见舟楫往来，不知江外为何地，并不识其江为何名。

黄楙材《西辖日记》："渡龙川江九十里至腾越，过缅甸即槟榔江，过三崖宣抚司境至蛮允，逾火炎山，下至蛮慕，又过新街，当槟榔江之口，西人轮船月常一至，上流有明船往来，不知驶人何地。"[①] 然则，倮㑩所至之江，其为槟榔江无疑矣。且黄楙材所谓二千里、千余里者，固由于拘泥旧图，考以地望，而不知实误于怒江以外为珞瑜之说。旧志："珞瑜野

---

① 黄楙材《西辖日记》载："初七日，下坡三十里过龙川江铁索桥有汛防把总一员，又五里宿橄榄寨，有税局厘卡。初八日，西行上下斜坡六十里至腾越。"另外，根据《西辖日记》的记载，这里出现的"缅甸"应为南甸，"三崖"应为干崖，清代曾在这一带设南甸宣抚司和干崖宣抚司。参见黄楙材《得一斋杂著四种》，光绪十二年（1886年）梦花轩重校刊本。

人，古名罗喀布占国，在藏地之南数千里，其人荒野蠢顽，不知佛教，嘴割数缺，涂以五色，性喜食盐，不耕不织，穴处巢居，冬衣兽皮，夏被木叶，猎牲并捕虫为食，藏人呼为老卡，止凡犯死罪，解赴怒江，群老卡止分而啖之。"① 黄楙材沿其说，遂谓："□山以东，巴塘以西，腾越以北，江卡以南，中间一段，隔绝野番，旷古以来，人迹罕到，其道里之远近，无从稽考。山则重峦峭壁，无可梯绳。木则急溜奔泷，不任舟筏。其人穴居野处，生啖蛇虫。近英人以利诱之，亦渐驯服。"又云："怒江至嘉裕桥，为滇蜀入藏之大道，东南流七百余里，江之阳为巴克硕游牧，江之阴为波密野番。又东南流经桑昂曲宗，入江卡境，江之外悉为怒夷，故名怒江。又三百余里至云南维西厅界，下经〈云〉龙州〔川〕江之外，皆俅、怒诸夷及珞瑜野番，人迹不到之区。历六百余里入保山县界，乃名怒江。"

愚按：怒江至闷空之明贾以下入云南维西徼外，两岸始有怒夷，以上皆是藏番、俅夷一种。又在怒夷之西南，距怒江已远，至珞瑜一种，尚在槟榔江之西。槟、怒之间尚有龙川巨江。杂瑜以上千余里，右源一支，两岸皆是藏番，左源一支亦经八雪之域而入上杂瑜，西山外乃有妥巴、倮偻两种。至下杂瑜，二水会流，名绰多穆楚河，至压必曲聳出杂瑜界，两岸皆是倮偻。下流四百余里，两岸皆是阿子纳，又经俅夷境入腾越界，并无珞瑜野番杂处于中。查倮偻、妥巴、阿子纳数种，常与杂民互市，并非若珞瑜之攫人而食者，且折巴西南八站尚有倮偻七八十家之大村，又能务耕作织倮绸，此外则未有居民是倮偻，妥巴、阿子纳又非不耕不织、巢居野处者。黄氏殆宗解赴怒江群老卡止分啖之说，疑怒江以外即珞瑜，而不知以讹传讹，其中之错乱已不可以道里计矣。

黄沛翘《西藏图考》云："西藏西南，至珞瑜、茹巴为界。由拉萨东南行，至押噶山，交藏江。至怒江，皆有隘，设防其地，广阔无垠。怒江之水宽数里，两岸峭壁中流激湍，人不能渡。其北一带亦名工布，绵亘颇

---

① 旧志，即《西藏志》。据其载："珞瑜乃野人，名老卡止，割嘴数缺，涂以五色，性喜盐。其地产茜草、水竹、紫草茸。不耕不织，穴室巢居，猎牲为食。藏内有犯死罪者，人解送过江，群老卡止分而啖之。"《西藏研究》编辑部：《西藏志·卫藏通志》，西藏人民出版社1982年版，第8页。

广，中隔一江，乃珞瑜野人，名老卡止，西南接布鲁克巴尔布，通西洋等处。"① 今考布鲁克巴尔布，一名布屯，西界哲孟雄，南界亚山，东界珞瑜野人，北界前后藏，长一千余里，广六百余里，西南至独吉岭二日程，东北逾山三日程至帕克里，又三日至江孜，其北境尚有数路可通前藏及工布等处，是布鲁克巴尔布及工布、珞瑜诸部落均在雅鲁藏布江内外。黄氏沛翘谓，珞瑜野番在怒江外者，或泥于以藏江为怒江之旧图，为之附会其词，亦未可知。西藏程站记，工布在江达之南。康熙五十八年（1719年），大兵进取西藏，□□道员抚绥工布一带，酋长率所部迎师□□。雍正四年（1726年），遵旨将江达仍隶西藏，有工布牒巴供给差役。②

又《藏江志》云："雅鲁藏布江，至德庆，经工布，下流至底穆宗城，出唐古忒界，入珞瑜野番境，此雅鲁藏布江岸之工布也。怒江东岸之工布，一名工巴，在吞多西六十余里，察木多西南五百八十里。工巴西岸，乃桑昂曲宗东北界，上下千余里皆是藏番并无珞瑜野人。"工布、工巴相隔四千余里，本风马牛不相及之地，沛翘误为一站，固缘于译音之舛谬，亦未始非图考之穿凿。不然怒江、藏江原是本不相属，工布、工巴地面相隔亦远，何能牵混而为一乎？且怒江流至工巴，宽尚不过一里，渡江多用溜索，江面之窄不言可知。沛翘所谓水宽数里者，非经前、后藏而入

---

① 据《西藏图考》记载："（西藏）西南至珞瑜、茹巴为界，由拉萨东南行一日，过锅噶拉大山至宋布堡，过米噶拉山、札拉山至押噶交藏江。至怒江，皆有隘，设防其地，疆址广阔无垠，不能悉载。怒江之水宽数里，两岸壁峭，中流激湍，人不能渡。其北一带亦名工布，绵亘颇广。南即珞瑜，中隔一江。珞瑜乃野人，名老卡止，嘴割数缺，涂以五色，性喜盐，其地产茜草、水竹、紫草茸，不耕不织，穴室巢居，猎牲为食。藏内有犯死罪者，人解送过江，群老卡止分而啖之。西南接布鲁克巴尔布，通西洋等处。"黄沛翘：《西藏图考》卷六，载《中国边疆史志集成·西藏史志》，中国国家图书馆文献缩印复制中心2003年版。
② 这里所称之事为发生在雍正时期的西藏及涉藏周边地区的行政划界工作。雍正三年（1725年）十二月，雍正帝命鄂齐等人离京划勘川滇藏行政分界及入藏传达清廷的决定，次年八月三日，鄂齐等离开拉萨返程，顺利完成此次任务。通过此次划界，清廷对西藏与涉藏地区行政区域进行了大幅度的调整与划分——川、藏之间的行政区划以宁静山、喜松工山为界；今迪庆一带划归云南管辖；藏北三十九族地区划归西藏但由驻藏大臣直接管理；玉树地区则划归西宁办事大臣管辖。雍正时期的这一次行政划界，是清朝在西藏及涉藏地区实施的一项意义重大且影响深远的措施，充分体现了清朝通过行政区划调整来加强治藏力度的战略思想，不但对清代的治藏工作产生了重要作用，而且奠定了延续至今的西藏与涉藏地区行政区划及分界的基本框架和格局。参见黄辛建《雍正时期藏区行政划界研究》，《中国藏学》2018年第3期。

珞瑜之雅鲁藏布江钦！然亦误于怒江以外为珞瑜之说耳。

沛翘又云："自怒江北五日至咱义，指龙川江岸之杂瑜；四日至桑昂曲宗；又九日至灵卡石，指怒（江）西岸之冷卡；过浪沧江，指澜沧江；至察娃、作贡，即察洼、左贡；又七日，至阿布拉塘，交南墩大路。"①
按：旧志内，咱义东行逾雅鲁藏布江，又东过乌苏江，又东过桑楚河，至薄宗，又东绕龙川江上游，过怒江，经洛隆宗至嘉裕桥。是咱义尚在雅鲁藏布江之外，而杂瑜实在绰穆多楚河即龙川江之间，相距隔四五千里。沛翘以藏江之咱义为龙江之杂瑜，则所失益远。杂瑜分上、下两区，皆在龙川江两岸，北行五日至桑昂曲宗，又九日至冷卡，东过怒江，又二日至察洼、左贡，又四日过澜沧江至江卡，合大路至南墩。盖杂瑜在怒江西南数百余里。沛翘谓怒江北上五日至咱义者，固误于藏、怒两江合为一水，又安知非谬执成见，谓怒江以外皆是珞瑜。此中必无藏番，所以移怒南之桑昂曲宗于怒北，移澜外之左贡察洼于澜内，于是杂瑜一区无从位置，遂不得不以音义相通之咱义而为杂瑜，更不得不以灵卡为冷卡，以桑昂巴为桑昂曲宗也。

旧志："巴塘西北有灵卡石，近金沙江岸有桑昂巴，野番在瞻对外。"② 沛翘欲于怒江之北寻杂瑜部落，若不以灵卡石为冷卡，以桑昂巴为桑昂曲宗，何能自圆其说。而不知其所考之地东西易位、南北倒置，其错谬已至于不可诘责辨。吾不咎按图冥索者，贻毫厘千里之差，特难宽□。兹伪说者□作俑，欺人之祸，夫坐一室以谈九州、大江黄河之源，尚酿成千古疑案。考据愈多，则门户愈杂，非足迹所经终不能折衷一是，然后知九州之外、六合之内，圣人皆存而不论者，亦恐其荒远难稽，付之删书，断自唐虞之例，以杜后人之口实。

---

① 《西藏图考》载曰："自怒江北五日至咱义，四日至桑阿却宗，又九日至灵卡石，过浪沧江，至察娃、作贡，又七日至阿布拉塘，交南墩大路。"黄沛翘：《西藏图考》卷六，清光绪十二年（1886年）刻本。
② 据《西藏志》记载："自怒江北五日至咱义，四日至桑阿却宗，又九日至灵卡石，过澜沧江，至察娃、作贡，又七日至阿布拉塘，交南墩大路。"《西藏研究》编辑部：《西藏志·卫藏通志》，西藏人民出版社1982年版，第8页。

　　喀木西南一隅，元明以前史乘皆未载及，后世藏卫诸书丛出，或有未尝载及者，抑有记之而不详、不确者。安知非九州以外之地，在从古存而不议之例乎？吾以怒江为黑水，殆信于是。然欤？否欤？高明君子尚其〔祈〕正之。

六　汇志事实

（一）天时类

　　喀木西南番人时令亦如藏制，不识天干，但以地支属类相纪年，也以十二月为岁，其支属纪年如鼠年、牛年、兔年，亦有闰月，与中历多不同时。如宣统三年（1911 年）辛亥中历闰六月，其地先于庚戌年闰九月，次年正月为其地之腊月，推至闰月以后，始与中历相合。其月建亦有大小，仍与中历不同。如正月大、二月小、三月大、四月小，相间轮数即闰月之大小建，亦视前月相间轮数，并无两大、两小相连之月。至小建之月，亦有三十。盖其历又有闰日之例，除是月初一、三十两日不闰之外，其中摘去一天，如闰初二，则由初一日后直挂初三，将初二摘去，即为闰日。所推日蚀、月蚀，往往纤毫不爽。① 杂瑜僻在极边，正朔之书，恒与喇嘛推算，非必尽由藏颁，然亦多与藏历相符，此时令之异也。

　　若夫气候之寒燠，则以地势之高下而殊。近山多寒，近川多燠，随地而殊，所以有十里不同天之说。自震折山蜿蜒而下，若夺空、日东诸山，

---

① 从内容上看，此段内容主要参考并使用了《西藏志》中的材料。《西藏志·纪年》载："西藏不识天干，惟以地支属相，纪年亦以十二个月为一岁。以寅为正月，仍有闰月，但其闰月不同时耳。如雍正十年壬子闰五月。雍正十三年乙卯闰四月，其地于甲寅年闰七月。更有闰日之异，而无小建，如闰初一则无初二，即至初三矣；或于月内摘去二日，即不呼此二、三日，假如二十六日，次日即呼二十八日。每月必有初一、十五、三十。其呼正月曰端郭，余月仍挨数呼之。纪日惟以金、木、水、火、土五行配，与宪书无异。推日月之蚀，亦纤毫不爽。云推算占验，皆唐公主流传者。"《西藏研究》编辑部：《西藏志·卫藏通志》，西藏人民出版社 1982 年版，第 22 - 23 页。

春间积雪几于灭顶，行人至此往往回车迤东，至怒江岸。若闷空、欧墨、工巴等处，气候温和，春暮麦熟，较内地刈获尚早。迤西而至龙川上源之恩曲江岸、鸡公以上气候犹寒，冰雪亦多。下至杂瑜则燠多、寒少，隆冬之时不裘、不帛，亦不觉其苦，四时雨多、雪少，夏秋之间毒蚊蜂起，状如蠛蠓，毒噬肆虐，着体则红肿棱起，有时溃烂，不异□□。此种毒蚊固因气候而生，未始非旷地太多、人烟寥落、荒榛断梗、叶腐蕴毒所致。至于倮倮地方，则但燠无寒，其地不冠不履，夏秋裸呈其体，冬春以褐布披肩，较之杂瑜，气候酷热加倍。龙、怒二江之间，风惟有南北，无有西东，然四时多是南风，而北风恒不一见。

杂瑜旱粮年种二季。其内地作□，成易时节大略相同，惟种插较迟，常于夏初布谷，秋末割穗。怒江一带气候亦与杂瑜相去不远，其地独不宜谷，近山一带，地脉凝寒，年收旱粮一季，春夏始种稞麦，秋冬乃能成熟。怒江自明贾以下，气候犹热，亦多种谷，地方□。其下则云南疆域，勿庸赘入。大抵草地多山，物产之早迟，实缘地势之高下，□判寒地则多冰雪，燠地则多瘴疠，皆不利于行人，此气候之异也。

至于节序，亦与内地悬殊。如十二月为大建，则以元日为年节，十二月为小建，则以初二日为年节。其俗并无庆贺，惟于高阜竖立长杆，或挂五色布及嘛件□旌于上，次年元日换之，以志岁节。室内或燃酥油灯于灶侧，或烧松柏枝于碉顶，如内地秉炬焚香之意，以示虔诚，此怒江两岸之俗，尚与藏中无异。若龙川两岸居民，并换旌、燃灯等事，亦未之见，惟黄教①喇嘛亦如藏俗，跳神逐鬼，有方相□，司傩遗竟，远近男女皆于是日盛饰骈肩，观若堵墙，群聚歌饮，扶醉而归，以度岁节。年终更无佳会，惟刈获以后各迎喇嘛入室念经，事同报赛。秋冬之交，亦有跳神之时，其盛也不亚于正月。盐井于八月中旬，澜沧水落井口露出，夷民晒盐必借风力，两岸妇女皆往朝雪山太子，归自康马公，歌舞竟夜，名曰祭风。亦年中必有之佳会外，此若中元、重九诸盛典，蛮俗概未之闻，此节序之异也。

---

① 黄教，即藏传佛教格鲁派。

（二）地利类

杂瑜，维度偏京师西南，距四川省治西南四千四百一十五里，为古牦牛徼外域。左贡、桑昂曲宗所属境地均在喀木西南，东至澜沧与盐井、江卡交界，西至龙川江之西与倮倮交界，北至冷卡与八雪交界，南至压必曲龚与倮倮交界，东北至邦达与察木多交界，东南至明贾与云南徼外之怒夷、俅夷交界，西北至阿公山与波密、妥巴交界，西南至博阿堂直巴与倮倮交界，东西相距一千三百余里，南北相距一千七百余里，物产丰饶，诚西南第一隩区，惟土广人稀，旷地尚十之七八，为可惜耳。

藏卫记地诸书，惟详于前后藏及诸路之冲，而僻再一偏者，恒苦于繁不及备而遗之。喀木西南则偏之又偏者也。康熙三十八年（1699 年），提督唐希顺据化林守备王允吉等原报一案，兴师克打箭炉，定界于中渡。康熙五十八年（1719 年），永林协副将岳钟琪斩达哇监占、巴布木咱等九人。都统法腊于五月十八日，令永林副将岳钟琪领官兵一千进取巴塘，令成都县教谕杨世录先行招抚。五月二十八日，巴塘营官结果、翁布二人随杨世录赍土地户口册，迎投副将岳钟琪于奔卡木①地方，巴塘、里塘始定。七月，据差成都府同知马世玠、四川提标后管游击黄喜林报，招乍丫、察洼、作贡、奔达、桑阿却宗、察木多等处②，此为记左贡、桑昂曲宗之始。然察木多当川滇藏往来要冲，所有山川险要罔不载在群书，独于左贡、桑昂曲宗所属之地，纵横千有余里，阙而弗及，今但据其所闻所见而增补之，以备作者之采择焉。

冈底斯山为西藏群山之祖。《一统志》："冈底斯山，在阿里之达克喇城东北三百十里，直陕西西宁府西南五千五百九十余里，其山高五百五十余丈，周一百四十余里。向西北者为僧格□喀巴、布冈里、木孙诸山，绕

---

① 奔卡木，即奔察木，在今四川省甘孜藏族自治州巴塘县城以东七十里。
② 乍丫，即察雅；察娃，即察瓦龙；作贡，即左贡；奔达，当指邦达；桑阿却宗，即桑昂曲宗；察木多，即昌都。

阿里而北二千五百余里，入西域之和阗、南山及葱岭诸山。向东巴〈北〉者为札布列斜而克、角乌尔克、年前唐拉、萨木坦冈、匦诺莫浑乌、巴什巴颜哈喇诸山，环卫地，竟青海，连延而下六千余里，至陕西西宁等处边界。向西南者为闷郡克尼儿、萨木泰冈诸山，亘阿里之南二十余里入厄纳特克国。向西〈东〉南者为喀木楚克、喀巴布冈、噶尔防尔弩、金刚苍诸山，历卫藏达喀木七千余里，至云南、四川之境。康熙五十六年（1717年），遣喇嘛楚儿沁藏布、兰木占巴，理藩院主事胜住等，绘画西海、西藏舆图，测量地形，以此处为天下之脊、众山之脉，皆由此起云。"①

　　是喀木西南诸山，即祖于冈底斯山东南第一枝之脉络也。其东路之夺空山，在杂瑜东北四百五十里，不甚高险，积雪之厚，恒不可以尺丈计，行人至此往往回车东行百余里。又有蔡翁山，高险倍于夺空，积雪亦厚。渡怒江东行百余里，有毕达山，高入云表，盛夏积雪如银，隆冬至春，行人断绝，人常绕越德拉山，下至地村合路以避其雪。德拉在毕达之北，相距不过数十里，两山蝉联而下。德拉险峻过于毕达，而积雪较薄，取径于此，亦惟差胜于彼尔耳。西路则有梭哩折巴诸山横亘，上杂瑜西面叠巘层冈，从古皆未经人到。北路则有震折山，在杂瑜北七百余里，路径险窄。东行六十里有折拉山，不甚险峻，两山积雪，与夺空诸山，实相颉顽。又北行四日，有应噶山、洛乐新戈山、咱工山、龚拉山，崎岖异常，一连四山接续相越，险实可畏。南路则沿绰多穆楚两岸，其险实难形容，夷人于峭壁悬岩之间就势斫凿，常有势不能就之处，间以梯绳，援系猱升，虽五丁力士，应亦束手无策。南行两站均如

---

① 《嘉庆重修一统志·西藏》有关冈底斯山的记载为："冈底斯山，在阿里之达克喇城东北三百十里，直陕西西宁府西南五千五百九十余里，其山高五百五十余丈，周一百四十余里，……向西北为僧格□喀巴、布冈里、木孙诸山，绕阿里而北二千五百余里，入西域之和阗、南山及葱岭诸山。向东北者为札布列斜而克、角乌尔克、年前唐拉、萨木坦冈、匦诺莫浑乌、巴什巴颜哈喇诸山，环卫地，竟青海，连延而下六千余里，至陕西西宁等处边界。向西南者为闷耶克尼儿、萨木泰冈诸山，亘阿里之南二千余里，入厄讷特克国。向东南者为达木楚克、喀巴布冈、噶尔沙弥弩、金刚花诸山，历卫达喀木七千余里，至云南、四川之境。本朝康熙五十六年，遣喇嘛楚儿沁藏布、兰木占巴，理藩院主事胜住等，绘画西海、西藏舆图，测量地形，以此处为天下之脊、众山之脉，皆由此起云。"两相对照，除个别文字上的差异外，二者内容基本一致。

此险，并无他路可以绕越，犹险之险者也。又有阿公山，在杂瑜西北五百余里，与倮㑩、波密、妥巴交界，四时积雪，惟五六月间稍有路径而石棱岭岈、峑峭横空，牛马皆不能到。山之阳，有地名瓦，扼波密、八雪之冲，其地距桑昂曲宗三站，两山环拱，形如翁盎，广不容丈，中塞大石，无路可通，夷人洞凿石门以通往来，仅容单骑，波密人常越境剽劫，民甚畏之。喇贡番官设兵于此，以稽查出入商民而防暴客。以上各路险隘，均扼通衢之卫，于实天堑雄关，为四方之屏藩，得之则险自可恃，失之则败不旋踵，筹边者盖于形胜加意焉。

其巨川则有澜沧江、怒江、龙川江诸水环绕其间，均足为察洼、左贡、桑昂曲宗全境襟带。澜沧江，在左贡东四百余里，江之东为乍丫、江卡、盐井诸治所地方，江之西即左贡地面。怒江，在桑昂曲宗东四百余里，为桑左两属全境分界之所。龙川江，横贯杂瑜，环绕桑昂西南三面，江面广阔未有桥梁，但凭悬渡急溜奔泷，不任舟筏，实有不能飞渡之险。

至于冲要之区，皆有碉堡，土人称为官寨。左贡设营官①二，同驻中察洼冈；协敖二，一驻邦达，一驻札夷。桑昂曲宗设营官二，同驻塌巴寺；协敖四，一驻冷卡，一驻俄拉，一驻杂瑜，一驻闷空；古噪二，一驻色不，一驻色墨。以上碉堡广处或高踞岭表，或俯跨江干，依山临水，均足以控扼其要害。又于杂龚设有卡隘，以征出入厘税。至于左贡之一道桥、二道桥、三道桥，杂瑜之拓桑岭、忙多、甲穰等偏桥，均以一当万之要隘。地利之坚，形势之固，炉边数千里，诚未有如喀木西南之可恃者也。

至于倮㑩域内之险，又非左贡、桑昂所及。由上杂瑜之直已村西南逾山，一站至徒令噶，二站至抄底，三站至协聋，四站至门公，五站至东珠，六站至纳哟咱，七站至总贡，尚有路可行。又西南行十八站，洋人于二十年前设关于此。不知是何地方。倮㑩至其地贸易者甚多，皆不知其地为何名，惟称自总贡西南行则未有人烟，十余站皆是野宿，所过地方尽是深山穷谷、长林丰草，枯藤盘结状如楼台，人皆

---

① 营官，即清代西藏噶厦政府基层行政官员宗本。

履藤凌空而行，间有断涧绝壑无路可通，窱窈幽深，下临无际，空中枯藤牵搭，人由上行，其险实莫与匹。倮㑩腰佩短刀，身披牛皮，常有藤结阻拦无可绕越之处，则以身尽力攒之，如隙小难过，始以刀斩藤而行。此等奇险，又左贡、桑昂域内所未有着也。

地利一节但就其所见所闻而记之，诚不免挂一而漏万，后之君子请续增之。

（三）人事类

西藏民庶率信喇嘛教，衣冠皆用黄色，故名黄教。其先本是红教①。初，乌迫雅纳喊之为邻国所败也。周赧王三二年戊申，自额纳特克即中印度逃至雪山居于雅尔赞塘，为雅尔隆氏。其季子生有异表，众推之为汗，率师出征冈不克，捷。遂为土伯国国王，传十四世至多里隆赞汗，得《百拜忏悔经》《多宝经》及金塔宝而崇奉之，为佛物输入西藏之始。其十五世勒德苏隆赞，于东普〔晋〕安帝义熙时，遣其臣入中印度学习音韵，归国使之翻译《百拜忏悔经》及《三宝云经》，以为治国之□。

至唐僧人玛哈德干等编译诸经宣布国内，西藏佛教之勃兴实始于此。由是渐盛于中国，元世祖深尊信之，使宫闱、东宫皆受其教，并赐发思巴②玉玺，号为国师。至元二十一年（1284年），以红教为国教。元顺帝迷信犹深，行寅挟儿之法，为天魔舞或效，作秘密大喜乐禅定法，淫戏无度，丑声外闻，红教改革之说乃渐腾于人口。明永乐时，宗喀巴由学习红教知其流毒日甚，不足以度众生，誓欲一洗前习，乃集众于前，自改着黄衣服，是为黄教之始，而不二法门从此分为两派。红教喇嘛之法术，能吞刀吐火，又能咒刀入石，复屈而结之，又能为风云、役鬼神，然自屈服于

① 红教，一般被用来指称藏传佛教中的宁玛派。或是受此影响，学界也普遍将清人言说中的"红教"等同于宁玛派。但在清代文献中，"红教"一词并非专指藏传佛教的某一教派，而是一个与"黄教"（格鲁派）相对，涵义更为宽泛、模糊的称谓。参见徐法言《清代文献中的"红教"释义——以乾隆朝汉文文献为中心》，《宗教学研究》2019年第2期。

② 即八思巴。

黄教。盖黄教惟讲诵经典、习静禅坐，不为幻术，而诸邪自不敢侵犯，故番人虽愚，其敬信黄教尤在红教之上。此佛图澄所以不如鸠摩罗什，而鸠摩罗什所以不如达摩也。

喀木西南，喇嘛固重红、黄两教，又有黑教①一派，所供之佛亦如黄教、红教经□，亦□两种，惟诵法不同，或有时就原文而删节之，亦有时就原文而倒诵之，黄、红两教喇嘛皆不知其何所取义。所建寺院多是□文。盖喇嘛亦不准娶妻生子，有愿住寺者，楼上供佛，楼下住家。其不愿住寺者，听之闲时回家操作，无异平民，俟念经之时，始相率偕来，而餐宿仍各回家。平时但留一人在寺，以司香火，限期轮替，故常有寺院宏丽，其中并无喇嘛者。不似黄教之一入空门，即以寺为家，老死不离佛脚，犹有清净寂灭之意。黑教衣服、冠履亦如黄教，惟宗派不同耳，男女皆尊信喇嘛，亦如藏俗，惟觉母特少耳。

至于婚姻丧葬之礼，左贡一带尚与西藏略同，怒西迤至杂瑜则有迥不相侔之俗。西藏婚姻，官家及富室亦择门户，通媒约。议婚之初，男家预托亲友送哈达于女之父母，以通其意，并约定某日行聘及期媒，以男家酒物及哈达送至女家，允则受而饮酒，否则摒而却之。其俗重女轻男，一切操作力役，女子之多，恒倍于男子。凡供差、徭习、戆迁、岩栖、露宿，女或与男同行，并可杂错于一处，淫乱之风所以不耻也。乡村之女，无论贫富，多有老死依母不嫁出门者，选婿之法听女自择，父母置若罔闻，初本苟合，其婿自往自来，父母亦不之禁，且视若路人，并不问其为谁，惟女则以饮食优待，久则婿住女家代行操作，女之父母视其婿若己出，婿亦终身不回本籍。盐井、左贡、闷空、桑昂一带，婚姻往往如是。至杂瑜数百里，婚嫁则尤为怪诞。其议婚之法，子女之父母各皆不能操其权。男至十六七岁以后，欣慕某女欲求为妻，不待父母之命，即自负一月或半月口粮潜往女家，伏于其宅之左右，阴伺女出，浼与苟合，粮尽始归，两情既惬，女始以情白其父母以待聘，男归即遍招亲友、族党，约以某日娶某女为妇，请往伙助。届期，亲友、族党各执棍棒，蜂至女家，女之父母祥为

---

① 黑教，即本教。

抵抗，新妇则潜伏邃室，俯首不语，持械者燃炬入室，肆行搜索，如劫掠状，得女或背负而行，或拥夺以归，迨夫妇伉俪既笃，女之父母馈送谷粟、田地以助衣资。此与藏礼迥殊者也。

至于丧葬之法，而藏已异于中国，而杂瑜葬法又不同于西藏。王我师《藏炉述异记》云："西藏僧俗考终后，卜之喇嘛。宜水葬者，投之河。宜弃者，投之野。宜火葬者，焚之。不宜葬者，留于室。惟天葬者，真令人骇目惊心也。负尸于山，延喇嘛数众，剥割细碎，焚信香一枝，即有大鹏鹰飞集饲之，尽则狂喜，若留些微则云未能脱化。又有风干一类，不化不毁，悬于墙壁间，如傀儡状，此西炉俗也，他处无之。"[1] 按：怒江以西无天葬之法，而水葬、火葬随地有之，亦与藏俗相同，惟地藏〔葬〕似内地，槁葬而又悬殊，为一种特别风气，人死则以大小绳索缚而置诸板上，数人攒抬至一葬处，委诸地上，乱掷大小石块，掩尸而去，后有死者仍葬于此，累十累百均不异地，白骨累累，臭气逼人，虽曰掩葬，殆与委弃无异。亦有风干不似西炉之悬于墙壁，人死则以绳索绑紧置诸板上，攒抬林中，系板于树，横在空中，雨蚀风销，化为枯骨，后葬者仍系于此，枯骨满野，令人见之不胜惊骇，此丧葬之异也。

西藏饮食首重糌粑、牛羊肉、奶子、奶渣、酥油等物，然贵贱食品皆以茶为主，以茶煎至极浓，投以酥油，搅以糌粑而食之。饮食不用长箸，无论僧俗、男女、老幼，皆以手掬。盛以木碗，食毕，不事洗涤，舐以舌而纳诸怀。怒江以东，糌粑皆以青稞炒熟为之；其西，则有以黄豆、黄粱为糌粑者。杂龚一带，产羊巴，元小而色黑，炒代糌粑，面细味芳，远近僧俗常趋购以供食品。自此以下至杂瑜，则以粲米为饔飧，惟不解释叟蒸浮之术。其制米之法，恒以手碓舂谷，皮脱过半，就风倾倒，扬去秕糠，

---

[1] 据《藏炉述异记》载："予雍正四年冬往彼分界时，目击者更可异者，无分僧俗，考终后，卜之喇嘛。宜水葬者，投之河。宜弃者，委诸野。宜火葬者，焚之。不宜葬者，留于室。惟天葬者，真令人骇目惊心也。负尸于山，延喇嘛数众，剥割细碎，焚信香一枝，即有大鹏鹰飞集饲之，尽则狂喜，若留些微，则云未能脱化清净也。又有风干一类，不化不毁，悬于墙壁间，如傀儡状，此西炉俗也，他处无之。"王我师：《藏炉述异记》，《小方壶斋舆地丛钞》第三轶第一册。

漂以水而不淘汰，其饭食之粗粝，不堪言状。杂瑜多野生椿树，夷民常掇芽为蔬，但不解烹调耳。藏民以青稞酿酒，味淡而微酸者名"呛"，亦有烧酒而水气较重，不如内地之甘烈。怒江以西，间有以黄粱酿酒者。上下杂瑜之酒，则以谷酿之。其最佳者为米酒，其色黄，其味酸而微甘，颇近渝酒，惜曲劣工拙而□分稍低。

西藏房屋，土著人与游牧异。游牧迁徙靡常，以天幕为室，形似鱼网，有六角，组犛牛毛而织之，最大之幕，能容数百人，土人称为黑帐房。乡村居民或砌石为墙，或筑土为墙，均甚坚固。凡札夷一带，多有排架编泥土坊，白色状，如傅粉，然皆用乎，顶上作稼场，一举两用，实称便利。左贡地方，有用草盖房者。桑昂、杂瑜等处，无论官寨、僧寺、民房，皆以木板盖之，其形中昂边垂，颇似瓦房规模。其地未有木工，老幼居民，各带腰刀，凡有工作鸠众庀材。不事绳墨，不用锯凿，但以刀斧斫削，视其平正而用之。其取板之法，亦不用踞〔锯〕，但估计其料之长短，斩之，复以刀斧砍劈，木以块就势塞开，不计倾斜，厚不过寸，即以盖板，厚过一倍者，则为装板，上下中边皆不引绳着墨，惟谛视大概，削高就注而用之。有竖柱排架，多不凿孔，恒以蕨藤栓束，即窗户门闼，应凿孔、应剡槽者，亦以刀斧斫之。种种造法，罔不拙陋，然皆贫民所为，而富家巨室亦常于境外雇工建造，其宅内之装修，亦甚光华，惟以木板覆盖，仍是蓝缕不堪。此等风气已属朴陋极点矣。至于倮儸，犹为甚焉。其地产竹，所建之宅，富者伐竹，竖架劈竹为盖，编棘茨以为壁，贫者则以竹为架，上覆树枝而已。此下倮儸之俗也。若中段、上段两种倮儸，并竹架亦未之见，其民皆伐木，为□上覆树枝以蔽霜露，露漏雨隙日再所不恤，棚内杳无长物，四壁洞空，尚不如驻帐房者之犹有障壁也。倮儸一种，本在杂瑜域外，附记于此，以备考查。

西藏自古迄今，即有语言，惟方言则不免互相歧异。若执旧语以通四方，殊多滞空。缘近边夷，民率□外部语言，同为地脚话，以其素相往来渐渍而至，非故与藏音相□也。盐井方言，则近么些。闷空方言，则近俅怒。杂瑜方言，则近倮儸。且倮儸又分三种，在杂瑜西北者为上倮儸，在杂瑜正西者为中俅俣,在杂瑜西南者为下俅俣。三种风气不同,语言亦异,故上下杂瑜,地不过数百里,各有方言,庞杂难辨,即土著之民,非素操商业,遍历各部者,亦难猝辨其语言。亦有所谓官话者,即藏中划一之语,其命名指事,固相去不远,而声音之清浊、习俗之移易,相杂为言,犹非樛执藏语者,所能尽通其意义。

是喀木西南,如桑昂、杂瑜、闷空诸属,固隶藏域而教派、风俗、婚姻、丧葬、饮食、居室、语言,皆有迥不相同之处,约记大概,以备将来之采择焉。

(四) 物产类

旧志:"恩达、察洼、左贡、桑昂曲宗俱产稻米。"[1] 今查其地,惟桑昂曲宗所属之杂龚以至上下杂瑜,及闷空以南之明甲等处宜稻,其余地方惟宜青稞、黄粱、大麦、小麦、荞子等类,并无产米之区,作贡、察洼所属更不待言。查左贡地面,名察洼冈,分上、中、下三区,管辖六十八村。[2] 上察洼冈五村,二百余户,男女丁口九百又奇,专务游牧,不事耕作,牛马以万计,羊以数万计,其地土产以牛毛、羊毛、毯子、酥油为大宗,又有羔羊皮为该处出口之货。远近夷民常载糌粑、食盐、茶叶往易之。土著牧民,除易食物外,亦常运货出境,以售银。其地之民,所以不耕而多富。中察洼冈、下察洼冈两处之民,尚耕兼牧,共辖六十三村,九百七十余户,男女丁口四千有奇。每年下旱粮籽种四千一百六十三克,青稞、荞麦封储盈仓,人民殷富。闷空之民尚耕、尚牧,并重商务,共辖二十八村,五百四十余家,僧俗男女丁口二千九百有奇,年下旱粮籽种一千八百余克。明贾一村,居民一百七十余家,其地宜稻,向归藏属,今隶云南,征粮若干,无从考察。以上各地,现已改土归流,建官设治。闷空及

---

① 《西藏志·物产》载:"恩达、嚓哇、左贡、桑阿却宗俱产稻米、麦、豆、蜂蜜、葡萄、胡桃、牛、羊、骡子、鸡、猪等物。"此处的桑阿却宗,即桑昂曲宗。《西藏研究》编辑部:《西藏志·卫藏通志》,第20页。
② 察洼冈,为多康六岗之一,泛指澜沧江与怒江之间的八宿、左贡等地区,在这里则具体指左贡。

下察洼冈地面，则划归盐井，中察洼冈地面，则划归江卡，上察洼冈地面，则仍归察木多。载册征粮，各有专案，不烦赘。及惟桑昂曲宗所属，除闷空二十八村不计外，尚有九十五村，户口一千五百一十余家，僧俗男女丁口六千零五十有奇，水旱籽种一万一千八百六十余克，折合官斗，年收青稞、荞子、菽麦、黍粱、羊巴等旱粮一千二百零九石三斗有奇，水田谷子年收粮一百四十石零一斗有奇，又收牛马羊税银八十余两。此皆额定之财政也。

至于植物、矿产随地有之，惜夷民不知取用，或用之而不能尽其材，使有用之财〔材〕终归无用，此无穷之利，待人濬鉴者，犹当表而出之。杂瑜、鸡公、欧墨，多野生桑树，而民不知养蚕。杂瑜、鸡公，闷空，多野生漆树，而民不知割汁。绰多穆楚河两岸，产竹大逾拱把，可以制器，而民以为神竹，护惜不用。恩曲两岸，山间丛生小竹，可以造纸，而民不知取材，废业不顾。又有冷卡之煤矿业，已试验可以代薪，而民亦置之弗顾。梭哩银矿规模全在，而民不解开挖。此皆待辟之利源，赖人提倡者也。至于工巴、欧墨之葡萄，义巴、冷一之火硝，杂瑜、鸡公之栀纸、野茶，皆夷人输贡入藏之品，惜不善制，□未能达于四方。此现有之利，尚待改良者也。其输入之货，则有倮倮之黄连、麝香、藏绸，四川之茶叶，云南之铜铁器具，察木多之毯子、红盐等物。近来夷民用盐，知盐井所产者佳，故又多用井盐，而察盐之销渐窒。其出口之货，以杂瑜之米为大宗，其次则在黍稷、荞麦、菽粱等物，每岁出口辄数千驼。又有黄连、麝香，有产自本地者，有来自倮倮者，均输出云南之货。至倮倮全境，食盐亦由杂瑜输出，商业亦云盛矣。惜其地僻在极边，华商隔绝，从古未经人到，其所往来者，不过倮倮、擦龙巴、八雪、波密、察木多夷商而已。倘风气渐开，华商踵至，商业之发达自不难蒸蒸日上矣。其树则有松柏、桑漆、橡柳、白杨、耐冬，条达畅茂，蓊郁成林，合抱输困之材无地无之。其野生果品，则有桃李、林□。野生花卉，则有牡丹、海棠、兰草，又有椿树、蒲草、蕨芽、薤百、卷耳香、菌木耳等物，皆可以允食。

□物产之富，莫此为盛，略志大概，以征地土之沃，气候之和焉。

附记：杂瑜边外风俗

杂瑜以南，皆是倮㑩，其地广而荒，其民蠢而悍，其俗□而野。倮㑩分上、中、下三种，性情各别，言语不通，各亲其族，与他部老死不相往来。如上倮㑩见中、下部之倮㑩，势必挺刀相加，非置之死地而不止，中倮㑩见上、下部之倮㑩亦然。故步自封，诚未有如倮㑩之始终不渝者。三种之语言虽殊，而气象则莫之或异。倮㑩未有官长，强暴崛起，能使一方之人畏之，则乘势勒取财物，以供一人之用度，于是自命为官，而一切从违背向仍在百姓，随心所欲，官并不得操权。强者自尊，各不相下，搏击斗杀，死则弃之，民不报官，官亦无法制民。是强暴者，但拥官之虚名，实无官之权力也。

倮㑩之属，未有文字，内外交涉，皆凭口说，银钱货币，以木圫斫印记之。风气之陋，至于如此，所以无制度□为也。犹可异者，倮㑩束装，男女皆挽朝天髻，耳穿大孔，富者中含铜圈，贫者中含竹管，迳宽约七八分。冬春天寒，男子上身各以毯子或藏绸一尺，缠裹两肩，被胸及背，下体或围皮张，或以滥毯子、滥藏绸围其臀股。夏秋天暖，则裸体暴肤，不沾缕布，但以麻布围臀股而已，妇女亦以麻布毯子等物束身，并不缝纫。其地产叶烟，人皆嗜好成癖。烟筒长六七寸，横贯竹头，于上凿为空管，以本地土产烟叶晒干揉碎，纳储管中，不时薰吸。富者或杂鸦烟吸之，以御瘴毒。与人交接，无论尊卑，并无揖□拜跪之礼，立者立，坐者坐。遍身蚊毒噬咬结痂，如疥如癣，两手爬搔，未尝休息。其烟筒或持手内，或纳口中，怒则去，喜则笑，喜极则跳午〔舞〕、喧呶，受赐亦不拜谢，唯以踊跃哗笑酬之。其俗未有婚嫁，男女相悦则誓以终身，女必从一而终。如既匹配而又与人私通，其夫知觉则刀其女而弃其尸。此种风气，较之藏俗，尤觉稍有廉耻。

其民不重经典，不尚佛教，父母虽亲，视同路人，各食其力，各保其身，并无瞻〔赡〕顾之义。人死之后，不诵佛经，不卜葬法，不论亲疏老幼，概委弃于沟壑，较之藏俗野蛮犹有甚焉。至于贫鄙、冥顽，本自性生，尤为人世所罕见。诱以利则哗然而来，受其赐则贫然而往，喻以理则茫然莫解，胁以威则涣然无踪。笼络驾驭虽竭尽布置之力，终鲜收效之期。此等野蛮，实全球上之一种特别性质也。

俅俚之南，毗邻阿子纳族，其属已早投外洋。光绪初年，洋人设关于俅、阿交界之间，置兵七人，于此稽查出入商民。俅境出产以黄连、麝香为大宗，常出洋关以易洋货，所背防暴枪刀，关丁皆挂号收存，卖货回关销号取械，以杜暴客。其地距洋人地方尚在十站之外。光绪二十六年（1900 年），总贡村俅民欲劫洋关而无善策，于是勾结其党，九人负责至关，洋兵收检兵器，许之。比至关外，并不直达洋境。绕窜山谷，伏处半月，以原货归至关镇，号取械，关兵异之，问何未售，价不谐也。兵曰："□□以货易，可乎？"曰："可。"关兵不知其伪也。往视之。俅俚待其至，擒之。以二人取出兵械，尽歼七人，并劫关上洋货而还，洋人亦未知其关之劫也。其后，邮报屡愆，遣侦始悉。于是率兵来攻，以复劫仇。俅民闻之，各皆远遁。洋兵至，□寂无人，留连旬余，始去。从此，俅俚之货不敢再出洋关。光绪三十年间，洋人以俅货不至，恐其利权外溢，后率兵入招之。俅惧而奔，洋人莫可如何，仍遣使往慰曰："尔不来归，吾不尔迫，尔之前仇，吾不尔责，惟尔之货可仍出关，以保我两国利权尔，其许我，我必卫之。"俅弗信，洋屡驰书以告，俅货往试之，果不追劫关之仇。俅归以告众，乃安之。于是俅俚之货又出洋关。惟以一、二人员携货潜往，不似从前之相率而至，俅、洋商务由是顿灭。

俅俚之东北，与杂瑜接壤。所产之黄连、麝香、叶烟、藏绸、烟筒及易回之洋货，亦常负至杂瑜以易盐茶。故杂瑜土著之民通俅俚语者，十之二三，以其互相往来，习染而至。近来，俅俚之民间有入杂垦荒者，杂民亦听其耕种而不之禁，所以不至于隔阂。

俅俚之北有妥巴，桀骜、犷悍甚于俅俗。其地产□大黄连，为药材之上品，亦常负入杂瑜易盐、易茶。咸丰初年，杂瑜人□其地之土沃、产富也，将欲贩货以探险，乃约三人运盐茶以往。杂人以妥人常至其家，有恃不恐。妥巴闻之，虑杂人深入其境要，于路而杀之，至今五十余年。所以但有妥巴出境以贩货，并无人入境以通商。然妥人但与杂民交易，绝不与倮㑩往来，以其相见必杀也。妥巴南接倮㑩，北抵波密，从古至今，未经人到，诚西人所谓秘密锁国，非探险家所以能启其秘钥者也。

倮㑩之南，曰阿子纳。其部落在槟榔、龙川两江之间。其人短小而翘捷，眼深、鼻高、额长、面黑，性情颖悟。先世本崇佛教，工藏文，常□佛经，输贡入藏。乾嘉以后，西人入境，改奉洋教，习洋文，正朔亦用西历，佛教浸灭，至今交涉，已无人能识藏文矣，而语言又与洋人迥异。其衣服以五色棉线或毛线组纂而成，各以一色配成，一路相间成文，每一色宽五六分，径直到底，中织细花，采色可观，不似毡毯、毯子之陋。或者该部早归洋人，习见其制艺之巧，相率改良，一洗从前陋习，始以采章之文易蓝缕之俗，亦未可知。不然倮、阿相距不过数百里耳，何竟灵蠢悬殊如此其极耶？

倮㑩种类繁多，言语庞杂，无从悉究。略记阿子纳语言于左以资印证。

天	墨可	地	卜一
日	顶朗	月	朗照
鸡	姑姑纳	豚	姑苏拉
羊	门踏	房	可洛
睡	睡已	吃饭	几多一
发	叶几落一	须	宜少一
颈	白角一	耳	呷那
额	孟多	鼻	纳可
唇	拖落	齿	丹多
舌	里波	手	几不字
脸	呷猓	指	牙我地

指甲	拉壳一	腹	白多
背	白蹄	肩	几哈
目	阿克	膝	阿土
腿	张卡	发辫	长立卜肯
帽	多比	衣	乍拉
裈	江肯	鞋	作打
糖	角拉	夜	□他□
犬	姑姑洛	石	剥脱洛
爪	挂桫立	米	易昭洛
盐	弄朗一	豆	孤洛错
小豆叶	土可以	走	科洛易
旱烟筒	噶哈立	竹	易霸立
柴	噶托	铜瓢	章噶一
碗	打的	水	八立
草	叶噶说易	簸	孤拉易
猴	麻歌里	马	壳拉
菜刀	过竹里	铁锅	汉底几
洋炮	棒拖个	炮	洛噶一
葱	耸洛兮	稷	未直拉易毛
袋	阿噶易	大镰	洽哥莫底
凳	噶乍易	海椒辣	哥莫里叫
锅	阿之噶	剪刀	各赌立
笔	各拉莫	墨	慷朗
又	各拉	胡桃	博拉俄
叶烟	杜阿善陀	雀	乍立
火药	翁阿洛	毯	带绒达节拉里
水	杨麻特阿	水碓	碓任格
杵	几噶洛	珊瑚	送乍耳噶立

50

喇叭	奔噶里	耳环	洛里
龙	扣多里	金钱	扣耸梗
牛	博拉果一	鹦鹉	莫腿
酒	莫朵	菜	夺夸力
股	叶噶里	针	钟已
线	楚达	纸	阿稿作
字	纲卡	书	噶戈作
门	叶巴底	棹	课多
灯	颇一	油	得诺
铜	格里	铁	格哈
雪	包加	雪各洼	把踏纳
星	夺把色	兰蒲	鲁鹅草
青稞	俄哈莫	蚕豆	心奔
黄粱	莫噶	花椒	莫里作
鸭	叶恍所	篓	嫁□拉里
一	夜格	二	睹
三	得拟	四	假拟
五	班则	六	吃
七	不得	八	阿持
九	那	十	逻所
鼓	罢一尕	锣	强错

阿子纳之地，宜稻宜粱，能通舟楫，洋人利其丰腴，借通商入境据之。倮、阿交界之地曰康梯公巴，有倮人崛起，剽悍狡犷，附近民咸畏之，洋人立为倮官以制倮民，惟附近达引一村附之以投洋人，其人能通倮、阿两部语言。宣统元年，洋人三至杂瑜，皆以其官为通事，借以收服倮民。达引以外之倮㑩，各皆逃匿不见。洋人始以雇工修路为名，日给洋元一枚诱之，倮趋之若鹜，工竣仍逃。洋竭笼络之术，倮终未投，其性情之执拗，于此可见。倮㑩中又有一种风俗，富者娶妻，多则八九，少亦四

五，连屋而居，不分贵贱，惟女子从一而终，不许再配。凡属倮㑩，罔不共守此义。

倮㑩三种，地面辽阔，风土人情，旧志阙如，兹但〈其〉就所见、所闻者记之，以为探访者之一助云尔。

第二部分

《喀木西南志略》研究（上）

一　《喀木西南志略》的编撰背景

19 世纪中期开始，西方列强接连发动侵略中国的战争，中国的主权独立和领土完整遭到严重破坏，民族危机日益加深。1897 年，乔治·寇松就任印度总督，英国开始在对藏政策上实行强硬和主动的进攻战略，其主要目的是极力排除清朝中央政府在西藏的主权地位，把西藏变为受英国操纵的缓冲国，并试图绕开清朝与西藏进行直接谈判，但遭到清朝中央政府和西藏地方政府的坚决反对。1903 年冬天，寇松派遣军队由锡金进入我国西藏地区，英国第二次侵藏战争爆发。虽然清廷一味妥协退让，驻藏大臣也不断阻挠，但西藏僧俗民众依然保家卫国，英勇抵抗，并付出了巨大牺牲。1904 年，英国侵略者进入拉萨，以甘丹墀巴为首的西藏地方政府代表在英军的威胁下被迫同英国签订了《拉萨条约》这一不平等条约。

在英国侵略者进入拉萨前夕，十三世达赖喇嘛带领部分随从外逃至蒙古库伦地区。实际上，早在 1888 年隆吐山战役后，西藏地方政府已经对清廷未能给予支持感到很失望，甚至产生了联俄抗英的倾向，但仍未放弃寻求清廷支持和保护的强烈愿望。十三世达赖喇嘛于 1895 年亲政后，便请求清廷派遣军队入藏以抵御英国的入侵，未果。1903 年，在英国军队进攻西藏前夕，西藏地方政府再次向驻藏大臣递送公禀，请求清廷派兵援藏，同样遭到清廷的否决。第二次抗英战争失败后，西藏地方政府仍未放弃寻求清廷保护和支持的最后努力。十三世达赖喇嘛出走蒙古虽有求助俄国的意图，但其真正的目的乃是为谋求与清廷的和解作最后的努力和尝试。此后数年，十三世达赖喇嘛一行辗转于蒙古、青海、五台山等地，积极寻求与清廷的和解与支持。此间，英、俄、法、德、日、美等国竭力游说和挑拨达赖喇嘛与清朝中央政府的关系，但从十三世达赖喇嘛后来毅然赴京的行动看，他对求得与中央政府的和解与支持仍抱有极大希望。

正当十三世达赖喇嘛外逃蒙古之际，清廷也开始着手调整治藏政策，以应对因英军入侵所带来的西藏乱局和可能由此引发的西南边疆危机。稳藏必先安康，作为"治藏之依托"的康区战略地位凸显。为此，光绪帝很快同意了四川总督与驻藏大臣的联合奏请，将以前驻于拉萨的驻藏帮办大臣移驻察木多，将打箭炉升为直隶厅，使"关外一切土司悉归该厅管辖，一切事宜悉归该厅专辖"[1]，以加强对西藏及青海、四川等环西藏周边地区的控制。1904 年，清廷任命凤全为驻藏帮办大臣，与凤全几乎同时任命的还有西宁办事大臣延祉，并颁发上谕：

西藏，为我朝二百余年藩属。该处地大物博，久为外人垂涎。近日，英兵入藏，胁迫番众立约，情形叵测，亟应思患预防，救补筹维，端在开垦实边，练兵讲武，期挽利权而资抵御，方足以自固藩篱。前有旨命凤全移驻察木多，西宁办事大臣昨已简放延祉。所有西藏各边，东南至四川、云南界一带，著凤全认真经理，北至青海界一带著延祉认真经理。各将所属蒙番设法安抚，并将有利可兴之地切实查勘，举办屯垦畜牧，寓兵于农，勤加训练，酌量招工开矿，以裕饷源。[2]

可见，清廷已经认识到了藏事不稳所带来的严重危机，并调整之前的"怀柔"甚至"无为"的治藏思路，开始主动谋划，以新政的思路着手整顿藏务。正是基于上述考虑，清廷在察木多和西宁分别派遣了凤全和延祉

<hr>

[1]　中国科学院历史研究所第三所主编：《锡良遗稿·奏稿》第一册，中华书局 1959 年版，第 368—369 页。
[2]　顾祖成等编：《清实录藏族史料》（九），西藏人民出版社 1982 年版，第 4640 页。

两位官员前往经营，川滇一线由凤全经理，青海一带由延祉经理，以期达到固边稳藏的目的。从人事安排来看，新任命的驻藏帮办大臣凤全应当驻扎于察木多。凤全自打箭炉出关以后，理应前往察木多，但他一面"檄令打箭炉文武，告谕三瞻，觇视向背"①，同时在巴塘滞留并在巴塘筹办边务，推行新政，改土为屯以及限制寺院僧人的数量。这些措施的实施，对加强清朝在康藏地区的统治有着积极的作用，却威胁到了当地土司、喇嘛和西藏方面的既得利益，因而遭到巴塘土司、寺庙和瞻对藏官的极力反对。

1905 年，凤全及其随员 50 多人被害，造成近代康藏史上震惊中外的"巴塘事变"。凤全被杀是清朝建立后发生的第二次驻藏大臣被杀事件。第一次是 1750 年发生的珠尔默特那木扎勒杀害驻藏大臣傅清、拉卜敦事件。巴塘事变的发生存在许多的复杂因素，诸如当地的仇洋情绪，凤全个人的思想、性格和作风问题，瞻对藏官的推动，以及清廷在康区推行新政的影响等。② 这些均显示了"巴塘事变"实际上是康藏地区长期以来各种势力相互交织博弈以及矛盾积累的总爆发，而凤全的到来及其所采取的过激措施恰好成了导火索。事变发生后，清廷立即令马维骐、赵尔丰率兵进剿并迅速平息了叛乱。巴塘之乱被平定后，赵尔丰被任命为炉边善后督办处理善后事宜。随即，四川总督锡良等人请求光绪帝在康藏地区设川滇边务大臣。其理由如下：

> 窃查打箭炉西至巴塘、贡嘎岭，北至霍尔五家，纵横数千里，设官分治，治理极繁，如隶属于川，断非设一道员所能统治。以现在改流地方，宜设民官，以敷政教，而未收各地，以待设治，非有明晰政治、熟谙边情专闿大员随宜措置，必不能悉合机宜。若以道员分巡，一举一动，均须于数千里之外，远承总督之命，深恐贻误边计。边事

---

① 中国科学院历史研究所第三所主编：《锡良遗稿·奏稿》第一册《复陈筹议收瞻折》，第652 页。

② 任新建：《凤全与巴塘事变》，《中国藏学》2009 年第 2 期。

不理，川藏中梗，关系至大。征之前事，藏侵瞻对，川不能救，英兵入藏，川不问战，藏危边乱，牵制全局者，皆边疆不治、道途中梗之所致也。臣等详筹，乘此改土归流，照宁夏、青海之例，先置川滇边务大臣，驻扎巴塘练兵，以为西藏声援，整理地方为后盾，川滇边藏，声气相通，联为一致，一劳永逸，此西南之计也。①

清廷很快批准了锡良等人的奏请。1906 年，赵尔丰被任命为第一任川滇边务大臣。川滇边务大臣这一相当于省一级的行政建制的设置具有过渡性，其管辖范围与康区的范围大体一致。② 清廷设置川滇边务大臣的目的是明确的，意在"内卫四川，外固西藏"③，是清廷加强对康区经营的重要步骤，"揭开了西康改土归流的新篇章"④。随后，赵尔丰提出了在川滇边务大臣辖区实行屯垦、练兵、设官、兴学、通商、开矿六事，康区改土归流的大幕迅速开启。

在此大背景下，清廷从内地省份抽调了大批官员进入康藏地区。其中，又有部分官员被赵尔丰派往左贡、桑昂曲宗及杂瑜等喀木西南地区。总体来看，这些进驻喀木西南地区的官员来源广泛，构成多样，其中不乏成绩卓越、声名皆响者，但更多为中下级官员，有不少官员在此前刚刚被贬、被罚，派往康藏地区实属对他们的贬罚之举。虽然如此，这些官员无疑是清政府安康治藏战略的具体实施者、践行者，他们积极建设喀木西南地区，为清末中央政府安康治藏战略的实施作出了重要贡献，对加强 20 世纪初我国西南边疆国防建设，捍卫我国在西南边陲的绝对主权地位，促进康藏地区经济社会发展和民族交往交流交融作出了重要的贡献。尤为珍贵的是，这些人用自己手中的笔，以私家笔记、日记游记、行军纪程、回

---

① 四川省民族研究所编：《清末川滇边务档案史料》（上），中华书局 1989 年版，第 90 页。
② 有的学者认为，川滇边务大臣的设置是一个为建省而筹备的临时性过渡性机构。（吴彦勤：《清末民国时期川藏关系研究》，云南人民出版社 2007 年版，第 60 页。）
③ 黄天华：《边疆政制建制与国家整合：以西康建省为考察中心（1906—1949）》，人民出版社 2014 年版，第 22 页。
④ 王川：《西康地区近代社会研究》，人民出版社 2009 年版，第 14 页。

忆录、方志舆图等各种形式，对 20 世纪初喀木西南地区地理社会与历史现状各方面情况进行了详细的记载，呈现出了他们在这一带的开拓之功和认知状况，记录了清末中央政府在喀木西南等地的治理过程和实施有效管辖的历史事实，是一笔珍贵的历史文献资源。试举几例。

傅嵩炑，字华峰，四川古蔺县人，1929 年病故，享年 60 岁。傅嵩炑进入康藏地区之前曾因过被罚，他虽然未亲自前往喀木西南地区，但其跟随赵尔丰经营川边，任总文案分省补用知府，献策极多，深得赵尔丰信任。宣统三年（1911 年），赵尔丰调任四川总督，傅嵩炑代理川滇边务大臣，喀木西南地区此后即在其直接管辖之下。宣统三年六月，傅嵩炑正式提出西康建省的主张。四川保路运动爆发后，赵尔丰被尹昌衡率军击杀，傅嵩炑兵败雅安，被保路同志军押至成都。在成都期间，傅嵩炑撰写完成《西康建省记》，并于 1912 年底由成都公记印刷公司刊印成书。这部 1912 年版的《西康建省记》为宣纸石印，宽 15 厘米、长 25 厘米、厚 1 厘米，共 168 页，6 万余字。全书共有六十四目，内容广博，除记述康区各地改土归流的经过外，广涉一代政治、经济、军事、文化以及藏区宗教、民情风俗，它是作者亲身经历所得，记述翔实可靠。诚如作者在凡例中所说："记中之事，悉与案牍相符。间有出入者，皆实事也，并非臆度。"因此，此书已成为研究西康政治史、经济史、军事史、民族关系史的珍贵史料，历来受到藏学研究者的重视。①

在清末进驻喀木西南地区的官员中，有史可查、有迹可循的不多，刘赞廷及其著作颇具代表，后世的影响也最大。刘赞廷，被称为"清末民初康藏边地一支史笔"。清末之际，他长期活跃于康藏地区，川滇边务大臣时期先后追随赵尔丰、傅嵩炑，官至边军管带。程凤翔部进驻喀木西南之前曾在盐井驻扎，刘赞廷部奉调随征。光绪三十四年（1908 年）十一月十九日，刘赞廷率队到达盐井并与程凤翔会合。根据刘赞廷所著《西南野人山归流记》记载，其随程凤翔自光绪三十四年十一月十九日自盐井渡江西进，途经左贡，参与了冷诸寺之战，次年二月初奉调转赴昌都，在喀木

---

① 陈一石：《傅嵩炑与〈西康建省记〉》，《四川文物》1988 年第 2 期。

西南地区的时间共 70 日以上。① 辛亥鼎革后不久，刘赞廷解甲归田，继而在民国清史馆、蒙藏委员会任职，1953 年任重庆文史馆馆员，其藏稿既有依亲身经历撰写的笔记、游记和拍摄的数千张照片，又有其检抄并加以类辑诠释的清末驻藏大臣兼川滇边务大臣赵尔丰等人留存的丰富档案、日记以及当时勘测绘制的大量舆图，共计 80 余卷，200 余万字，其中保存了有关清末康藏地区各方面情况的大量资料。在刘赞廷所著所藏文献资料中，有关喀木西南地区的资料所占比重很大，包括程凤翔进驻喀木西南地区时与赵尔丰的大量往来公文，以及《西南野人山归流记》《科麦县图志》《察隅县图志》等专门记载喀木西南地区的地方志著作。不仅如此，刘赞廷藏稿中还收录了当时进驻喀木西南地区的其他官员的大量著作、测绘的舆图资料。这些资料，有的是全文、全图收录，有的是选择性辑入，还有的仅见作者及书名。其中，全文收录的有科麦县委员夏瑚所著《夏瑚日记》及大量喀木西南地区的舆图，仅见其名或部分内容的有程凤翔秘书李介然的日记等。刘赞廷保存的这些资料，不仅记录了 20 世纪初喀木西南地区自然社会与历史现状各方面的情况，还记录了清朝中央政府 20 世纪初加强对这一地区治理的过程与有效管辖的历史事实。同时，刘赞廷藏稿还记载了清末进入喀木西南地区的官员群体的籍贯出身、来源构成、沿途经历等多方面的情况，是非常珍贵的历史文献资源且具有重要的研究价值。

　　段鹏瑞，云南剑川人，字云逵，光绪辛卯（1891 年）举人。段因事被黜后，由赵藩"荐之赵大臣（即赵尔丰）"，光绪末年随赵入今四川甘孜、西藏昌都一带，宣统初到盐井任调查委员，后因功为设治局长，时著《巴塘盐井乡土志》。《巴塘盐井乡土志》是清代西藏地区唯一的一部乡土志，所记区域在其之前没有任何方志著作做过详细记载，加上志中材料多为段在当地调查所得，因而在清代西藏方志史上有着重要的地位。② 宣统

---

① 刘赞廷：《西南野人山归流记》，《西藏地方志资料集成》（2），中国藏学出版社 1997 年版，第 3—6 页。

② 赵心愚：《宣统〈盐井乡土志〉的"图"及其绘制特点与价值》，《民族学刊》2014 年第 1 期。

初，为维护主权，阻止英国侵略势力进窥喀木西南一带，程凤翔部奉命进驻喀木西南地区，段鹏瑞亦奉命由盐井前往当地勘查，并负责绘制这一地区的地图。调查之后，段鹏瑞共绘制舆图三幅，即《闷空全境舆图》《杂瑜全境舆图》《桑昂曲宗大江西面舆图》，三图皆有文字说明，即《图说》，其中内容涉及喀木西南地区的历史、地理、交通、经济、物产、民族、民俗、宗教等多方面的情况，是研究西南边疆民族地区，尤其是喀木西南地区历史文化的重要一手资料。①

在进驻喀木西南地区的清廷官员中，程凤翔的官阶最高，负责当地的一切军政事务。光绪三十二年（1906 年），赵尔丰被任命为第一任川滇边务大臣。光绪三十四年（1908 年），清廷任命赵尔丰为驻藏大臣，兼川滇边务大臣。次年秋，程凤翔奉赵尔丰之命进驻喀木西南地区并将这一地区纳入川滇边务大臣管辖之下。程凤翔进驻喀木西南地区后，颇有建树，贡献巨大。他一方面积极安抚当地百姓，在当地推行改土归流和"划区分司"，将"桑昂曲宗改为科麦县、杂瑜改为察隅县、妥坝改为归化州、原梯龚拉改为原梯县、木牛甲卜改为木牛县丞"②；一方面维护国家主权，加强国防建设，防御英人入侵，积极维护我国在西南边疆的绝对主权地位。《喀木西南志略》正是其在宣统元年（1909 年）至宣统三年（1911年）进驻喀木西南地区期间组织撰写的。目前发现署名程凤翔的著作仅此一部，故而显得非常珍贵。志略，是我国地方志发展中经常出现的一种名称。从成书时间和类型上看，《喀木西南志略》的类型属罕见的府县志，是清代唯一一部、我国最早一部专门记载喀木西南地区的方志著作。尤其难得的是，《喀木西南志略》的撰写不仅参考了大量史志资料，还使用了丰富的沿途经历、见闻和调查访谈材料，是了解 20 世纪初喀木西南地区自然社会与历史现状各方面情况非常重要的地方志资源。

---

① 赵心愚：《清末藏东南方志类著作〈门空图说〉〈杂瑜地理〉考论》，《民族学刊》2013 年第 3 期。
② 四川省民族研究所编：《清末川滇边务档案史料》（下），中华书局 1989 年版，第 835—836 页。

二 《喀木西南志略》的编撰

《喀木西南志略》，清宣统三年（1911 年）四月成书，目前仅见该书 1959 年手抄本一部，现保存于中央民族大学图书馆特藏室。从名称上看，《喀木西南志略》中的"喀木"一词，系由藏文词汇"khams"直译而来，为康区这一藏族传统地理概念的另一种译法。"喀木"这一名称在清代档案文书、汉文典籍中出现和使用频率较高，但自民国时期开始逐渐被我们今天所熟知的"康区"一词取代。康区，也称"康巴藏区""康藏地区"，"喀木西南"即康区（康藏地区、康巴藏区）西南部。根据《喀木西南志略》的记载，"喀木西南"的具体范围如下：

> 杂瑜，维度偏京师西南，距四川省治西南四千四百一十五里，为古牦牛徼外域。左贡、桑昂曲宗所属境地均在喀木西南，东至澜沧与盐井、江卡交界，西至龙川江之西与保僜交界，北至冷卡与八雪①交界，南至压必曲龚与保僜交界，东北至邦达与察木多交界，东南至明贯与云南徼外之怒夷、倮夷交界，西北至阿公山与波密、妥巴交界，西南至博阿堂直巴与保僜交界，东西相距一千三百余里，南北相距一千七百余里。②

---

① 八雪，即八宿。巴雪位于今西藏自治区昌都市东南部，地处怒江上游，县城所在地白马镇海拔 3260 米。东邻左贡县、察雅县，南与西藏自治区林芝市察隅县接壤，西靠洛隆县、林芝市波密县，北连昌都市卡若区、类乌齐县。

② 程凤翔：《喀木西南志略·汇志事实·地利类》，中央民族大学图书馆藏 1959 年手抄本。

从所述地理方位及区域范围来看，《喀木西南志略》中的"喀木西南"主要包括杂瑜、左贡和桑昂曲宗等地，也即今西藏自治区林芝市察隅县、昌都市左贡县一带地方。

《喀木西南志略》稿成后不久，保路运动在四川爆发，时任四川总督的赵尔丰向代理川滇边务大臣傅嵩炑商调程凤翔一营进省，以增其势。宣统三年（1911 年）九月，傅嵩炑调程凤翔等部进驻雅州，以备应援。辛亥革命爆发后，边军分崩离析，康藏纠纷迭起。边军在雅安、大相岭一带被保路同志军击败，傅嵩炑被执，程凤翔则不知所踪。在清末民初动荡不安的局势之下，《喀木西南志略》一直以抄本存世，几无人知。被称为"康藏边地一支史笔"且与程凤翔交往甚密的刘赞廷在其藏稿中未收藏该志，其著作中也未提及该书。目前，我们仅在中央民族大学图书馆发现《喀木西南志略》1959 年手抄本一部，这也是迄今为止发现的《喀木西南志略》一书的唯一版本，故而尤为珍贵。

在《喀木西南志略·自序》中，作者称："凡有见闻，无不笔之于书，以志梗概"，并"就所过之山川、风土、人情、物理，信笔及之"。按照这一记载来看，《喀木西南志略》系程凤翔率部进驻左贡、桑昂曲宗、杂瑜期间根据沿途经历、所见所闻及调查资料撰写而成。然而，程凤翔虽为当时管理喀木西南地区的最高行政长官，却不通文墨。刘赞廷曾在著作中非常详细地记载了与程凤翔初识时的情形。二人初次见面的时间是光绪三十四年（1908 年）十一月十九日，地点在盐井，程凤翔当时自称："幼年失学，至从军无事，发奋读书，每日由秘书李介然讲《纲鉴》《春秋》或古文一段。"[1] 从这段文字来看，此时的程凤翔尚需秘书李介然每日讲解经典名著或古文，文字功底应该较弱，当没有能力来完成这样一部内容丰富、资料翔实、考据详细、体例完备且长达两万多字的地方志著作。任新建先生在整理、辑注清末康藏地区地方文献时，就对《喀木西南志略》的作者提出质疑，他认为："程不通文墨，是书疑为其幕友李介然代笔。"[2]

---

① 刘赞廷：《西南野人山归流记》，《西藏地方志资料集成》（2），第 4 页。
② 任乃强、任新建：《清代川边康藏史料辑注》（三），巴蜀书社 2018 年版，第 625 页。

任先生的怀疑有一定道理，不过以李介然为《喀木西南志略》的作者也存在抵牾之处。

如果我们将《喀木西南志略》的内容与吴丰培先生所编《赵尔丰川边奏牍》中收录的档案文书资料进行比较就会发现一些问题。从程凤翔与赵尔丰的往来公文来看，程凤翔部自盐井进驻桑昂曲宗、杂瑜一带的行程如下：宣统元年（1909 年）十月二十一日自盐井出发，二十九日攻克吞多寺，十二月十九日至工巴村，"二十七日宿俄拉，二十八日宿昌易，二十九日宿色龙，三十日越站宿坝雪换乌拉，耽延半日，初二日始至桑昂"①。但《喀木西南志略》的行军纪程与之大不相同，其记为：宣统元年十二月初八日自盐井"拔队西行"，十八日"至吞多寺宿"，十九日至工巴，二十七日至坡拉，二十八日抵昌易，二十九日"比至色龙"，二月初九日进驻杂瑜。两相对照可以发现，程凤翔禀文中的行程与《喀木西南志略》所记出入较大。首先，两处所记均从盐井出发，但时间并不相同。禀文中的出发时间为宣统元年十月二十一日，《喀木西南志略》所记为十二月初八日，两处记载之间相差 47 天。其次，禀文中至吞多的时间为十月二十九日、十二月十九日至工巴，《喀木西南志略》所记到达吞多的时间为十二月十八日，次日至工巴。事实是程凤翔部与藏军曾在吞多发生了较为激烈的战斗，程部取胜后确实在吞多驻扎了较长一段时间。最后，两处记载虽均从吞多出发，至工巴、俄拉（坡拉）、昌易、色龙等处的时间也是一致的，但抵达桑昂曲宗的时间却不一致，且记载中同一地名的书写方式也不尽相同，如《喀木西南志略》所记坡拉，在程凤翔禀文中则记为俄拉。

程凤翔禀文当无虚假。那么，《喀木西南志略》中所记"行军纪程"当为他人所作。任新建先生在发现《喀木西南纪程》"所记行军纪程与程凤翔前禀不符"后指出，此明显非程所记，并认为该志中的纪程作者"当为从盐井奉令赶赴军前的李介然，十八日至吞多会合后，一同前进，此后

---

①　吴丰培编：《赵尔丰川边奏牍》，四川民族出版社 1984 年版，第 218—224 页。

的日程才符合程凤翔禀文"①。如果仔细比对《喀木西南志略》的内容，也会发现一些新情况。例如，该志中的山川、河流及地名的汉文书写方式并不完全一致。试举几例：位于桑昂曲宗至下杂瑜之间的竹洼，该志中存在竹窪这一写法；鸡公，另有鸡贡之称；杂公，还有杂贡的写法；对于距腊翁寺不远的中村，又有钟村的写法。此类情况在该志中较多，而这一情况的存在当是由于该志并非一个人撰写所致。

上述情况表明，《喀木西南志略》并非某一个人单独撰写完成，而是一部将多人所撰成果汇辑而形成的地方志著作。李介然序中也称："所辑《喀木西南志略》一书，陈险隘于简端，不同扣槃扪烛，辨关河于眼底，何烦聚米画山。"这一记载也说明《喀木西南志略》实乃一辑成之志。在作者具体为谁无法确定的情况下，程凤翔作为当时喀木西南地区的最高军政长官，实际主张和积极组织实施了《喀木西南志略》的撰写与汇辑工作。从这个意义上说，将程凤翔明确为《喀木西南志略》的作者，应该是合乎情理的。

---

① 任乃强、任新建：《清代川边康藏史料辑注》（三），第625页。

三 《喀木西南志略》的作者程凤翔

《喀木西南志略》，宣统三年（1911年）四月成书。该志虽为一辑成之志，由多人成果汇辑而成，但作为当时清廷派往喀木西南地区最高军政长官的程凤翔无疑居功至伟。若没有程凤翔的倡导和组织实施，当不会有这样一部重要的地方志著作问世。程凤翔其人，生卒年不详，生平经历不详。目前，有关程凤翔的记载也只有只言片语，有些地方甚至相互抵牾，致使我们至今仍无法清晰呈现出程凤翔的籍贯、性格、爱好、缺点、经历及其历史贡献等多方面的情况。在这里，我们只能根据程凤翔等人所撰《喀木西南志略》中的相关记载，与程凤翔有所交集的赵尔丰、刘赞廷①、李介然②等人的私家笔记、游记类著作，以及流传保存下来的有关程凤翔的文书档案资料，来大致勾勒出程凤翔的籍贯以及其于清末之际在康藏地区活动的基本情况。

（一）程凤翔的籍贯及在康藏地区的主要经历

对于程凤翔的籍贯，现有研究多以其为湖南武水（今临武）人。③ 不

---

① 刘赞廷在光绪三十四年（1908年）十一月奉命随程凤翔入桑昂曲宗，其间颇受程凤翔照拂。刘赞廷在其《三十年游藏记》中，称其为"程老友"，可见对程凤翔其人其事极为熟悉。

② 李介然，字怀仁，四川资阳拔贡生，系凤翔之秘书、幕友，长期随程凤翔征战，遇事多谋，赵尔丰和程凤翔均对其颇为器重，著有《李介然日记》，刘赞廷藏稿中收藏有李介然所绘《西南喀木图》，《喀木西南志略》稿成后，李介然还为该书作序。

③ 《任乃强藏学文集》，中国藏学出版社2009年版，第134页；赵心愚：《清末藏东南方志类著作〈门空图说〉〈杂瑜地理〉考论》，《民族学刊》2013年第3期。

过，在西藏自治区林芝市人民政府网站上，对林芝地区著名人物多有介绍，程凤翔作为历史人物亦位列其中，但该网站在介绍程凤翔时称其为山西人。① 在 2018 年出版、由察隅县地方志编纂委员会编纂的《察隅县志·人物》中，亦将程凤翔遴选入传并认为其为山东聊城人，但未说明依据为何。② 由上可见，目前对于程凤翔的籍贯主要有湖南武水、山西和山东聊城三种说法。那么，程凤翔籍贯究竟是哪里呢？我们注意到，在《喀木西南志略》的《自序》中，作者落款为："宣统辛亥清和月山武水梧冈程凤翔序。"③ 清宣统三年（1911 年）为辛亥年，宣统辛亥清和月即宣统三年四月；梧冈程凤翔，即程凤翔，字梧冈。该书稿成后，由程凤翔秘书李介然作序，落款为："宣统三年麦秋节雁江李介然拜序于龙川管次。"这里的"宣统三年麦秋节"，也是宣统三年农历四月，与程凤翔自序中所记"宣统辛亥清和月"在时间上是吻合的。《自序》落款中最难解释的是代表籍贯的"山武水"，大多认为此"武水"即湖南武水，这可能是认为程凤翔为湖南武水人的依据。但若如此，"山"又为何意呢？值得注意的是，刘赞廷对于程凤翔的籍贯有着另外一种说法。在其所著《三十年游藏记》中，刘赞廷称程凤翔为"山东聊城人"。山东聊城，为古武水之地，隋唐时曾设武水县、武水镇。刘赞廷与程凤翔均为赵尔丰的老部下，清末之际在康藏地区共事多年，关系熟稔，交往密切，程对刘有提携照拂之恩，刘称程为"程老友"，故刘赞廷之言当属可信。④ 程凤翔为山东人，也可与《喀木西南志略》自序的落款相印证，自序署名中的"山武水"实际上是"山东武水"，之所以出现"山武水"这一记载，很可能是后来辗转传抄过程中将山东的"东"字漏抄所致。⑤ 如此可见，将湖南武水、山西视作

---

① http://www.linzhi.gov.cn/linzhi/zmlz/201812/3d86dfc3d3a84aa797309bcac8b011cc.shtml.

② 西藏自治区察隅县地方志编纂委员会：《察隅县志》（下），中国藏学出版社 2018 年版，第 861 页。

③ 本部分所引《喀木西南志略》中的内容，均据中央民族大学图书馆藏 1959 年手抄本。

④ 刘赞廷：《西南野人山归流记》，《西藏地方资料集成》（2），中国藏学出版社 1997 年版，第 47 页。

⑤ 吴丰培先生在辑录《喀木西南纪程》时就认为其"内多芜杂，错文误字极多"，笔者在整理时也发现该志缺字、误字、衍字的情况较为突出，而这一问题的存在，多是因辗转传抄造成的，故后来的传抄者将"山东武水"中的"东"字漏抄是完全可能的。参见吴丰培辑《川藏游踪汇编》，四川民族出版社 1985 年版，第 467 页。

程凤翔的籍贯，均与历史记载不符，程凤翔实为山东聊城人。

光绪三十一年（1905 年）三月一日，驻藏帮办大臣凤全及随员 50 余人在巴塘被杀，造成近代康藏史上震惊中外的"巴塘事变"。事变发生后，清廷令马维骐、赵尔丰率兵进剿。光绪三十二年（1906 年）秋，清廷任命赵尔丰为川滇边务大臣，经营康藏地区，推行改土归流。① 程凤翔虽不通文墨，却甚为机智、豪爽、勇猛善战，在桑披寺、腊翁寺平乱中战功卓著，迅速成为赵尔丰的左膀右臂。光绪三十四年（1908 年），清廷任命赵尔丰为驻藏大臣，兼川滇边务大臣。次年秋，程凤翔奉赵尔丰之命进驻喀木西南地区，积极安抚当地百姓，实施改土归流，开展划区设县工作，并亲自到压必曲龚，于此处插清朝国旗以示国界，防止英人入侵我国西南边疆地区，在清末之际为维护我国西南边疆安全和国家主权作出了重要的贡献。刘赞廷称程凤翔此举"收服野番十数部落，绘勘详图，申请设治公牍百余件，无不详尽"②。此后，程凤翔又带兵前往德格、波密等地平息地方叛乱，战功卓著，官至副将、总兵。刘赞廷对程凤翔的评价甚高，赞其为"国防、西康建省战功之一人也"③。

宣统三年（1911 年）四月，程凤翔组织编撰的《喀木西南志略》成书。全书21000 多字，由李介然《序》、程凤翔《自序》、《喀木西南图略》、《喀木西南纪程》、《喀木西南群说辨异》、《汇志事实》等部分构成。该志不仅是清代西藏地方志中极为罕见的府县志，也是目前发现的最早一部专记喀木西南地区的地方志著作，可谓清代西藏方志发展史上的一项重要成果。同年夏，保路运动在四川爆发，赵尔丰商调程凤翔一营进省，以增其势。九月，傅嵩炑调程凤翔、夏正兴进驻雅州，以备应援。辛亥革命爆发后，边军分崩离析，康藏纠纷迭起。边军在雅安、大相岭一带被保路同志军击败，傅嵩炑被执，程凤翔则不知所踪。据刘赞廷藏稿所记，程凤翔于 1912 年引去，后任北洋政府总统府侍从武官，大总统曹锟曾派其前

---

① 任新建：《凤全与巴塘事变》，《中国藏学》2009 年第 2 期。
② 刘赞廷：《西南野人山归流记》，《西藏地方志资料集成》（2），第 15 页。
③ 刘赞廷：《西南野人山归流记》，《西藏地方志资料集成》（2），第 47 页。

往江西烧制瓷器，程凤翔嗜酒，烧制"程瓷"十窑。①

（二）嗜酒、明达与慷慨的程凤翔

程凤翔武童出身，原为赵尔丰的厨师。随赵尔丰进入康藏地区后，转战各地，战功卓著，累功至副将、总兵。程所取得的成就虽与所处时代、历史机遇及其突出的个人能力紧密相关，但无疑离不开赵尔丰的知遇、提携与照顾。赵尔丰对程凤翔极其信任，并视其为在康藏地区改土归流的先锋。在程凤翔进军喀木西南时，赵尔丰就曾对程凤翔叮嘱再三，寄予厚望；当西藏官吏控告程凤翔在吞多等地滥杀无辜时，赵尔丰又对其多方维护和辩护。遗憾的是，我们目前在档案文书资料中未发现赵尔丰对程凤翔行事作风、个人能力方面的评价。不过，通过程凤翔的自述、往来文书、清廷的封赏文件及时人的笔记、著作中有关程凤翔的记载与评价，我们仍可以大致掌握程凤翔的一些性格特点和处事作风。

在《喀木西南志略·自序》中，程凤翔在对编撰《喀木西南志略》的缘由进行阐述的同时，也对自己的生平经历有所回顾与评价，可资参考。其曰：

> 己酉季秋，凤翔奉檄来戍兹土，凡有见闻，无不笔之于书，以志梗概。自憾疆场混迹，穷涩枯肠，词则未经详论，编则未有条例，亦以遐陬僻壤，旧典阙如，既非著作之才，又无可述之文，□言□语，知不免贻笑方家，何敢□灾枣梨。然郢书燕说，尚且辑而成书，谈天□文，亦尝据而为典，千虑一得，愚者恒有此心。谨就所过之山川、风土、人情、物理，信笔及之，而政教大纲则非蠡见管窥所敢妄拟。仰见圣天子怀柔抚外，星使赵经略有才，改土归流，设治兴学，规模于兹大备，将来必有接踵，著作日宏，知必有煌煌大文，以继承赵公之鸿业也。凤翔庸鲁谫陋，戎马驰驱，白豕入南，未免自惭，后有作

---

① 刘赞廷：《西南野人山归流记》，《西藏地方志资料集成》（2），第42页。

者请为之化其腐而正其谬焉。①

在这段文字中，程凤翔对于自己文字功底较差、几乎不通文墨这一情况毫不遮掩，同时也可看出其确属细心、办事干练且颇有远见之人。另外，在与刘赞廷初次见面时，程凤翔亦言："幼年失学，至从军无事，发奋读书，每日由秘书李介然讲《纲鉴》《春秋》或古文一段。"② 这表明程凤翔虽然少时未曾读书、识字、受教育，但在从军后却非常注重学习，坚持发奋读书和识字，这是非常值得肯定的。值得注意的是，在赵尔丰军中，如程凤翔这般不通文墨的将领闲暇之时发奋读书、识字，蔚然成风。例如，同为赵尔丰属下之管带顾品章，目不识丁，刘赞廷在征波密期间的晚上就曾"陪顾品章读书"，而顾品章"每日由营书谭光贤教一字记之"。③ 这一情况当与赵尔丰在康藏地区时注重读书、识字有关。

活跃于康藏地区的刘赞廷、李介然等人均长期与程凤翔共事、交好，他们在自己的私人日记、著作中对程凤翔的性格、爱好、能力等也有一些描述。这些文字虽为只言片语，却为我们认识和了解程凤翔的个人情况提供了非常重要的信息。

光绪三十四年（1908 年）十一月，时任西军中营哨官的刘赞廷奉调随程凤翔往征喀木西南地区。十六日，刘赞廷从驻地邦木塘④出发，十九日到达盐井与程凤翔会合。对于初次见面的程凤翔，刘赞廷描述道：

> 长袍戎靴，彬彬一丈夫也。自云幼年失学，至从军无事，发奋读书，每日由秘书李介然讲《纲鉴》《春秋》或古文一段，甚为明达。遂留便酌，程豪量，对饮五十余杯，不失常态。李介然雅之，即赋诗一首，以助酒兴。令余步韵，乃酒后茫然，曾记一联："诗愿称弟子，

---

① 程凤翔：《喀木西南志略·自序》，中央民族大学图书馆藏 1959 年手抄本。
② 刘赞廷：《西南野人山归流记》，《西藏地方志资料集成》（2），第 4 页。
③ 刘赞廷：《三十年游藏记》，《西藏地方志资料集成》（2），第 35 页。
④ 邦木塘，位于清雍正时期划定的川藏行政分界线宁静山附近。

酒不让先生。"一笑而散。此余与程凤翔初次晤面，感为慷慨。①

这段文字是目前所见对于程凤翔最为全面的描述和评价，虽仅百余字，却十分难得和珍贵。从"彬彬一丈夫""发奋读书""甚为明达"这些言语来看，刘赞廷对程凤翔非常认同，评价甚高，而"程豪量，对饮五十余杯，不失常态"，反观自己则"酒后茫然"，显示程凤翔嗜酒并且酒量极大。该段文字最后四字"感为慷慨"，则是刘赞廷对初次见面的程凤翔的总体评价。

光绪三十四年（1908 年）冬，藏兵据驻冷诸寺。与程凤翔在盐井会合后，刘赞廷随后与程一同出发前往扎宜驻扎防御，并在冷诸寺与藏兵发生冲突。据刘赞廷后来所记，时统领为罗长裿，密令曰"生获尤妙"，乃为草书。程凤翔以行体读之，竟误为"生猎火烧"。于是夜间用油堵门引燃，死伤无数。是役虽取胜，究出于误解。后达赖喇嘛在北京呈控程凤翔一夜烧杀千余人。从日程上看，刘与程于光绪三十四年十月二十九日自盐井出发，于宣统元年（1909 年）二月三日在热金分别，二人共处近百日，此后二人又在进军波密之战中相遇，程凤翔奉命回调内地时更是为刘赞廷谋划后路。刘赞廷所记《懒兵日记》中，除对自己在藏地的行程、经历与见闻记载较详外，对程凤翔也着墨不少。我们可以通过刘赞廷所记认识和了解程凤翔其人其事。兹录如下：

（光绪三十四年腊月）初六日，一起出发。偏向西北行，沿途百姓半耕半牧。七十里至萨村宿，是晚大雪。程招小饮，偶谈战场古迹，盖伊视余年幼，未经战事，循循引导，意欲良佳。

（光绪三十四年腊月初八日）是晚，程管带传各哨官长云："今观此戏，必有战争，因扎宜为人烟稠密之地，来观者无几，且鲜于老幼，恐匪距此不远。"遂令各哨夜晚守卡，以备不虞。此程管带之细

---

① 刘赞廷：《西南野人山归流记》，《西藏地方志资料集成》（2），第 4 页。

心处，令人钦佩。①

　　刘赞廷这两处有关程凤翔的文字书写，与前面的记载是一脉相承的，显露出程凤翔慷慨、细心和谨慎的性格特点与处事作风，并注重对年轻人的"循循引导"和提携。可以说，通过对刘赞廷著作中有关记载的梳理，我们从刘赞廷的视角对程凤翔有了一个较为清晰的认识和了解。

　　不仅如此，程凤翔秘书李介然又以常年追随左右之人的角度对程凤翔进行了描述，与刘赞廷的评价大致相同。李介然在为《喀木西南志略》所作《序》中对程凤翔有着如下评价：

　　　　程君梧冈，以虎贲之才，扛龙文之鼎，绳行沙度，历险诓畏。蚕虫啮雪餐毯，裹尸何虞马革。故能于人迹不到之乡，据鞍顾盼，历史未及之地，涉笔成篇。所辑《喀木西南志略》一书，陈险隘于简端，不同扣槃扪烛，辨关河于眼底，何烦聚米画山。介然忝列幕曹，久荒笔砚，览斯煌煌著作，愿供瓣熏香，自愧渺渺予怀，徒殷揄颂。②

（三）被称为"白扒本布"的程凤翔

　　从目前的文字记载来看，程凤翔还有着另外一个值得注意的形象——"白扒本布"，即食人肉之官。在刘赞廷所著的《西南野人山归流记》中，详细记载了程凤翔部进军左贡、桑昂曲宗与杂瑜途中，与藏军在冷诸寺发生激战的情形。其中有这样一段内容：

　　　　（光绪三十四年腊月十四日）进驻闷空候命时，据密探报称，驻扎左贡番官，现移冷诸寺，距此西北仅三十里，果为程之所料。即以

① 刘赞廷：《西南野人山归流记》，《西藏地方志资料集成》（2），第5页。
② 李介然：《喀木西南志略·序》，中央民族大学图书馆藏1959年手抄本。

往剿。三更造饭，天明即至，遂包围冷诸寺，背山面水，出入一道，碉坚墙固，攻之不入，增兵重围，以候大炮运至再攻。相持十余日，匪无惊色，盖寺中粮足有水，意在待援。忽奉密令"生获尤妙"，乃为草书，程凤翔误读为"生猎火烧"。夜北风大作，选奋勇二十余人，以煤油堵门引燃，倾时贯楼而起，匪聚楼头乞哀，乃令其弃械投诚。门被火封，不能出入，跳楼下坠，折腰断腿者数十人。未至天明，灰尽一炉。时在腊月二十七日。达赖闻之，急电清廷，谓汉军一夜"烧杀喇嘛千余人"。命四川将军鲁岱查办。统领罗长裿以草书误事，撤职候参。程凤翔误读火烧，革职留任，以终其事。嗣后，赵使令各机关与军人公文函札使用楷书，不准草写，时传笑柄。但此一战，威震西南。①

从这段文字来看，程凤翔部在进驻喀木西南之初，与藏军在冷诸寺发生了非常激烈的军事冲突，程部以火攻寺，驻扎冷诸寺的藏兵伤亡很大。此战是程凤翔率部进入喀木西南地区发生的规模最大的一次战役，程凤翔凭借此役"威震西南"，也给人们留下了嗜杀的印象。宣统元年（1909年）十月二十一日，程凤翔以帮带夏正兴率领前哨进驻闷空，至二十九日，进驻吞多。在吞多寺，程凤翔部与藏兵又一次发生了激烈的军事冲突，吞多寺被程部攻破，甲本名宜喜大吉被擒。因程凤翔怒杀宜喜大吉，误传以人肉下酒，藏人惧之，称曰"白扒本布"。②

在程凤翔秘书李介然的日记中，也有着非常详细的介绍。吴丰培先生在整理出版《赵尔丰川边奏牍》时，依据李介然日记对程杀宜喜大吉的经过及"白扒本布"之名的由来进行了非常详细的说明。吴丰培先生如是记载：

　　程凤翔嗜酒，当拿获宜喜大吉时，执壶讯问，以喇嘛寺熬茶之大

---

① 刘赞廷：《西南野人山归流记》，《西藏地方志资料集成》（2），第5页。
② 刘赞廷：《西南野人山归流记》，《西藏地方志资料集成》（2），第42页。

铜锅，可容水十余担，烈火烧沸，置于堂前，意在吓之，而宜喜大吉不服，反出恶言，遂以煮之。程愤曰："再拿壶来！"于是人民相视，尽误为程以人肉下酒，一日千里传遍，西南无不知程凤翔嗜啖人肉。嗣后进驻杂瑜，人民畏惧，凡程出入，胆怯者皆远避之，或由门隙中窥视。程知之，特意假此置大铜锅一具，设于广场，扬言以备煮人之用，藏番闻之，皆弃械而逃，由此西南野番来投者数十种。既（继）而赵使知之，曰程凤翔杀一人而收服西南数千里地方，置为国防，未费一卒一弹，实一壶之效也，遂奖美酒千斤以慰之。此事系据李介然日记，大概与事实相符，故录之。后藏人呼程凤翔为"巴虾本布"。即食人肉之官。①

这里的"巴虾本布"，是"白扒本布"的另一种写法，均为藏语之音译，意为食人肉之官。刘赞廷、李介然均与程凤翔关系密切，相互熟稔，故二人所言确属可信。综合上述记载可见，程凤翔可谓能征善战、用兵威猛且性较残忍，民甚畏惧之。在后来波密平乱时，因惧怕有"白扒本布"之称的程凤翔，波密叛军抵抗甚烈，沿途部署了大量武装力量，使程凤翔部举步维艰，程凤翔本人也遭遇到了自进入康藏地区以来最大的抵抗。相较而言，从其他路线进入波密的清军所遇到的抵抗反而要小得多，这确是笃信武力的程凤翔所未料到的。对于程凤翔部在波密的进军情况，刘赞廷在其《西南野人山归流记》中有所涉及，其中提到了程部所遇到的抵抗及原因。兹将时任西军中营管带的刘赞廷进军波密途中，询问当地藏人时所闻内容中有关程凤翔者罗列于下：

（宣统三年六月二十七日）即云：金竹营官为白马策翁之侄，去年帮兵赴冬九抗拒官兵，今又聚兵协助松宗寺，去打程（程凤翔）老太爷，因程老太爷为魔王下界，日食人肉下酒，故未敢骤然前去，现

---

① 吴丰培编：《赵尔丰川边奏牍》，四川民族出版社1984年版，第220页。

已逃往白马冈。①

（宣统三年闰六月初六日）暨闻边军来援，最惧者程大老爷（即程凤翔），倾兵于东路，未料其彭管带进兵之速，破倾多寺，下宜鲁，宿木宗，进攻噶郎，策翁恐慌，逃往白马冈。②

（宣统三年闰六月十二、三日）村人带领莫根寺住持喇嘛名朗秋吉驰者来营，须眉皆白，一老僧也。自云七十有二，言时战战兢兢。遂慰之以坐，令其将松宗、曲宗两寺战争相告。据云，此次抗拒官兵，系由藏达官一人造成，嗣后边军来援，波密全境最怕程大老爷一人。白马策翁特选曲宗寺厄聋次登、松宗寺格冗汪姬、达英寺登真曲丕、桑中寺降秋等，率领青年僧侣四千余人，堵御觉聋寺，请大喇嘛桑汪布桑装置护身符，每人发给六字真大明咒一纸。此符能避枪炮，乃因桑汪布桑与其胞妹通奸，以致护身符失去效力不灵。亦因程大老爷道深艺高，无法抵制，致此一败涂地。记觉聋形势，东西一谷，两山壁陡，上安滚木擂〔雷〕石，下垒石卡数十道，分八队坚守，而程大老爷分兵由两山抄袭，用大炮轰之，遂败至曲宗寺，撤去大桥，以为据守。官兵乘风雨之日，以大炮掩护水手渡江。桑汪布桑见护身符不灵，先行遁去，众人见之，遂一哄而散。程大老爷得曲宗寺后第三日，攻松宗寺，一日七次烈战，乃土人最怕大炮，闻之即溃。现在全境投诚，程大老爷已将各带兵官拿获，预备"杀之下酒"，是否属实，不敢妄报，等语。遂慰之而去。③

① 刘赞廷：《西南野人山归流记》，《西藏地方志资料集成》（2），第37页。
② 刘赞廷：《西南野人山归流记》，《西藏地方志资料集成》（2），第40页。
③ 刘赞廷：《西南野人山归流记》，《西藏地方志资料集成》（2），第42页。

四 《喀木西南志略》的体例与内容

地方志是以一定体例反映某一特定区域内的政治、经济、军事、文化、天文、地理、自然资源诸方面的、分门别类的综合性文献典籍。体例，概括地说就是一部地方志的组织形式。我国地方志一般采用章节体，也有篇章体、条目体等形式。确定体例的目的，是使著述有明确的取裁、形式、格局和结构。可以这样说，体例是判断一部著作是否为地方志的重要标准和依据。

从体例设置上看，《喀木西南志略》既吸收了我国传统地方志在篇目设置上的一般体例，又根据地域特点和具体情况设计了一些比较有特点的篇目，体例设置的地域特色十分突出。从篇章结构来看，该志开篇除有李介然《序》及程凤翔《自序》外，还有手绘地图一幅，名为《喀木西南图略》。接下来为《喀木西南志略》的文字内容，分为《喀木西南纪程》《喀木西南群说辨异》和《汇志事实》三部分。《喀木西南志略》中的《喀木西南图略》类似于清代方志中常见的舆图、疆域图，整幅图横向绘制、装订、对折，右上角标注名称"喀木西南图略"，观图时需将折面展开，但图中并未注明作者是何人。目前来看，李介然与段鹏瑞二人绘制此图的可能性最大。李介然，字怀仁，四川雁江（今资阳）人，为程凤翔秘书，随程深入喀木西南地区，深得程信任和器重。有学者在整理刘赞廷藏稿时发现，李介然曾绘有一幅名为《西南喀木图》的地图。① 虽然我们未能见到李介然所绘《西南喀木图》，但从该图与《喀木西南图略》具有相似的名称、李介然参与并

---

① 杨长虹：《〈刘赞廷藏稿〉研究》，《中国藏学》2006 年第 4 期。

承担了《喀木西南志略》的撰写工作以及程李二人亲密的关系等因素来判断,《喀木西南志略》中的《喀木西南图略》有可能与李介然所绘《西南喀木图》是同一幅图。另外,段鹏瑞也可能是《喀木西南图略》的绘制者。宣统二年(1910年),在盐井任调查委员的段鹏瑞奉命由盐井前往喀木西南地区调查勘测,并在程凤翔的支持下绘制了这一地区的地图。在此次实地调查勘测中,段鹏瑞所访地区纵横数千里,绘制了《闷空全境舆图》《杂瑜全境舆图》和《桑昂曲宗大江西面舆图》等地图,《喀木西南图略》虽未出现在段鹏瑞所绘地图名录中,但其在喀木西南的左贡、桑昂曲宗、杂瑜一带调查勘测后绘制《喀木西南图略》,并将其交给程凤翔的可能性是存在的。

《喀木西南志略》的文字内容由三部分组成,分别为《喀木西南纪程》《喀木西南群说辨异》和《汇志事实》。在其第一部分《喀木西南纪程》最后,作者专门设附记一篇,名为"诸路程站";第二部分《喀木西南群说辨异》,未设二级子目录;第三部分为《汇志事实》,下设"天时类""地利类""人事类""物产类"四目,并有附记一篇,名为"杂瑜边外风俗"。

具体来看,《喀木西南纪程》为文字部分的开篇,文末另有附记一则,名为"诸路程站",主要记从杂瑜出发至巴塘、察木多、俅俚、波密及从桑昂曲宗至波密的程站、里数情况。① 吴丰培先生在《喀木西南纪程·跋》中评价道:"西南珞瑜一带,处藏地之边区,故记西藏舆地者,昔鲜论及。迨清光绪末季,川边大臣赵尔丰锐意经营西康,颇多建树,乃派管带程凤翔进驻此地。凤翔此作,即记当时行程,对于道里崎岖,地势险峻,均属身历之谈,固多可据。"② 从内容上看,这部分实际上是清代地

① 需要说明的是,在中央民族大学图书馆藏抄本中,该部分名称为"喀木西南志略",但文字上有人为的划痕。笔者以为,该抄本中之所以出现"喀木西南志略"这一名称,可能是抄录时将书名《喀木西南志略》误写于此,抑或是将《喀木西南纪程》中的"纪程"二字误写为"志略"。值得注意的是,吴丰培先生整理出版的《喀木西南纪程》中该部分的名称为"喀木西南纪程",吴先生是最早发现并整理《喀木西南志略》抄本的学者,其之所出当有所据,故本书在论述中依据该部分的内容及吴先生选辑出版的《喀木西南纪程》中的名称进行了适当调整。

② 吴丰培辑:《川藏游踪汇编》,四川民族出版社1985年版,第467页。

方志，尤其是边疆民族地区方志著作中均普遍设置的纪程类篇目，主要记录了作者于宣统元年（1909 年）十二月初八日自盐井率队西行，至次年二月十四日抵达杂瑜期间的行军过程及沿途的物产地理、见闻等多方面的情况。但是，如果我们将《喀木西南纪程》所记行程与吴丰培先生所编《赵尔丰川边奏牍》中收录的档案文书资料进行比较就会发现一些问题。本书前文已有论述，兹不赘叙。

第二部分为《喀木西南群说辨异》。在开篇部分，作者称："喀木西南群说之异，盖聚讼于考据黑水诸家。《禹贡》：'导黑水，至于三危，入于南海。'后儒从九州域尽，于是各执一说，以相争逐，致江水之源流，部落之南北，道里之远近，错乱纷纭，无从考核。"在该篇最后，作者称："吾不咎按图冥索者，贻毫厘千里之差，特难宽□。兹伪说者□作俑，欺人之祸，夫坐一室以谈九州、大江黄河之源，尚酿成千古疑案。考据愈多，则门户愈杂，非足迹所经终不能折衷一是，然后知九州之外、六合之内，圣人皆存而不论者，亦恐其荒远难稽，付之删书，断自唐虞之例，以杜后人之口实。喀木西南一隅，元明以前史乘皆未载及，后世藏卫诸书丛出，或有未尝载及者，抑有记之而不详、不确者。安知非九州以外之地，在从古存而不议之例乎？吾以怒江为黑水，殆信于是。然欤？否欤？高明君子尚其〔祈〕正之。"① 这一前一后两段文字道出了当时在喀木西南地区山川河流认识与记载上混乱不清的状况，这也是作者撰写该部分内容的缘由所在。

值得注意的是，《喀木西南群说辨异》的撰写参考和引用了大量的文献资料。《喀木西南群说辨异》虽仅近 7000 字，但参考和使用的文献达到 20 种以上，诸如《禹贡》《经书辨疑录》《黑水辨》《新唐书·吐蕃传》《元史》《五代史·吐蕃》《云南志》《大明一统志》《卫藏图识》《大清一统志》《西藏志》《西域闻见录》《海国图志》《云南通志》《西藏图考》《西辅日记》《西徼水道》以及《唐蕃会盟碑》等史籍、地理书、方志、纪程日记、碑刻资料，均在《喀木西南群说辨异》中多次出现，有的段落

---

① 程凤翔：《喀木西南志略·喀木西南群说辨异》，中央民族大学图书馆藏 1959 年抄本。

甚至是在直接引用大量原文的基础上适当阐述自己的观点。可见,《喀木西南群说辨异》是在实地考察和参考大量史志资料的基础上,辩驳了旧有文献中有关喀木西南一带山川河流记载中的模糊不清及错讹之处,厘清了喀木西南地区的河流分布及地理状况,是 20 世纪初期对喀木西南地区山川分布、河流源流与走向梳理最为翔实的资料。吴丰培先生对于此部分内容是如此评价的:"其《群说辨异》中,对于黄楙材及黄沛翘所记该地形势,讥其方位不当、考述多误,因该二人均未身履其地,固不如此书目击之谈为可信。"①

第三部分为《汇志事实》,主要记喀木西南地区的山川地理、风土人情、物产气候、民族宗教等多方面的情况,其下分"天时类""地利类""人事类""物产类"四目,并有附记一篇,名为《杂瑜边外风俗》。在"天时类"一目中,作者从时令、气候、物产、节序四个方面进行了较为详细的介绍。在"地利类"一目中,该志对杂瑜、桑昂曲宗、左贡等喀木西南地区的大致范围、地形地貌及山川河流进行了概要性的介绍。"人事类"为《汇志事实》的第三目,由宗教、风俗、婚姻、丧葬、饮食、居室、语言等方面的内容组成。观这部分内容,主要是根据其经历见闻和调查采访所得材料撰写而成。但其中有关当地藏传佛教发展史的内容,很可能既参考了汉文史籍,也吸收了来自藏地的文献记载。不仅"寅撰儿""天魔舞""秘密大喜乐禅定法"等在稗官野史中流传的、带有神秘色彩的名称有所出现,根据藏文文献翻译而来、对西藏佛教发展史的叙述也出现在了其中。"物产类"一目,对左贡、杂瑜、桑昂曲宗等喀木西南地区的种植、矿产、特产情况进行了介绍,其中涉及喀木西南地区与周边地区的贸易往来情况。《杂瑜边外风俗》对杂瑜以南其所称的"倮俪"地方的语言文字、宗教风俗、四至情况进行了介绍,并将一些阿子纳地区的日常用语用汉字进行了记载和记音。"倮俪"原为对彝族的一种称呼,但《喀木西南志略》中所称的"倮俪"并非彝族,而是指分布在这一带的珞巴、

① 吴丰培辑:《川藏游踪汇编》,第 467 页。

僜人等少数民族部落。①

在《汇志事实》这一部分中，撰写者较多地使用了比较性言辞，比较式论述频繁出现。《喀木西南志略》是在程凤翔主导下完成的，内容均为进入康藏地区的官兵所作。其中，有将喀木西南地区的左贡、杂瑜、桑昂曲宗等地同时与中原、卫藏相对比者。如"天时类"中对于时令的叙述，其称："喀木西南，番人时令亦如藏制，不识天干，但以地支属类相纪年，也以十二月为岁，其支属纪年如鼠年、牛年、兔年，亦有闰月，与中历多不同时。如宣统三年（1911年）辛亥中历闰六月，其地先于庚戌年闰九月，次年正月为其地之腊月，推至闰月以后，始与中历相合。其月建亦有大小，仍与中历不同。如正月大、二月小、三月大、四月小，相间轮数即闰月之大小建，亦视前月相间轮数，并无两大、两小相连之月。至小建之月，亦有三十。盖其历又有闰日之例，除是月初一、三十两日不闰之外，其中摘去一天，如闰初二，则由初一日后直挂初三，将初二摘去，即为闰日。所推日蚀、月蚀，往往□毫不爽。杂瑜僻在极边，正朔之书，恒与喇嘛推算，非必尽由藏颁，然亦多与藏历相符，此时令之异也。"②"人事类"中对于丧葬之俗的记载称："至于丧葬之法，而藏已异于中国，而杂瑜葬法又不同于西藏"；"至于婚姻丧葬之礼，左贡一带尚与藏典略同，怒西迤至杂瑜则有迥不相侔之俗"。③也有将喀木西南地区的情况与中原相比较的。例如，"天时类"中称："至于节序，亦与内地悬殊。如十二月为大建，则以元日为年节，十二月为小建，则以初二日为年节"；"室内或燃酥油灯于灶侧，或烧松柏枝于碉顶，如内地秉炬焚香之意，以示虔诚"。④也有与西藏其他地区或喀木西南地区左贡、杂瑜、桑昂曲宗等不同地区之间的相互比较。如，"人事类"中称："至于婚姻丧葬之礼，左贡一带尚与藏典略同，怒西迤至杂瑜则有迥不相侔之俗。"⑤

---

① 任乃强、任新建：《清代川边康藏史料辑注》（三），巴蜀书社2018年版，第603、607页。
② 程凤翔：《喀木西南志略·汇志事实·天时类》，中央民族大学图书馆1959年抄本。
③ 程凤翔：《喀木西南志略·汇志事实·人事类》，中央民族大学图书馆1959年抄本。
④ 程凤翔：《喀木西南志略·汇志事实·天时类》，中央民族大学图书馆藏1959年抄本。
⑤ 程凤翔：《喀木西南志略·汇志事实·人事类》，中央民族大学图书馆藏1959年抄本。

这些"比较"式论述的优点是显而易见的。笔者在此前与他人合作完成的研究中，就注意到清初成书的《藏纪概》《西藏志》《西藏见闻录》等西藏地方志中"藏地与内地间的比较式论述频繁出现"，并认为这些"比较"式论述的优点是显而易见的，可以使读者更容易和清晰地了解藏地风土人情，但从表述方式和用词上看，则带有"我优彼劣"的倾向和偏见，带有一定的歧视色彩。① 例如，《附记：杂瑜边外风俗》一目中所记："人死之后，不诵佛经，不卜葬法，不论亲疏老幼，概委弃于沟壑，较之藏俗野蛮犹有甚焉。至于贫鄙、冥顽，本自性生，尤为人世所罕见。诱以利则哗然而来，受其赐则贫然而往，喻以理则茫然莫解，胁以威则涣然无踪。笼络驾驭虽竭尽布置之力，终鲜收效之期。此等野蛮，实全球上之一种特别性质也。"② 其中出现的"较之藏俗野蛮犹有甚焉"，"至于贫鄙、冥顽，本自性生，尤为人世所罕见"，"此等野蛮，实全球上之一种特别性质也"等，即此类用词。总体来看，比较性言辞在 1949 年中华人民共和国成立以前成书的边疆民族地区地方志中非常普遍。

---

① 肖幼林、黄辛建、彭升红：《我国首批西藏方志产生的原因及其特点》，《中国藏学》2009 年第 3 期。
② 程凤翔：《喀木西南志略·汇志事实·杂瑜边外风俗》，中央民族大学图书馆藏 1959 年抄本。

五　《喀木西南志略》的流传及保存情况

　　《喀木西南志略》稿成后不久，保路运动在四川爆发，赵尔丰商调程凤翔一营进省，以增其势。宣统三年（1911 年）九月，傅嵩炑调程凤翔、夏正兴进驻雅州，以备应援。辛亥革命爆发后，边军分崩离析，康藏纠纷迭起。边军在雅安、大相岭一带被保路同志军击败，傅嵩炑被执，程凤翔则不知所踪。程凤翔在 1912 年引去，后又担任了北洋政府总统府侍从武官一职，大总统曹锟曾派其前往江西烧制瓷器，程凤翔嗜酒，烧制"程瓷"十窑。① 在清末民国风云动荡之下，《喀木西南志略》成书后，一直以抄本存世，流传有限，被誉为"康藏边地一支史笔"且与程凤翔交往密切的刘赞廷也未提及该书。

　　目前，仅见中央民族大学图书馆藏有该地方志的 1959 年手抄本一部。在该抄本的封面页上，共有四行字，分别为：喀木西南志略，程凤翔著，民族研究所抄制，1959 年；左下角盖有"中央民族学院图书馆"印章。从这些信息可见，《喀木西南志略》系程凤翔著，目前保存在中央民族大学图书馆的这一抄本系中央民族学院民族研究所于 1959 年抄制。总体上看，该抄本虽有一些破损和涂改的痕迹，但整体保存状况较好，版面比较完整，字迹比较清晰。

　　那么，《喀木西南志略》成书后经历了什么样的流传路径？是如何在 20 世纪 50 年代被中央民族学院图书馆收藏并由该校民族研究所抄制的？民族研究所抄制时依据的版本现在何处？这一版本是成书时的稿本，抑或

---

① 刘赞廷：《西南野人山归流记》，《西藏地方志资料集成》（2），第 42 页。

是辗转流传过程中形成的抄本？吴丰培先生在《喀木西南纪程》整理出版中所称抄本是否即中央民族学院图书馆藏1959年抄本，抑或中央民族学院图书馆藏1959年抄本是依据吴先生所得抄本抄制的？由于资料阙如，我们对于上述种种疑问已无法一一解答。

目前，我们所掌握的情况是，吴丰培先生根据其所掌握的抄本将《喀木西南志略》中的《序》、《自序》、《喀木西南纪程》及其附记《诸路程站》、《喀木西南群说辨异》、《汇志事实》之下的"地利类"等部分内容选辑入《川藏游踪汇编》中，由四川民族出版社在1985年公开出版。从正式出版后的编排布局来看，《喀木西南纪程》的内容首先为《喀木西南志略》中李介然的《序》与程凤翔的《自序》，然后将《喀木西南志略》中的《喀木西南纪程》作为主体列于其后。此外，又将《喀木西南纪程》的附记《诸路程站》、《喀木西南群说辨异》以及《汇志事实》之下的"地利类"（出版时更名为"杂瑜地理"）等内容作为附录依次列于文后。因吴先生主要选取的是《喀木西南志略》中的《喀木西南纪程》，故命名为《喀木西南纪程》，这也与《川藏游踪汇编》的出版旨趣契合。在出版时所写《跋》中，吴丰培先生虽主要关注的是其中的《喀木西南纪程》，但仍对该书的内容、价值、缺陷及作者程凤翔均有涉及，也对其所得抄本的整体情况有简单的介绍和评价。兹全文记录于下，以供感兴趣者参考：

> 西南珞瑜一带，处藏地之边区，故记西藏舆地者，昔鲜论及。迨清光绪末季，川边大臣赵尔丰锐意经营西康，颇多建树，乃派管带程凤翔进驻此地，凤翔此作，即记当时行程，对于道里崎岖、地势险峻，均属身历之谈，固多可据。补前人所不及，启后人调查之先声，亦属难得之资料。后有《汇志事实》一篇，有天时、地利、人事、物产、风俗等则，兹取《地利》及《喀木西南群说辨异》两篇，其余均无特点，故删而未录，以符《汇编》之例。其《群说辨异》中，对于黄楙材及黄沛翘所记该地形势，讥其方位不当，考述多误，因该二人均未身履其地，固不如此书目击之谈为可信。

凤翔行军迅速，作战骁勇，性复残酷，故康藏之人，畏之如虎，所到之处，望风披靡。尔丰极为重视，倚为前进之劲旅，虽有藏人之控告，亦加袒护，置而不问。观其行军施政情况，俱见余辑之《赵尔丰川边奏稿》中，而凤翔能查获粮食，发放贫民，在压必曲龚地区，插立国旗，以阻英人前进，尚为识大体者。

今得抄本，内多芜杂，错文误字极多，余就所知，根据他书，为之釐正，不可考者，不敢意改，仍存原貌。吴丰培识。①

汇辑入《川藏游踪汇编》的《喀木西南纪程》公开出版后，很快引起学术界的广泛关注，学者们或将吴先生所辑内容选摘入其他资料汇编之中，或对所辑内容进行专门的研究，或在其他研究中参引所辑资料。但是，因出版的《喀木西南纪程》仅为《喀木西南志略》中的部分内容，且吴丰培先生在辑录时对篇章结构、篇目名称有所调整，故从事相关研究的学者虽大都知道辑入《川藏游踪汇编》的《喀木西南纪程》，却少有人知另有一部《喀木西南志略》存世，抑或虽知《喀木西南志略》之名而未见其书。

在选辑方面，西藏自治区社会科学院与四川省社会科学院将其中的《杂瑜地理》与《诸路程站》两部分内容编入《近代康藏重大事件史料选编》（下）中于 2001 年再次汇编出版。② 任乃强、任新建所辑《清代川边康藏史料辑注》，则将《喀木西南纪程》中"喀木西南纪程"的内容选编入第八章"进军桑昂、杂瑜（察隅）"。值得注意的是，该书在选编时又根据辑录需要，重新组合汇编。具体来看，乃将其中的进军桑昂日程作为附件选辑至"吞多之战"条目下的第 4 条"程凤翔报告桑昂情形禀"之下；将进军杂瑜途程作为附件辑至第 8 条"程凤翔报进军杂瑜沿途情形禀"之后。③ 这些后来汇辑出版的辑录成果，虽未将吴丰培先生所辑《喀

---

①　吴丰培辑：《川藏游踪汇编》，四川民族出版社 1985 年版，第 467 页。

②　西藏自治区社会科学院、四川省社会科学院编：《近代康藏重大事件史料选编》（下），西藏古籍出版社 2001 年版。

③　任乃强、任新建：《清代川边康藏史料辑注》，巴蜀书社 2018 年版。

木西南纪程》全部选录,却根据出版旨趣进行了重新剪裁,使之更符合不同时期、不同刊物及出版者的出版要求及目的,也更方便从事相关研究的学者们在研读时进行细致比较和整体分析。

在有关《喀木西南纪程》的专门研究方面,目前所见成果还不多。除前面提及的吴丰培先生在该书出版时所写《跋》中对该书有着较为全面的介绍和评价外,任乃强、任新建所辑《清代川边康藏史料辑注》中也就《喀木西南纪程》的部分内容以及该书的作者等展开了一些必要的分析、研究和评价。除此之外,赵心愚教授的《清末藏东南方志类著作〈门空图说〉〈杂瑜地理〉考论》一文则是目前所见唯一一篇介绍、分析《喀木西南纪程》部分内容及价值的专文。在该文中,作者对《喀木西南纪程》中的《杂瑜地理》这一部分的内容及其价值有较为详细的分析和研究,并在此基础上对《喀木西南纪程》所辑其他内容进行了适当的介绍和阐释。但是,由于赵心愚教授所撰文章是在仅见《喀木西南纪程》而未见《喀木西南志略》的基础上完成的,故其认为在"清代西藏的府县志如此缺乏,藏东南地区更为空白"的情况下,应当将初具地方志性质的《杂瑜地理》作为"方志类著作著录,清代西藏方志的研究者也应对其进行更深入的研究"。[1] 在 2016 年出版的《清代西藏方志研究》一书中,赵心愚教授又将《清末藏东南方志类著作〈门空图说〉〈杂瑜地理〉考论》选入其中出版。从这些已有研究的情况中,我们也可看出新发现的《喀木西南志略》的重要学术价值和意义。另外,其他如张钦的《〈藏行纪程〉所载滇藏交通研究》[2]、卢梅的《简析 1909—1911 年清军对藏东南地区的改流设治及其意义》[3] 等成果亦是利用吴先生所辑《喀木西南纪程》中的资料开展其相关研究。

从名称、体例与内容上看,《喀木西南志略》具备我国地方志的基本

---

① 赵心愚:《清末藏东南方志类著作〈门空图说〉〈杂瑜地理〉考论》,《民族学刊》2013 年第 3 期。

② 张钦:《〈藏行纪程〉所载滇藏交通研究》,《中国边疆史地研究》2020 年第 1 期。

③ 卢梅:《简析 1909—1911 年清军对藏东南地区的改流设治及其意义》,《西藏民族大学学报》2020 第 1 期。

特征，属传统地方志中的府县志类型。然而，由于汇编出版的《喀木西南纪程》中仅辑录了《喀木西南志略》中的一部分内容，且以《喀木西南纪程》为主，加之吴丰培先生在选辑时对篇章结构、篇目名称调整较大，使学者们在关注《喀木西南纪程》的同时，几乎没人知道《喀木西南志略》的存在，更谈不上对这部重要的地方志著作进行专门的整理和研究利用。同时，在朱士嘉先生所编《中国地方志综录》及20世纪80年代中期出版的《中国地方志联合目录》等方志目录中均未著录该书，1988年出版的《中国方志大辞典》等方志辞典中也未见收录，有关地方志资料的搜集、整理与研究方面的相关成果中亦无人提及。

六　《喀木西南志略》的地方志价值

　　西藏，位于被称为"世界屋脊"的青藏高原，地势高峻，重山阻隔，与中原地区往来交通不便。自唐代开始，西藏地区（当时称吐蕃）已与中原之间有着十分密切的交往与交流，有关西藏地区情况的记载也不断见于史籍。唐代著名政治家、史学家杜佑所著《通典》，成书于唐贞元十七年（801年）。该书第一百九〇卷《边防六》中专设"吐蕃"篇，全文约3300余字，专记西藏地区的社会历史情况，是目前所见最早记录西藏地区各方面情况的专篇。长庆元年（821年），唐朝入蕃会盟使刘元鼎在《使吐蕃经见纪略》中对西藏地区的社会文化、风俗和山川已经有了较为明确的记载，这是现存最早专门记载西藏地区的行纪类著作。据《册府元龟》载，大和八年（834年）四月，唐将田牟使蕃返程后，"进《宣索入蕃行记图》一轴，并图经八卷"（《册府元龟》卷五六〇《国史部地理门》）。此处虽仅出现"图经"这一名称，但从"入吐蕃使"田牟返唐后呈报《宣索入蕃行记图》的同时专门将八卷本的"图经"作为附件报送这一事实可以知道，此系一部八卷本的"吐蕃图经"无疑。图经是我国地方志的早期形式，属地方志的重要组成部分。如此可见，用来专门记载西藏地区的地方志著作，早在唐代就已经存在。遗憾的是，该图经早已散佚，我们也无从得知其中所载具体内容。

　　五代十国之际，我国地方志的编修虽然继续发展，但目前尚未发现按照方志体例编纂的西藏方志著作，也未发现其他地方志著作中存在有关西藏地区的专门记载。至宋代时，地方志的编修已经遍及全国各地，无论是修志的普遍性，还是成书数量都是史无前例的，方志的名称在宋代逐渐趋于统一，体例趋于定型。据统计，宋代的方志数量达到761种，其中尤以北宋为多；而从名称上看，"北宋时期图经的数量很多，到南宋时大大减少，而称志者却增加约10倍，其他名称也在减少"①。

《太平寰宇记》是我国一部非常著名的全国性地理总志，为北宋初年的乐史所纂，属我国方志中的一种类型。②《太平寰宇记》的卷一百八十五为《吐蕃》，其下设总述及四至、土俗物产、山、湖等条目。从篇幅上看，总述字数最多，占据了《太平寰宇记·吐蕃》的绝大部分；四至、土俗物产、山、湖等目的字数较少，尤其是山目中仅列"大昌步山"且无其他文字叙述。虽然各目繁简不一，布局不均衡，文字较简，体例并不完备，但从体例和内容上来看，《太平寰宇记·吐蕃》已经具备了我国传统方志的基本特征，可视为寄存在《太平寰宇记》之中的一部西藏简志，这是现存专记西藏地区最早的地方志著作，也即西藏方志。③

元明时期，我国地方志的内容、体例已经非常成熟，修志逐渐形成一种制度。据粗略统计，元代的方志著作达到170多种，今存明代方志则有近千种，而且其中还不包括山、水、寺庙、名胜等志。④ 遗憾的是，虽然元明时期地方志数量众多，保存下来的却极少，我们目前尚未发现单独以地方志形式存在的元明时期西藏方志。虽然《元大一统志》大部散佚，致使我们无法知悉《元大一统志·西番》所记内容，但有学者经过对照研究后指出，《寰宇通志》《大明一统志》与《元大一统志》一脉相承。我们注意到，明代成书的《寰宇通志》与《大明一统志》中均设有"西番"这一篇目。从内容及体例上看，《寰宇通志·西番》《大明一统志·西番》共设沿革、风俗、山川、土产4目，其篇章布局则按方志体例记载了今西

---

① 仓修良：《方志学通论》，华东师范大学出版社2014年版，第221页。
② 傅振伦：《中国方志学通论》，上海商务印书馆1935年版，第3页。
③ 目前，学术界一般认为清雍正时期成书、刘凤彩所著《藏纪概》为西藏方志中的最早之作，但我们认为，《太平洋寰宇记·吐蕃》的体例、内容实际上已具备地方志的基本特征，当属于西藏方志的一种。因此，《太平寰宇记·吐蕃》应为目前所见最早的西藏方志。
④ 仓修良：《方志学通论》，第269页。

藏地区的自然社会与历史现状等多方面的情况，可分别视为寄存于《寰宇通志》与《大明一统志》中的西藏简志，《寰宇通志·西蕃》《大明一统志·西蕃》则是目前仅存的两部明代西藏方志。

到了清代，我国地方志的发展进入鼎盛时期，公私方志达 5685 种①，单独以方志形式存在的西藏地方志开始出现。有清一代，自雍正年间出现西藏方志之后，直到 1911 年清王朝灭亡，共计产生了 20 多部西藏方志，实属我国西藏方志发展的繁荣时期。清代西藏方志的数量虽远逊于中原省份，却是今天开展藏学研究、编纂西藏新志书的珍贵历史资源。从目前的发现情况来看，雍正初年成书的《藏纪概》当为私人编撰的最早的西藏方志，也是目前发现的清代西藏方志中的最早之作。此外，雍正《四川通志·西域志》则为目前已知的官方编纂的最早的清代西藏方志。此后，无名氏所纂《西藏志》、乾隆《雅州府志·西域志》、无名氏纂《卫藏通志》、黄沛翘所纂《西藏图考》以及清代最后一部西藏地方志《西藏新志》等一系列地方志相继问世，使西藏地方志逐渐在我国地方志中占据了一席之地。②

在我国的地方志中，最早出现有关喀木西南地区记载的是乾隆初成书的《西藏志考》。该志是清代西藏地方志中成书较早的通志类方志著作之一③，其中载："（康熙五十八年）七月复差成都府同知马世烆、四川后营游击黄喜林招安乍丫、察哇、作工、奔达、桑阿却宗、察木多等处"，又记"五日至杂义"。④ 这里的作工，即左贡；桑阿却宗，即桑昂曲宗；杂义，即杂瑜。此后成书的《西藏志》《卫藏图识》等清代地方志中，也有大体一致的零星记载。雍正三年（1725 年），清廷以"仅卫藏赋税，不敷

---

① 周迅：《中国的地方志》，商务印书馆 1991 年版，第 15 页。
② 赵心愚：《清代西藏方志研究》，商务印书馆 2016 年版，第 1—5 页；肖幼林、黄辛建、彭升红：《我国首批藏志产生的原因及特点研究》，《中国藏学》2009 年第 3 期。
③ 赵心愚：《略论乾隆〈西藏志考·历代事实〉的价值及影响》，《西南民族大学学报》2019 年第 2 期。
④ 《西藏志考》，中央民族大学出版社 2010 年影印本。

尔喇嘛之费用"为由，将"坐尔刚、桑噶吹宗、衮卓等部族"①划归西藏由达赖喇嘛管理。② 这里的"坐尔刚"即左贡，"桑噶吹宗"即桑昂曲宗。自清廷将桑昂曲宗等地划归西藏管辖后，西藏随即在左贡、桑昂曲宗、杂瑜一带派设营官、协敖、古噪等进行管理和收税。如若《拉萨厅志》确为伪作，那新发现的《喀木西南志略》不仅是清代西藏地方志中唯一一部府县志，也是目前发现的最早一部喀木西南地区的方志著作和专门记载西藏边境地区的地方志文献，是西藏地方志发展过程中的重要成果，具有重要的历史文献价值。

　　民国时期，西藏地方志继续蓬勃发展。这一时期的西藏方志数量在20部以上，其类型多样，既有传统志书，又有近代志书；既有通志、县志，还有乡土志；既有私人纂修，也有官修志书。从体裁体例上看，具有近代化的特色；从编修主体来说，多为私人编撰，私撰重于官修；从内容上看，除去关注传统内容外，更多反映了近代西藏受西方侵略与西藏人民反抗侵略的爱国主义精神；更重要的是，这批西藏方志反映了强烈的边疆关怀情结，具有浓郁的民族特色与地域特点。但与清代有所不同的是，民国时期西藏方志中府县志的数量要明显多于通志，其中还出现了刘赞廷一人编撰17部县志的情况。③ 从所及区域来看，刘赞廷所撰17部西藏县志与清末改土归流在西藏东部地区所设县的名称、区域是相对应的，其中《察隅县图志》《科麦县图志》分别对应的正是程凤翔进驻期间在喀木西南地区设置的察隅县和科麦县。从资料来源上看，刘赞廷所撰西藏县志参考和使用了大量清末川滇边务大臣时期康藏边务档案和文书资料，其中包括大量程凤翔与赵尔丰之间的往来公函。总体来看，程凤翔、刘赞廷等人所撰《喀木西南志略》《察隅县图志》《科麦县图志》等多部近代成熟的府县志

---

① 中国藏学研究中心等编：《元以来西藏地方与中央政府关系档案史料汇编》（2），中国藏学出版社1994年版，第365—366页。

② 黄辛建：《雍正时期行政划界研究》，《中国藏学》2018年第3期；赵心愚：《清代川、滇、藏行政分界的档案文献及史料价值》，《民族学刊》2020年第2期。

③ 刘赞廷所著17部西藏方志为：《昌都县图志》《波密县图志》《太昭县图志》《冬九县图志》《嘉黎县图志》《贡县图志》《武城县志》《察隅县图志》《科麦县图志》《同普县图志》《察雅县图志》《盐井县志》《九族县志》《恩达县图志》《定青县图志》《硕督县图志》《宁静县志》。

类型的地方志著作，明显受到清末赵尔丰改土归流及在康藏地区开展行政区划设置的影响，与西藏地方志发展史上其他时期的方志著作是一脉相承、独具价值的一个整体。同时，这些地方志也从方志这一独特的视角和传承体系，记录了清末进入康藏地区的基层官员群体的籍贯出身、来源构成、沿途经历等多方面的情况，是非常珍贵的历史文献资源，具有重要的研究价值和现实意义。

第三部分

《喀木西南志略》研究（下）

一　《喀木西南志略》的资料来源及史料价值

（一）历史文献是《喀木西南志略》的重要参考

从资料来源上看，《喀木西南志略》参引了大量的文献资料，历史典籍、行纪日记、地理书、碑刻资料和地方志文献均是撰写者的重要参考资料。如果翻阅《喀木西南志略》可以发现，全书又以《喀木西南群说辨异》在这方面表现得最为突出。《喀木西南群说辨异》这一部分虽仅近7000 字，但参考和使用的各类文献资料达到 20 种以上，诸如《禹贡》《经书辨疑录》《黑水辨》《黑水考》《新唐书·吐蕃传》《元史》《五代史·吐蕃》《滇志》《大明一统志》《卫藏图识》《大清一统志》《云南志》《西藏志》《西域闻见录》《海国图志》《云南通志》《西藏图考》《卫藏图识》《西辖日记》《西徼水道》《藏江志》《水道提纲》以及《唐蕃会盟碑》等不同历史时期形成的各类文献资料，均在《喀木西南群说辨异》中多次出现，有的段落甚至是在直接引用大量原文的基础上根据亲身经历和调查情况适当阐述自己的观点。

除《喀木西南群说辨异》外，《喀木西南志略》的其他部分也或多或少参考和采撷了历史典籍和地方志资料。例如，作者在《汇志事实》之"人事类"一目中记录当地丧葬之法时，参考了王我师所著《藏炉述异记》中的材料。清雍正四年（1726 年），雍正帝以鄂齐为钦差大臣入藏宣旨和划勘川藏之间的行政分界，王我师即在随行人员之中，《藏炉述异记》是其根据沿途见闻著成的。再如，《汇志事实》中的"地利类"一目在记述冈底斯山时，就直接引用了《嘉庆重修一统志·西藏》中的相关记载。但若与《嘉庆重修一统志·西藏》仔细比较就会发现，两处记载并非完全一致。《喀木西南志略》记载如下：

> 《一统志》：冈底斯山，在阿里之达克喇城东北三百十里，直陕西西宁府西南五千五百九十余里，其山高五百五十余丈，周一百四十余里。向西北者为僧格□喀巴、布冈里、木孙诸山，绕阿里而北二千五百余里，入西域之和阗、南山及葱岭诸山。向东巴〈北〉者为札布列斜而克、角乌尔克、年前唐拉、萨木坦冈、匝诺莫浑乌、巴什巴颜哈喇诸山，环卫地，竟青海，连延而下六千余里，至陕西西宁等处边界。向西南者为闷郡克尼儿、萨木泰冈诸山，亘阿里之南二十余里入厄纳特克国。向西〈东〉南者为喀木楚克、喀巴布冈、噶尔防尔弩、金刚苍诸山，历卫藏达喀木七千余里，至云南、四川之境。康熙五十六年，遣喇嘛楚儿沁藏布、兰木占巴、理藩院主事胜住等，绘画西海、西藏舆图，测量地形，以此处为天下之脊、众山之脉，皆由此起云。①

《嘉庆重修一统志·西藏》原文如下：

> 冈底斯山，在阿里之达克喇城东北三百里，直陕西西宁府西南五千五百九十余里，其山高五百五十余丈，周一百四十余里……向西北者为僧格□喀巴、布冈里、木孙诸山，绕阿里而北二千五百余里，入西域之和阗、南山及葱岭诸山。向东北者为札布列斜而克、角乌尔克、年前唐拉、萨木坦冈、匝诺莫浑乌、巴什巴颜哈喇诸山，环卫地，竟青海，连延而下六千余里，至陕西西宁等处边界。向西南者为闷耶克尼儿、萨木泰冈诸山，亘阿里之南二千余里，入厄讷特克国。向东南者为达木楚克、喀巴布冈、噶尔沙弥弩、金刚花诸山，历藏卫

---

① 程凤翔：《喀木西南志略·汇志事实·地利类》，中央民族大学图书馆藏 1959 年抄本。

达喀木七千余里，至云南、四川之境。本朝康熙五十六年，遣喇嘛楚儿沁藏布、兰木占巴，理藩院主事胜住等，绘画西海、西藏舆图，测量地形，以此处为天下之脊、众山之脉，皆由此起云。①

通过比较可以发现，《喀木西南志略》的记载与《嘉庆重修一统志·西藏》的内容并不完全一致。具体来看，主要是一些地名及数字上的不同。例如，《嘉庆重修一统志·西藏》中的"闷耶克尼儿""厄讷特克国""达木楚克""噶尔沙弥弩""金刚花""藏卫"等地名，在《喀木西南志略》中则被记为"闷郡克尼儿""厄纳特克国""喀木楚克""噶尔防尔弩""金刚苍""卫藏"。再如，《嘉庆重修一统志·西藏》中记载的"亘阿里之南二千余里"，在《喀木西南志略》中则是"二十余里"。通过比对我们发现，在《喀木西南志略》直接参引的文字中，地名、人名和数字不一致的情况是比较多的。这种情况的存在，可能是《喀木西南志略》的作者在撰写时的书写错误，也可能是成书后因辗转传抄导致的误写，还有可能是不同的人在以汉文书写这些地名时音译之差异所致。

（二）经历见闻和调查访谈是《喀木西南志略》最主要的资料来源

翻阅《喀木西南志略》可以发现，此类材料主要有以下两类：一是通过亲身经历、见闻所获得的材料。如，该志中的《喀木西南图略》，若无亲身经历和大量调查，是无法绘制出如此详尽、准确的地图的；《喀木西南纪程》所记自盐井出发，途经左贡，至桑昂曲宗、杂瑜路途中及驻扎期间的经历和见闻，以及《汇志事实》中有关喀木西南地区自然社会与山川地理等各方面情况的记载，均属于此类情况。吴丰培先生在《喀木西南纪程·跋》中就指出："西南珞瑜一带，处藏地之边区，故记西藏舆地者，昔鲜论及。迨清光绪末季，川边大臣赵尔丰锐意经营西康，颇多建树，乃

---

① 潘锡恩等撰：《嘉庆重修一统志·西藏》，清道光二十二年（1842年）抄本。

派管带程凤翔进驻此地。凤翔此作，即记当时行程，对于道里崎岖，地势险峻，均属身历之谈，固多可据。"① 二是专门的调查、采访资料。如，《喀木西南群说辨异》就属此类，这部分内容被吴丰培先生辑入《喀木西南纪程》之中，吴先生在介绍该部分内容时称："其《群说辨异》中，对于黄楙材及黄沛翘所记该地形势，讥其方位不当、考述多误，因该二人均未身履其地，固不如此书目击之谈为可信。"②

可以看到，《喀木西南志略》的资料主要来自上述两个方面。程凤翔在自序中就称："凡有见闻，无不笔之于书，以志梗概。……谨就所过之山川、风土、人情、物理，信笔及之。"在《汇志事实》中的"地利类"目中则言："据其所闻所见而增补之，以备作者之采择焉。"也正因如此，《喀木西南志略》直到今天仍有非常重要的文献与资料价值。总体来看，《喀木西南志略》的重要史料价值主要体现在以下几个方面。

首先，关于此志中之舆图。吴丰培先生在整理、介绍该书时没有提及《喀木西南志略》中的《喀木西南图略》，后来的研究者皆以吴先生所辑《喀木西南纪程》为依据，故大多也不知道该图的存在。整体上看，该图不仅将喀木西南地区的山川、城镇、村庄、河流、渡口一一标出，也对当地寺庙、四至界线及民族分布等情况有着明确的标识，较为直观地反映了《喀木西南志略》中不少文字记载的内容，甚至反映了一些用文字难以清楚表达的内容，既更清楚地反映当地多方面的情况，又与文字记载互为补充。若我们将该图与段鹏瑞所绘《闷空全境舆图》《杂瑜全境舆图》和《桑昂曲宗大江西面舆图》等图对照，则可以对 20 世纪初喀木西南地区历史地理情况有一个整体的把握和了解。因此，《喀木西南图略》的存在，使《喀木西南志略》更具资料价值。

其次，该志中对喀木西南地区的山川地理、村落人口、寺院分布、民族宗教、风俗习惯、道路里程、经济社会状况等多方面情况均有介绍。程凤翔在该志序言中称："名公巨卿来西藏者，罔不各手一编，以志熙朝之

---

① 吴丰培辑：《川藏游踪汇编》，第 467 页。
② 吴丰培辑：《川藏游踪汇编》，第 467 页。

盛"，然"独于喀木西南、怒江以外，悉以为野人而遗之，实为掌故之阙典"。在《汇志事实》之"地利类"中，亦写道："藏卫记地诸书，惟详于前后藏及诸路之冲，而僻再一偏者，恒苦于繁不及备而遗之。喀木西南则偏之又偏者也。……左贡、桑昂曲宗所属之地，纵横千有余里，阙而弗及。"李介然在为《喀木西南志略》所作《序》中也有类似的一段话："惟怒江以外，龙川之间，志乘阙如，等于瓯脱，幅员广莫，未载宝书。固为筹边所向隅，抑亦掌故之缺限〔陷〕。"从这些记载来看，程凤翔等人注意到了清代西藏方志数量虽多但主要在卫藏，而今察隅县一带记载阙如，编撰《喀木西南志略》正是为了填补这一遗憾，以之作为施政之参考及供他人之采择。应该说，《喀木西南志略》达到了其编撰的目的，无疑是了解 20 世纪初喀木西南地区地理社会与历史现状各方面情况的非常珍贵的地方志资料。

最后，《喀木西南志略》记载了程凤翔部在杂瑜地区"插立国旗，以阻英人前进"① 的历史事实，揭露了英人在喀木西南一带的侵略行径，是我国在喀木西南地区行使管辖权的有力证明。其中，《喀木西南纪程》中记载了程凤翔部竖大清国旗的具体位置和"竖龙旗于溪上，以示国界"的历史事实；附记《杂瑜边外风俗》中，对英人入侵的时间、经过、行为及影响均有非常详细的记载，饱含着作者对喀木西南一带所面临的边疆危机的忧虑。如，该志在记录英人入侵阿子纳的情况时称："先世本崇佛教，工藏文，常□佛经，输贡入藏。乾嘉以后，西人入境，改奉洋教，习洋文，正朔亦用西历，佛教浸灭，至今交涉，已无人能识藏文矣。"若将《喀木西南志略》中的记载与《赵尔丰川边奏牍》《清末川滇边务档案史料》及刘赞廷藏稿等著作中收录的资料相对照，则可进一步丰富我国于 20 世纪初在喀木西南地区防御外敌侵略、维护国家领土完整的有关文献资料。

作为一种著作形式，地方志的编修在我国具有悠久的历史，并成为我国民族文化发展中一个优良的传统。作为我国传统的著作形式，地方志的

---

① 吴丰培：《吴丰培边事题跋集》，新疆人民出版社 1998 年版，第 111 页。

记载内容十分广泛，单就这点而言，可以说没有一种著作可以与它相比。上自天文，下至地理、山川水利、物产资源、典章沿革、贡赋徭役、风俗习惯、各位人物、宗教寺院、科举学校、艺文著作、经济发展、天灾人祸、奇闻轶事，无所不有。① 《喀木西南志略》是在参引大量史志文献基础上，依据亲身经历及调研资料撰写而成，其中所记涉及喀木西南地区民族文化、经济与商贸往来、人口社会状况、交通地理、维护国家权益等诸多方面的情况，直到今天仍具有极为重要的资料价值和现实参考价值。

---

① 仓修良：《方志学通论》，华东师范大学出版社 2014 年版，第 15 页。

二 《喀木西南志略》中的民族文化资料及其价值

在《喀木西南志略》中，作者通过所绘制的舆图和大量的文字描述对喀木西南地区的民族状况、宗教习俗、民族交流交往情况进行了较为详细的记载，这些记载是我们了解 20 世纪初喀木西南地区民族文化状况非常珍贵的历史资料，也是自古以来各民族群众交流交往交融的实证，具有重要的参考价值和现实意义。

（一）有关当地民族状况的记载

在《喀木西南图略》中，作者根据沿途考察和调查访谈资料，比较详细地标明了喀木西南及周边地区的民族分布状况。仔细观察该图可以发现，图中不仅标注了喀木西南地区的民族分布情况，还将川滇等周边地区的民族分布也清晰地呈现了出来。在以舆图标注的同时，《喀木西南志略》在文字记载中对当地及周边地区的民族状况也有详细的描述。

根据《喀木西南纪程》的记载，作者在宣统二年（1910 年）二月十四日至喀木西南的杂瑜地区，对这一带的地理位置及民族分布状况进行了较为详细的调查。兹将相关记载简列于下：

1. 杂瑜，隶藏卫极边，实为西南门户，分上下两区。上杂瑜沿罗楚河两岸，袤长七站，西接倮㑩界，北接波密界，西北接妥巴界。

2. 下杂瑜在二水汇流之间，沿江下行四站，有压必曲龚溪自西北来会。溪之东南为倮㑩属地，竖龙旗于溪上，以示国界。

3. 杂瑜、倮㑩两族交界，层隔大山。

4. 擦□坝者，闷空夷民也，尚商贾，常运货入杂以易黄连、麝香，转售阿墩子。

通过上述记载，我们可以对喀木西南及周边地区的民族分布状况有一个大致的了解。在此基础上，作者在《喀木西南群说辨异》《汇志事实》两部分又对当地的民族状况做了较为详细的介绍。

《喀木西南群说辨异》所述虽主要是喀木西南地区的山川地理情况，但因其所记不仅广征博引，而且使用了大量的沿途经历与调查走访资料，厘清了此前文献记载中的一些错讹、不清之处，为我们认识当地的民族分布情况提供了重要的信息。试举几例：

1. 岂知珞瑜部落仅及槟榔江之西，迤东而至龙川江两岸，尚有妥巴、倮㑩、阿子纳各部族，历来志乘所不载，黄氏或未之闻。观其附近，怒江有俅夷、怒夷，时与外人相通。

2. 今据倮民称，由龙川江西岸，逾直巴之山，八站有倮㑩七八十家，架板为屋，聚族而居，尚耕作织倮绸，即藏番所谓藏绸者是也，人民殷富，为倮㑩西境最大村落。

3. 怒江至闷空之明贾以下入云南维西徼外，两岸始有怒夷，以上皆是藏番、俅夷一种。又在怒夷之西南，距怒江已远，至珞瑜一种，尚在槟榔江之西。槟、怒之间尚有龙川巨江。杂瑜以上千余里，右源一支，两岸皆是藏番，左源一支亦经八雪之域而入上杂瑜，西山外乃有妥巴、倮㑩两种。至下杂瑜，二水会流，名绰多穆楚河，至压必曲聋出杂瑜界，两岸皆是倮㑩。下流四百余里，两岸皆是阿子纳，又经俅夷境入腾越界，并无珞瑜野番杂处于中。查倮㑩、妥巴、阿子纳数种，常与杂民互市，并非若珞瑜之攫人而食者，且折巴西南八站尚有倮㑩七、八十家之大村，又能务耕作织倮绸，此外则未有居民是俅倮，妥巴、阿子纳又非不耕不织、巢居野处者。

如果将上述记载与《汇志事实》中"地利类"开篇有关这一区域的地理范围、具体方位及四至交界等相关内容结合起来观察，可以使我们对当地的民族状况有一个较为全面的认识和理解。"地利类"是这样记载的："杂瑜，维度偏京师西南，距四川省治西南四千四百一十五里，为古牦牛徼外域。左贡、桑昂曲宗所属境地均在喀木西南，东至澜沧与盐井、江卡交界，西至龙川江之西与俅倮交界，北至冷卡与八雪交界，南至压必曲龚与俅倮交界，东北至邦达与察木多交界，东南至明贾与云南徼外之怒夷、俅夷交界，西北至阿公山与波密、妥巴交界，西南至博阿堂直巴与俅倮交界，东西相距一千三百余里，南北相距一千七百余里。"如此一来，《喀木西南志略》中有关民族状况的记载既有舆图标识，还有具体描述和方位记载，可谓十分全面和具体。

另外，《喀木西南志略》中对当地及周边地区民族的相貌特征等也有着较为详细的记载。例如，《汇志事实》附记《杂瑜边外风俗》在记载今闷空一带的僜人及某些珞巴支系居民的分布状况时称："俅倮之南，曰阿子纳。其部落在槟榔、龙川两江之间。其人短小而翘捷，眼深、鼻高、额长、面黑，性情颖悟。"从这些文字，我们可以对他们的相貌、身高、肤色及性格等有所了解。

（二）有关当地民族习俗的记载

《喀木西南志略》的第三部分内容为《汇志事实》，其下又设"天时类""地利类""人事类""物产类""附记：杂瑜边外风俗"等篇目。其中的"人事类"及"附记：杂瑜边外风俗"是专门记载喀木西南及周边地区风俗情况的篇目，涉及这些地区的婚姻丧葬、饮食习俗、房屋建筑、穿戴服饰及交往礼仪等多方面的情况。

一是对当地婚姻、丧葬习俗的记载。通过《喀木西南志略》中的记载，我们注意到，该书的作者体察到了喀木西南地区不同区域之间在婚姻、丧葬之礼方面存在的异同之处，也发现了当地婚姻、丧葬习俗与西藏其他地区之间存在的巨大差异。正因如此，作者在记载中较多地采用了比较性言辞来进行叙述。在这些比较性叙述中，作者或将喀木西南与西藏其他地区进行比较，或对喀木西南地区的不同区域之间进行相互比较。

在婚姻习俗的差异上，根据文中所记的具体内容来看，喀木西南地区的左贡、闷空、桑昂一带的婚姻习俗"与西藏略同"；怒西迤至杂瑜等地，"与藏礼迥殊"，与西藏其他地区"有迥不相侔之俗"；杂瑜边外，"其俗未有婚嫁，男女相悦则誓以终身，女必从一而终。如既匹配而又与人私通，其夫知觉则刀其女而弃其尸"。同时，是书中还对喀木西南不同地区的婚姻习俗有着较为详细的记载。以杂瑜等地为例，文中是这样记载的："其议婚之法，子女之父母各皆不能操其权。男至十六七岁以后，欣慕某女欲求为妻，不待父母之命，即自负一月或半月口粮潜往女家，伏于其宅之左右，阴伺女出，浼与苟合，粮尽始归，两情既惬，女始以情白其父母以待聘，男归即遍招亲友、族党，约以某日娶某女为妇，请往伙助。届期，亲友、族党各执棍棒，蜂至女家，女之父母佯为抵抗，新妇则潜伏邃室，俯首不语，持械者燃炬入室，肆行搜索，如劫掠状，得女或背负而行，或拥夺以归，迨夫妇伉俪既笃，女之父母馈送谷粟、田地以助食资。"

至于葬俗，《喀木西南志略》中记载："藏已异于中国，而杂瑜葬法又不同于西藏"；杂瑜边外"人死之后，不诵佛经，不卜葬法，不论亲疏老幼，概委弃于沟壑"。该志在依据王我师《藏炉述异记》对西藏葬俗进行介绍的基础上，以"按"的方式对杂瑜等地的独特葬俗进行了详细记载。具体来看，是书中称当地虽无天葬之法，但存在水葬、火葬、地葬、槁葬等数种，并从他者的角度出发给予了评价，称其中的"槁葬"之法"殆与委弃无异"，"令人见之不胜惊骇"。

二是对当地饮食习惯的记载。从其所记来看，当地的饮食不仅与西藏其他地区存在一定的差异，而且喀木西南不同区域之间也有一些殊异之处。具体来说："西藏饮食首重糌粑、牛羊肉、奶子、奶渣、酥油等物，然贵贱食品皆以茶为主，以茶煎至极浓，投以酥油，搅以糌粑而食之。饮食不用长箸，无论僧俗、男女、老幼，皆以手掬。盛以木碗，食毕，不事洗涤，舐以舌而纳诸怀。怒江以东，糌粑皆以青稞炒熟为之；其西，则有以黄豆、黄粱为糌粑者。杂龚一带，产羊巴，元小而色黑，炒代糌粑，面细味芳，远近僧俗常趋购以供食品。自此以下至杂瑜，则以粲米为饔飧，惟不解释叟蒸浮之术。其制米之法，恒以手碓舂谷，皮脱过半，就风倾倒，扬去秕糠，漂以水而不淘汰，其饭食之粗粝，不堪言状。杂瑜多野生椿树，夷民常掇芽为蔬，但不解烹调耳。藏民以青稞酿酒，味淡而微酸者名'呛'，亦有烧酒而水气较重，不如内地之甘烈。怒江以西，间有以黄粱酿酒者。上下杂瑜之酒，则以谷酿之。其最佳者为米酒，其色黄，其味酸而微甘，颇近渝酒，惜曲劣工拙而□分稍低。"

三是对当地房屋建筑风格及建筑技艺的记载。从其记载来看，喀木西南一带的建筑风格差异较大。扎宜一带，"多有排架编泥土坊，白色状，如傅粉，然皆用乎，顶上作稼场"。左贡地方，多用草盖房。桑昂、杂瑜等处，"无论官寨、僧寺、民房，皆以木板盖之，颇似瓦房规模"。其建筑方法也很简单且随意，"其地未有木工，老幼居民各带腰刀，凡有工作鸠众庀材，不事绳墨，不用锯凿，但以刀斧斫削，视其平正而用之"；其取板之法，"亦不用踞〔锯〕，但估计其料之长短，斩之，复以刀斧砍劈，木以块就势塞开，不计倾斜，厚不过寸，即以盖板，厚过一倍者，则为装板，上下中边皆不引绳着墨，惟谛视大概，削高就洼而用之。种种造法，罔不拙陋，然皆贫民所为，而富家巨室亦常于境外雇工建造，其宅内之装修，亦甚光华"。与上述地方不同的是，杂瑜边外地方建筑更为简单，下保俣建筑以竹为主，"富者伐竹，竖架劈竹为盖，编棘茨以为壁，贫者则以竹为架，上覆树枝而已"；中、上保俣，"皆伐木，在其上覆树枝以蔽霜露"。

四是对当地节气时令的记载。根据《喀木西南志略·汇志事实》之"天时类"的记载，当地的时令虽与内地不同，但与西藏其他地方一致，"不识天干，但以地支属类相纪年，也以十二月为岁，其支属纪年如鼠年、牛年、兔年，亦有闰月"。经过仔细比对，我们发现，《喀木西南志略》

中有关时令的内容与清代西藏地方志著作《西藏志》中的记载基本一致，显系采撷了《西藏志》中的材料，并根据当地的情况进行了细微的调整。①

五是对当地节庆活动的记载。有关记载主要在《汇志事实》之"天时类"之中，作者观察到当地的节庆活动"与内地悬殊"。具体来看，《喀木西南志略》中主要介绍了当地年节、岁节及跳神等节庆及相应的庆祝活动。例如，对于年节的时间，书中记载："十二月为大建，则以元日为年节，十二月为小建，则以初二日为年节。"年节时"其俗并无庆贺，惟于高阜竖立长杆，或挂五色布及嘛件□旌于上，次年元日换之，以志岁节"。对于跳神，书中称："惟黄教喇嘛亦如藏俗，跳神逐鬼，有方相□，司傩遗竟，远近男女皆于是日盛饰骈肩，观若堵墙，群聚歌饮，扶醉而归，以度岁节。"

另外，《喀木西南志略》中还对当地服饰、礼仪有着较多的记载。以《杂瑜边外风俗》篇为例，其中涉及当地民众的服饰穿戴、与人交往等多方面的情况。在装束方面，其称当地"男女皆挽朝天髻，耳穿大孔，富者中含铜圈，贫者中含竹管，逐宽约七八分。冬春天寒，男子上身各以毯子或藏绸一尺，缠裹两肩，被胸及背，下体或围皮张，或以滥毯子、滥藏绸围其臀股。夏秋天暖，则裸体暴肤，不沾缕布，但以麻布围臀股而已，妇女亦以麻布毯子等物束身，并不缝纫"。其"与人交接，无论尊卑，并无揖□拜跪之礼，立者立，坐者坐。遍身蚊毒噬咬结痂，如疥如癣，两手爬搔，未尝休息。其烟筒或持手内，或纳口中，怒则去，喜则笑，喜极则跳午〔舞〕、喧哦，受赐亦不拜谢，唯以踊跃哗笑酬之"。凡此种种，不再详列。

（三）对于当地宗教信仰及寺庙分布情况的记载

该地方志对当地的宗教信仰和寺庙分布情况有着较为详细的介绍。据

① 《西藏研究》编辑部：《西藏志·卫藏通志》，第21—23页。

其记载，喀木西南一带以信仰藏传佛教中的宁玛派和格鲁派为主，但也存在本教信仰。另外，《汇志事实》之《杂瑜边外风俗》中称："乾嘉以后，西人入境，改奉洋教。"通过这一记载可以发现，英人入侵亦对当地的宗教信仰产生了一定的影响。

在《喀木西南纪程》中，作者对沿途的宗教情况着墨颇多，其中又以对寺庙的记载最为丰富。经过统计我们发现，书中提到的寺庙有 10 座之多，专门记载的也有 4 座。例如，宣统元年（1909 年）十二月初八日，作者行至腊翁寺时，就该寺的地理位置、建筑规模及现状有着较为详细的介绍。其称："齐西螺旋而上，百余盘始至腊翁寺，寺内大诏一所，僧舍六十八院。光绪三十二年（1906 年）冬，该寺胡都克图之弟巴拉染江弗共〔贡〕，奉檄讨之，三旬而平。腊翁僧房从此为防营驻扎之所。寺右下行十余里，过小溪桥，又十余里，越浅原，逾小溪，即中村。"初十日，行至地村时，作者对当地的宗教信仰也有关注，其称："地村在敖楚河北岸，居民萃处坝中。江西一山，奇峰瘦削，高插云表，经年积雪如银。土人呼为雪山太子，岁往朝之。山阴产竹，大不盈握，朝山者皆持竹归祀诸厨，以志朝山之实。谓之曰神竹，亦可见信佛之一端也。"十七日至左贡，作者专设《附记》一篇，对左贡寺进行了详细介绍，其中记载："左贡寺，横跨岭表，敖楚河自南流入，折西转东南而下，回抱岭脚。又有小溪自寺东山沟萦纡环绕，至岭南会于河。该寺僧舍三百余院，由岭腹层构至顶，寺后紧靠番官寨，沿居佃户二十余家，散处百姓十余家。俯瞰襟带，高踞屏藩，金汤磐石，未足过之。河西越山一百二十里，至色朱卡，为入桑昂曲宗小道。"

（四）对于当地语言文字使用情况的记载

《喀木西南志略》对当地的语言文字使用情况非常关注。总体来看，有关记载主要分为以下几种情况。

一是对当地语言文字使用情况的记载。其中，在《汇志事实》下之

"人事类"条目中，作者专门对喀木西南地区语言文字的使用情况进行了说明，其中载：

> 西藏自古迄今，即有语言，惟方言则不免互相歧异。若执旧语以通四方，殊多滞空。缘近边夷，民率□外部语言，同为地脚话，以其素相往来渐渍而至，非故与藏音相□也。盐井方言，则近麽些。闷空方言，则近俅怒。杂瑜方言，则近倮倮。且倮倮又分三种，在杂瑜西北者为上倮倮，在杂瑜正西者为中倮倮，在杂瑜西南者为下倮倮。三种风气不同，语言亦异，故上下杂瑜，地不过数百里，各有方言，庞杂难辨。即土著之民，非素操商业，遍历各部者，亦难猝辨其语言。亦有所谓官话者，即藏中划一之语，其命名指事，固相去不远，而声音之清浊、习俗之移易，相杂为言，犹非樛执藏语者，所能尽通其意义。

从这段文字可以看出，当地语言文字的使用情况非常复杂，可谓"各有方言，庞杂难辨"。作者以其亲身经历发现，由于当地民族构成复杂，交往交流非常密切，但一些地方的语言与藏语差异较大。当地大部分地区虽多使用藏语，但地脚话、方言种类繁多，"若执旧语以通四方，殊多滞空"。具体来看，盐井地区的方言与"麽些"相近；闷空方言，则近俅怒；杂瑜方言，则近倮倮。不仅如此，虽同为倮倮，但因"三种风气不同，语言亦异"。

二是对当地常用语词进行词汇分类、标注读音。作者虽然未设专门的语言篇目，但用同音汉字记录了当地一些常用的语言词汇。在《喀木西南志略》的第三部分《汇志事实》之《附记：杂瑜边外风俗》中，作者以同音汉字记录了120个当地常用的词汇，并标注了汉文含义。例如，当地人所谓的"墨可"，即天之意；"卜一"，即地；"顶朗"，即日；"朗照"，即月；"姑姑纳"，即鸡；"姑苏拉"，即豚；"门踏"，即羊；"可洛"，即房。我们将《喀木西南志略》中记载的这些当地常用语言与藏文语音进行对照，并请精通藏文的人加以辨识后发现，这些发音与藏文发音及含义并不一致。不过，《喀木西南志略》中对当地语言的记录方式，吸纳和继承了我国地方志对边疆民族地区语言文字的记录方式，而这一方式则"参考借鉴了古人对生僻字的注音方法"，采用直音法记录当地语言文字，虽然并不是科学的方法，所收词汇量亦不大，也未涉及语法，但与同时代出现的其他边疆民族地区地方志一样，实际上反映并代表了清代边疆民族地区地方志的发展，因而具有十分重要的意义。[①]

三是注意到了英印入侵对当地语言文字的影响。在《杂瑜边外风俗》中记载："俅倮之南，曰阿子纳。其部落在槟榔、龙川两江之间。其人短小而翘捷，眼深、鼻高、额长、面黑，性情颖悟。先世本崇佛教，工藏文，常□佛经，输贡入藏。乾嘉以后，西人入境，改奉洋教，习洋文，正朔亦用西历，佛教浸灭，至今交涉，已无人能识藏文矣，而语言又与洋人迥异。"这里的俅倮，指的是桑昂曲宗、杂瑜、闷空一带的僜人及某些珞巴支系。[②] 可见，英人在喀木西南地区的侵略行径对这些地区的语言文字之使用产生了一定的影响。

四是注意到了部分地区"未有文字"，交流"全凭口说"的状况。在《杂瑜边外风俗》中，作者称："杂瑜以南，皆是俅倮，其地广而荒，其民蠢而悍，其俗□而野。俅倮分上、中、下三种，性情各别，言语不通"，故"俅倮之属，未有文字，内外交涉，皆凭口说，银钱货币，以木卦斫印记之"。从这一记载来看，闷空等地的一些僜人部落及某些珞巴支系在20世纪初尚无文字。

（五）民族文化资料记载的重要价值

通过前面的梳理可以发现，《喀木西南志略》中的民族文化资料非常

---

① 参见赵心愚《清代藏汉文化接触日趋频繁的反映与见证——乾隆〈卫藏图识〉对藏语资料的收集、整理与研究》，《西南民族大学学报》（人文社会科学版）2020 年第 9 期。
② 任乃强、任新建：《清代川边康藏史料辑注》，第 18 页。

丰富，特点非常突出。这些记载既涵盖了民族分布、文化习俗、宗教寺庙、语言文字等诸多方面的情况，而且民族特色和地域特征鲜明。在叙述中，因作者系自中原进入当地之人，故比较频繁地使用了比较性言辞，这些比较式论述的优点是显而易见的，可以使读者更容易和清晰地了解当地风土人情，但从表述方式和用词上看，则带有"我优彼劣"的倾向和偏见。而且，这一倾向遍存于该地方志之中，带有一定的歧视色彩。尤其值得重视的是，这些资料主要来自作者沿途之经历和调查采访，可信度高，对于我们了解 20 世纪初当地的民族分布、民族状况以及这一带百余年来的民族发展演变有着非常重要的参考价值，对于当地的民族交往交流及族际关系研究也具有重要的意义。

三 《喀木西南志略》中的经济资料及其价值

如果我们仔细翻阅《喀木西南志略》可以发现，该地方志中对于喀木西南地区的物产、经济状况及当地商贸往来情况的记载非常丰富。这些经济类资料既蕴含和体现了作者对当地经济状况的关注之情和发展当地经济的一种责任感，同时也具有重要的资料价值。

（一）对于当地物产状况有着非常详细的记载

作为一方之志的地方志著作，有关当地物产情况的记载是其中的重要内容，《喀木西南志略》亦是如此。从分布上看，这些记载主要集中在《喀木西南纪程》和《汇志事实》中的"物产类"之中。

由于《喀木西南纪程》的记载系以时间为主线，以叙述沿途山川地理、道路交通、社会政治及经历见闻为主，故有关物产的记载较少，专门叙述的主要有两处。宣统元年（1909 年）十二月十九日，作者行至工巴村，其记曰："又二十里至工巴村，气候温和，物产蕃昌，惟葡萄最盛，藤逾合抱，岁输入藏以充碗料。林木畅蔚，胥胡桃、梨、桃等类，人民殷富。由吞多至工巴，计程八十里。气候之寒燠，判若冬夏，地势之高下，无殊南北，工巴实西南陬区也。"在这里，作者将工巴村的气候环境、物产进行了大致说明，既简单明了，又非常清晰。宣统二年（1910 年）二月十四日，到达下杂瑜后，作者对这一带的物产情况也有简单的介绍。从其所记来看，杂瑜等地多产黄连、獐和米。其米又分红、白两种，由于土质交叉、不足以施肥等原因，以致"费种多而收成少"，道旁野生兰草、芭蕉、海棠、椿树、桑树、漆树等。

两相比较，《喀木西南纪程》中有关物产的记载以行程为线索，内容较少且比较分散和随意，而《汇志事实》之"物产类"中的记载则更为全面和详细。从其记载来看，当地"物产之富，莫此为盛"。具体来看，"物产类"中对当地物产情况的叙述大致分为以下三类。

一是种植、养殖类。根据其中记载，喀木西南一带既有农区，也有牧区，物产丰富，人民殷富。农业以稻谷、青稞、黄粱、大麦、小麦、荞子等物为主，但不同区域差异较大，物产又有所不同。在牧业方面，则以牛羊为主，一些村寨"专务游牧，不事耕作，牛马以万计，羊以数万计"，相应地，"其地土产以牛毛、羊毛、毯子、酥油为大宗，又有羔羊皮为该处出口之货"。

二是植物、矿产类。据作者观察，当地"其树则有松柏、桑漆、橡柳、白杨，耐冬，条达畅茂，翁郁成林，合抱输囷之材无地无之；其野生果品，则有桃李、林□。野生花卉，则有牡丹、海棠、兰草，又有椿树、蒲草、蕨芽、薤百、卷耳香、菌木耳等物"。作者认为，喀木西南虽"植物、矿产随地有之，惜夷民不知取用，或用之而不能尽其材"。一些地方"多野生桑树，而民不知养蚕"；有的地方"多野生漆树，而民不知割汁"；一些地区"产竹大逾拱把，可以制器，而民以为神竹，护惜不用"；有的"山间丛生小竹，可以造纸，而民不知取材，废业不顾"。矿产方面，以煤矿业、银矿为主，但亦无人开发利用。

三是特色资源类。喀木西南具有独特的资源禀赋，这一带物产丰富，特产繁多。盐井地区产盐，在《喀木西南纪程》中，作者从盐的种类、制盐过程、盐田分布、盐楼类型及盐业收益等方面对盐井的盐业进行了专门、详细的介绍。此外，作者还介绍了当地盛产的黄连、麝香、牛毛、羊毛、毯子、酥油等特色资源。

在记载当地物产状况时，《喀木西南志略》还注意到了气候差异导致的物产变化。例如，《汇志事实》的"天时类"中称：喀木西南地区"气候之寒燠，则以地势之高下而殊。近山多寒，近川多燠，随地而殊，所以有十里不同天之说"。同时记载："若闷空、欧墨、工巴等处，气候温和，春暮麦熟，较内地刈获尚早"；"杂瑜旱粮年种二季"；"怒江一带气候亦与杂瑜相去不远，其地独不宜谷，近山一带，地脉凝寒，年收旱粮一季，春夏始种稞麦，秋冬乃能成熟"；"怒江自明贾以下，气候犹热，亦多种谷"。

（二）对于当地与周边地区经贸往来的记载

在《喀木西南志略》中，有关经济交往、商贸往来的记载非常丰富，涉及内容多，信息量大，是我们了解 20 世纪初期喀木西南地区与周边地区交往交流状况的重要资料。在《喀木西南纪程》中，作者认为，杂瑜地理位置尤为重要，虽"隶藏卫极边，实为西南门户"，紧接着专门介绍了杂瑜一带的商贸情况。其称：

> 杂瑜、倮㑩两族交界，层隔大山，多产黄连，夷民于夏秋之间锄之，以易食用之品。又产獐，夷以绳捕之，取麝待售。其黄连以倮产为佳，亦负往杂瑜交易。擦□坝者，闷空夷民也，尚商贾，常运货入杂以易黄连、麝香，转售阿墩子。故连、香为杂瑜大宗，滇商多艳称之，而不识其地之所在。

从此段记载来看，杂瑜一带物产丰富，其产颇受云南商人青睐，当地民众与周边民族之间的往来交流也十分频繁，经济交往形式多样。在交易物品上，或以黄连等物产换取食用物品，或猎獐以取麝待售。在交易方式上，或由其他地区的民众将当地特产负往杂瑜交易，或由专门从事商贾之人运货至杂瑜交易后转售至阿墩子等地，再销往其他地区。

在《汇志事实》之"物产类"中，有关经贸往来的记载更加丰富和翔实。从所记来看，察洼冈一带生产牛、马、羊，当地人将羔羊皮作为出口之货，远近之人则携带糌粑、食盐、茶叶等前往察洼冈与之交易；当地牧民，除以所获物产换取食物外，亦常运货出境进行交易。闷空之民尚耕、尚牧，并重商务。总的来看，喀木西南地区出口之货，以杂瑜之米为大宗，其次则在黍稷、荞麦、菽粱等物，每岁出口辄数千驼；又有黄连、麝香，有产自本地者，有来自倮倮者，均输往云南。上述为当地输出之物产。输入之货则主要有"倮倮之黄连、麝香、藏绸，四川之茶叶，云南之铜铁器具，察木多之毯子、红盐等物"。

　　与此同时，《喀木西南志略》中还记录了当地经济活动中存在的竞争行为。由其所称"近来夷民用盐，知盐井所产者佳，故又多用井盐，而察盐之销渐窒"的现象可以看出，因"所产者佳"之故，井盐在当时逐渐取代察盐成为喀木西南地区民众的主要用盐。另外，《喀木西南志略》中对当地商人也有介绍。其称："惜其地僻在极边，华商隔绝，从古未经人到，其所往来者，不过倮倮、擦龙巴、八雪、波密、察木多夷商而已。"并认为："倘风气渐开，华商踵至，商业之发达自不难蒸蒸日上矣。"

（三）《喀木西南志略》中经济资料的重要价值

　　从《喀木西南志略》的记载来看，程凤翔等人进驻当地期间注意到当地资源丰富，民殷物繁，故虽地处极偏，但经济交往和商贸往来却非常繁荣。也正因如此，《喀木西南志略》中得以保存大量当地经济状况方面的资料，这也是我国地方志中第一次如此详细、全面地记载这一地区的经贸往来情况。因此，《喀木西南志略》中的这些记载，对于我们认识和了解这些地区早期的经济生活样态、商业贸易状况等均具有非常重要的价值和意义。

　　尤其值得一提的是，《喀木西南志略》的作者在《汇志事实》的附录《杂瑜边外风俗》中还对这一地区与外国人之间进行经济往来与商贸交易的情况有所介绍。从其所记内容来看，《喀木西南志略》中首先记录了英国殖民者在我国喀木西南边境地区擅自设关的侵略行径，以及当地民众与外国势力在关口处发生的冲突事件。其中，对于设关时间，《喀木西南志略》载曰:"光绪初年,洋人设关于俅、阿交界之间,置兵七人,于此稽查出入商民。"同时,对于双方之间发生的冲突,作者从事件发生的缘由、过程及结果等方面进行了非常详细的记载,是非常重要的历史资料。另外,通过《杂瑜边外风俗》中有关记载可以发现,当时喀木西南地区对外交易的物品以黄连、麝香、叶烟、藏绸、烟筒为主,当地民众主要用这些物产"出洋关以易洋货",而"易回之洋货,亦常负至杂瑜以易盐茶"。

总体来看,《喀木西南志略》中有关记载非常详细,生动形象,是我们了解 20 世纪初喀木西南地区对外交往的重要历史资料,同时也有力揭露了英人在我国西南边境地区的侵略行径。

四　《喀木西南志略》中的人口社会资料及其价值

人口数量与分布情况是衡量一个地区发展状况的重要因素，生产生活、人际交往及社会治理等因素则是考察这一地区发展状况的重要指标。《喀木西南志略》中有关人口社会状况的记载，也反映了20世纪初喀木西南地区的社会发展状况，是研究其时西南边疆民族地区基层社会治理和经济社会发展史的重要参考。

（一）《喀木西南志略》中的人口资料

《喀木西南志略》中对于喀木西南地区人口状况的记载较为丰富。总体来看，这些记载既有对不同区域人口数量、人口分布情况的介绍，也有对居住环境及生存状况的描述，是了解20世纪初喀木西南地区人口状况非常重要的地方志资料。

在《喀木西南纪程》中，作者便对沿途部分地区的人口状况有非常多的介绍。如作者行至萨村时，称该村"沿沟村民七八家"；至左贡时，称左贡寺"僧舍三百余院，由岭腹层构至顶，寺后紧靠番官寨，沿居佃户二十余家，散处百姓十余家"。同时，作者对沿途的居民、村落还有一些概要性的介绍，如从桑昂曲宗出发后，称："沿江两岸下行，路皆奇险，并无居民。约百里，东岸即骠马村。地土膏腴，人民殷富，惟大道原在西岸。"继续下行过竹注后称："仍沿东岸下行，间有人户，惟居民无多，村不过三数家。过望鹊桥，即拿拖桑巴。峭壁凌空，缘岩凿径，中有断堑。土人架木于上，以为偏桥。幸不甚长，尚不觉其可畏。"
《喀木西南纪程》中详略兼及、宏观与微观并重的记述特点，使我们能
够对作者途经各地的人口状况有一个基本的认识与了解。

不仅如此，《汇志事实》中的"物产类"一目虽然主要记录当地的物
产情况，但也对喀木西南地区的人口情况着墨较多。据其记载，察洼冈分
上、中、下三区，管辖六十八村。其中，上察洼冈五村二百余户，男女丁
口九百有奇；中察洼冈、下察洼冈两处之民，尚耕兼牧，共辖六十三村，
九百七十余户，男女丁口四千有奇。闷空地区共辖二十八村，五百四十余
家，僧俗男女丁口二千九百有奇。明贾一村，居民一百七十余家。惟桑昂
曲宗所属，除闷空二十八村不计外，尚有九十五村，户口一千五百一十余
家，僧俗男女丁口六千零五十有奇。

（二）《喀木西南志略》对当地社会状况的记载

总体来看，《喀木西南志略》对当地社会状况的记载大致可以分为西
藏地方政府管理和川滇边务大臣管辖这两个时期。雍正四年（1727 年），
清廷通过行政划界的方式确定了西藏、四川、云南等省区之间的行政分
界，同时将喀木西南地区交由西藏地方政府管理。宣统年间，程凤翔部奉
赵尔丰之命进驻喀木西南地区，并将这一带纳入清中央政府直接管理之
下，继而在当地发展经济，"划区分司"，将"桑昂曲宗改为科麦县、杂
瑜改为察隅县、妥坝改为归化州、原梯龚拉改为原梯县、木牛甲卜改为木
牛县丞"①。从《喀木西南志略》的记载，我们可以对喀木西南地区社会
状况在前后两个阶段的发展变化情况有所了解。

其在《喀木西南纪程》中记冷卡官寨时，对当地旧的管理体制、官员
派属、差事粮税等记载颇详。其称："冷卡官寨，高踞岭表，倚山临水，
襟带屏藩，路无两歧，而又皆怪石嵯峨，绝人攀跻。该寨控扼冲要，地居
上游，金汤盘石，未足过之。刻'丸泥关'三字于寨右，以志其险。向有

---

① 四川省民族研究所编：《清末川滇边务档案史料》（下），中华书局 1989 年版，第 835—836 页。

协廒一员，管辖十九村，本桑昂曲宗地面，协廒又归江卡派委，百姓粮税，岁输两次，故疲于征役，仍不免叩门追呼。夷规之陋，于此可见。缘冷卡官寨乃江卡番官莽噶特已所建别墅，向来协廒皆三年一换，独现任协廒系莽噶特已私人，历任八年，民苦其虐，侧目抉怨而不敢言。"如此之记载，可以使我们对作者途经之地的社会状况有一个比较清晰的了解。

在《汇志事实》的"物产类"中，作者明确记载了程凤翔部在当地改土归流、建官分治的情况。其称："以上各地，现已改土归流，建官设治。闷空及下察洼冈地面，则划归盐井，中察洼冈地面，则划归江卡，上察洼冈地面，则仍归察木多。载册征粮，各有专案，不烦赘。""惟桑昂曲宗所属，除闷空二十八村不计外……水旱籽种一万一千八百六十余克，折合官斗，年收青稞、荞子、莜麦、黍粱、羊巴等旱粮一千二百零九石三斗有奇，水田谷子年收粮一百四十石零一斗有奇，又收牛马羊税银八十余两。此皆额定之财政也。"

五　《喀木西南志略》中的地理交通资料及其价值

地方志，是记录某一区域内的政治、经济、军事、文化、天文、地理、自然资源诸方面情况的综合性文献，故区域内交通程站、山川地理等方面的情况历来受到地方志编撰者们的重视。《喀木西南志略》中的交通、地理资料异常丰富，涵盖了当地的交通状况、程站里数、山川地理及河流分布等多方面的内容，对于我们了解 20 世纪初期喀木西南地区交通及时人对这一带交通地理情况的认知状况提供了非常宝贵的历史资料。

（一）对于当地交通状况的记载

在《喀木西南志略》中，有关当地道路状况、距离远近、四至交通情况的记载不胜枚举，这也是我国地方志中首次如此详细地记载喀木西南地区交通状况，既有开创性也具重要的历史资料价值。试举三例。

1. 《喀木西南纪程》：逾格拉山，陡险亦如多拉，惟树皆合抱，至顶亦层阴蔽日。山阴路平坦，约二十里入香柏林。又十余里至惹麦村，居民悉在半山。下山逾小溪，沿沟而进，户口殷繁。上小岭即觉马寺，该寺横跨岭表，三面俯瞰敖楚（河）。逾岭北行，二十余里至一大村落。逾山东行，为入江卡大道。沿江上行，为入札夷大道。自是龙塍□□，烟火连村，风景无殊内地。又二十余里，过敖楚河大桥，即札夷寺。计程约一百二十里。

2.《喀木西南纪程》：沿东岸行五里至窝穰。番官向设税卡于此，以收出入货厘。至倮桑洒巴桥，逾西行至车盖渣，亦依岩架板为偏桥，长仅七八丈，下不甚高，行者尚无恐惧。又逾拓桑岭桥而东下，至忙多甲穰偏桥，长约二十余丈。其地峭壁横空，夷民以铁椿凿岩，曲铁为钩，倒攫桥梁，上覆木板，俯视江流奔腾，高数百仞，实畏途也。又十余里，罗楚河自西北来会。至下杂瑜。计程一百四十里。

3.《汇志事实·地理类》：至于倮俉域内之险，又非左贡、桑昂所及。由上杂瑜之直巳村西南逾山，一站至徒令噶，二站至抄底，三站至协耸，四站至门公，五站至东珠，六站至纳哟咱，七站至总贡，尚有路可行。

（二）对于当地程站、关口设置情况的记载

《喀木西南志略》是目前所知最早记载喀木西南地区的地方志著作，其中的《诸路程站》则是地方志中有关当地程站的专门记载。程凤翔部进驻喀木西南地区后，根据治理需要在当地设置了诸多驿站，这些驿站与《喀木西南志略》中所记程站是基本一致的。从其内容来看，这部分实际上是清代地方志中普遍设置的程站类篇目，主要记载了从杂瑜出发至巴塘、察木多、倮俉、波密及从桑昂曲宗至波密的程站里数、途中驿站情况。

《汇志事实》之"地利类"中，对当地的关口设置、地利形势之记载同样非常详细。其曰："至于冲要之区，皆有碉堡，土人称为官寨。左贡设营官二，同驻中察洼冈；协敖二，一驻邦达，一驻札夷。桑昂曲宗设营官二，同驻塌巴寺；协敖四，一驻冷卡，一驻俄拉，一驻杂瑜，一驻闷空；古噪二，一驻色不，一驻色墨。以上碉堡广处或高踞岭表，或俯跨江干，依山临水，均足以控扼其要害。又于杂龚设有卡隘，以征出入厘税。至于左贡之一道桥、二道桥、三道桥，杂瑜之拓桑岭、忙多、甲穰等偏桥，均以一当万之要隘。地利之坚，形势之固，炉边数千里，诚未有如喀

木西南之可恃者也。"

另外，《喀木西南志略》在记载沿途程站和关口情况时还对英人在我国边境地区的活动情况有所记载，是揭露 20 世纪初甚至更早时期英人对我国固有领土的觊觎之心和侵略行径的重要历史资料。例如，其中称："至于倮倮域内之险，又非左贡、桑昂所及。由上杂瑜之直已村西南逾山，一站至徒令噶，二站至抄底，三站至协聋，四站至门公，五站至东珠，六站至纳哟咱，七站至总贡，尚有路可行。又西南行十八站，洋人于二十年前设关于此，不知是何地方。倮倮至其地贸易者甚多，皆不知其地为何名。"

（三）对于当地山川地理、河流分布情况的详细辨析及记载

在《喀木西南志略》中，作者专门设置了《喀木西南群说辨异》这一专篇。从内容上看，此部分系专门记述当地山川地理和河流分布情况的篇目，这在地方志中较为少见。《喀木西南群说辨异》虽仅 7000 余字，但征引文献达到 20 种以上，诸如《禹贡》《经书辨疑录》《黑水辨》《新唐书·吐蕃传》《元史》《五代史·吐蕃》《云南志》《大明一统志》《卫藏图识》《大清一统志》《西藏志》《西域闻见录》《海国图志》《云南通志》《西藏图考》《西辑日记》《西徼水道》以及《唐蕃会盟碑》等史籍、地理书、方志、纪程日记、碑刻资料，均多次出现，有的段落甚至是在直接引用大量原文的基础上适当阐述自己的观点。如果将《喀木西南群说辨异》与黄真元著《黑水考》、嘉庆《大清一统志》、黄楙材著《西徼水道》等著作进行比较就会发现，《喀木西南志略》作者在撰写中则主要参考了这些著作中有关喀木西南地区山脉水系方面的论述。难能可贵的是，《喀木西南志略》作者不仅在实地考察和参考大量资料的基础上，辩驳了旧有文献中有关喀木西南一带山川河流记载的模糊不清及错讹之处，而且还厘清了喀木西南地区的河流分布及地理状况，是 20 世纪初期喀木西南地区山川分布、河流源流与走向非常详细、准确的资料。《喀木西南群说辨异》

后来被吴丰培先生辑入《喀木西南纪程》之中，吴先生在介绍该部分内容时称："其《群说辨异》中，对于黄楙材及黄沛翘所记该地形势，讥其方位不当、考述多误，因该二人均未身履其地，固不如此书目击之谈为可信。"①

　　除《喀木西南群说辨异》外，《喀木西南志略》中有关当地山川地理、河流分布情况的记载还很多。例如，《喀木西南纪程》所记："杂瑜，隶藏卫极边，实为西南门户，分上下两区。上杂瑜沿罗楚河两岸，袤长七站，西接倮倮界，北接波密界，西北接妥巴界。扪楚河自东北来会，名绰多穆楚河。下杂瑜在二水汇流之间，沿江下行四站，有压必曲龚溪自西北来会。"再如，《汇志事实》之"地利类"称："其巨川则有澜沧江、怒江、龙川江诸水环绕其间，均足为察洼、左贡、桑昂曲宗全境襟带。澜沧江，在左贡东四百余里，江之东为乍丫、江卡、盐井诸治所地方，江之西即左贡地面。怒江，在桑昂曲宗东四百余里，为桑左两属全境分界之所。龙川江，横贯杂瑜，环绕桑昂西南三面，江面广阔未有桥梁，但凭悬渡急溜奔泷，不任舟筏，实有不能飞渡之险。"此类记载甚多，足见《喀木西南志略》的编撰者们对当地交通地理状况的重视程度。

---

① 吴丰培辑：《川藏游踪汇编》，第 467 页。

六 《喀木西南志略》中的国家观及其当代价值

国家观这个概念在我国的产生与发展，是晚清"因应外来殖民危机的情况下，由知识精英从日本和欧美现代国家引入，经由中国革命而生根发芽"①。虽然国家观概念出现的时间较晚，但历史文献中对国家观的记载与书写很早就已出现，且非常丰富。《喀木西南志略》是清朝末年成书的一部地方志著作，其中不仅记载了清朝中央政府在当地进行区划设置和行政管辖的具体情况，而且还记载了清末英人在我国西南边疆地区的侵略行径及当地各族人民同仇敌忾反抗侵略的历史事实。这些记载，正是国家观与国家认同意识在《喀木西南志略》中的具体体现。

（一）记载了我国在喀木西南地区进行区划设置与行政管辖的具体情况

行政区划是一个现代的名称，但并不是一个现代的概念。《中国大百科全书》对行政区划是这样定义的："为国家行政机关实行分级管理而进行的区域划分。"在这一定义的基础上，周振鹤先生对行政区划一词作出了更为详细的阐释："行政区划就是国家对于行政区域的分划。行政区域的分划是在既定的政治目的与行政管理需要的指导下，遵循相关的法律法规，建立在一定的自然与人文地理基础之上，并充分考虑历史渊源、人口

---

① 赵锋：《儒家伦理、国家民族观与权威认同的危机》，《中国社会心理学评论》第 12 辑，社会科学文献出版社 2017 年版，第 161 页。

密度、经济条件、民族分布、文化背景等各种因素的情况下进行的，其结果是在国土上建立起一个由若干层级、不等幅员的行政区域所组成的体系。"① 可见，行政区划的本义是指划分行政区域的行为与过程，但也有行政区域的含义。在任何一个国家，为了行政管理的便利性，必须要将其国土划分为有层级的区域，这些区域就是行政区域，简称为行政区或政区。

雍正四年（1726 年），清廷通过行政划界的方式确定了西藏、四川、云南等省区之间的行政分界，同时将喀木西南地区交由西藏地方政府管理。到了清朝末年至民国初年，中央政府在西藏地区又实施了一次大的行政区划调整行为。1904 年巴塘事件发生后，赵尔丰奉命平乱。1906 年，巴塘之乱平定后，清政府任命赵尔丰为督办川滇边务大臣，开始在川边推行改土归流，遂"将巴塘改为巴安县，盐井改为盐井县，三坝改为三坝厅，乡城改为定乡县，同属于巴安府；理塘改为理化州，稻坝改为稻城县，贡嘎岭设县丞，同属于理化州；中渡改为河口县，打箭炉改为康定府，以河口县隶之；设炉安盐茶道，统辖新设各府州县"②。1909 年，赵尔丰又将察木多、乍丫、恩达、硕般多、洛隆宗、边坝及藏北三十九族地方收隶川滇边务大臣管辖，设县管理，及至民国初年才又有所延续和调整。程凤翔在喀木西南地区实施的区划设置是此次清末行政区划调整的一部分。宣统年间，程凤翔部奉赵尔丰之命进驻喀木西南地区并将这一带纳入清中央政府直接管理之下，继而在当地发展经济，"划区分司"，将"桑昂曲宗改为科麦县、杂瑜改为察隅县、妥坝改为归化州、原梯龚拉改为原梯县、木牛甲卜改为木牛县丞"③。

对于程凤翔在喀木西南地区改土归流和进行区划设置的情况，《喀木西南志略》有着非常详细且具体的记载。在《汇志事实》的"物产类"条目中，作者即详细记载了对当地各个地区进行分区设置的具体情况，其

---

① 周振鹤：《中国行政区划通史·总论》，复旦大学出版社 2009 年版，第 8 页。

② 吴丰培编：《赵尔丰川边奏牍》，四川民族出版社 1984 年版，第 22 页。

③ 四川省民族研究所编：《清末川滇边务档案史料》（下），第 835—836 页。

中，喀木西南地区的"闷空及下察洼冈地面，则划归盐井；中察洼冈地面，则划归江卡；上察洼冈地面，则仍归察木多"。同时，《喀木西南志略》特别强调在这些地区划区设置的同时，还实施了有效的行政管辖，"载册征粮，各有专案"，其中除闷空二十八村外，桑昂曲宗管辖区域"水旱籽种一万一千八百六十余克，折合官斗，年收青稞、荞子、菽麦、黍粱、羊巴等旱粮一千二百零九石三斗有奇，水田谷子年收粮一百四十石零一斗有奇，又收牛马羊税银八十余两。此皆额定之财政也"。

国家对行政区划进行调整与变更的内容与方式很多，有建制方面的，如置、废、并、省或升降格，还有管辖范围的伸缩、行政分界的改划、行政中心的变迁、隶属关系的变化及政区名称的变动等。国家的职能之一就是用区域划分国民，行政区划就是这样的区域。这一职能与行为，无论中外自古皆存在，因此行政区划的概念自古就已产生，诸如我国历史上的郡县、行省实质上正是行政区划行为的结果，只是在中国古代没有行政区划这个名称而已。从政治学的角度看，行政区划又是中央与地方之间发生行政关系的产物，行政区划的变迁往往是政治过程造成的，也就是说，政治的需要往往是行政区划变迁的重要原因。①

《喀木西南志略》所记载的行政区划，设官分治，派遣任命地方官员；划区设置，征收赋税；设置驿站，加强边防等记载，正是清末中央政府在喀木西南地区进行区划设置和开展行政管辖的具体体现，而这也正是我国政府在行政区域内行使管辖权及进行有效治理的充分体现。《喀木西南志略》中的有关记载，真实记录了我国在西南边疆地区行使有效管辖的历史事实。此后成书的《察隅县图志》《科麦县图志》等府县志类型的地方志著作，其所记地域与清末民初在喀木西南地区设置的察隅县和科麦县相对应，所载资料也是我国在喀木西南地区行使管辖权的历史依据。因此，它们已不仅仅是一部部地方志，更是我国在西南边疆地区拥有绝对主权地位的重要历史依据，既可以为维护我国主权利益提供充分的文字记载和历史依据，也是西南边疆民族地区自古以来各民族交往交流交融、共同守护祖

---

① 周振鹤：《中国行政区划通史·总论》，第7—14页。

国边疆的历史见证，对于在新时代稳边固防、促进民族团结和铸牢中华民族共同体意识具有重要的现实价值和政治价值。

（二）记载了清末英人在我国西南边疆的侵略行径及包括藏族在内的各族人民同仇敌忾反抗侵略的历史事实

值得注意的是，《喀木西南志略》中蕴藏着丰富的抵御外辱、反抗侵略的伟大精神。在《汇志事实》的"地利类"条目中，记载了英人在喀木西南地区设关的情况。其称："由上杂瑜之直已村西南逾山，一站至徒令噶，二站至抄底，三站至协聋，四站至门公，五站至东珠，六站至纳哟咱，七站至总贡，尚有路可行。又西南行十八站，洋人于二十年前设关于此。"附记《杂瑜边外风俗》的记载进一步丰富了英人设关情况的记载，其中称："光绪初年，洋人设关于倮、阿交界之间，置兵七人，于此稽查出入商民。倮境出产以黄连、麝香为大宗，常出洋关以易洋货。"从此段记载来看，英人觊觎我国西南边疆地区已久，在程凤翔部进驻喀木西南地区 20 年前，已擅自在我国西南边疆地区设置关卡并试图控制我国西南边境地区的商业贸易与对外往来联系。

我们注意到，在揭露英人侵略行径的同时，《喀木西南志略》还记载了程凤翔部在杂瑜地区"插立国旗，以阻英人前进"①的历史事实，这些记载是我国历史上在这些地区行使管辖权的有力证明。在该志的《喀木西南纪程》中，作者记载了程凤翔部竖大清国旗的具体位置和"竖龙旗于溪上，以示国界"的历史事实。从《喀木西南志略》的记载中，我们也能感受到作者对喀木西南一带所面临的边疆危机的忧虑以及英人侵略带来的危害。如，附记《杂瑜边外风俗》中记英人入侵阿子纳的情况时称："先世本崇佛教，工藏文，常□佛经，输贡入藏。乾嘉以后，西人入境，改奉洋教，习洋文，正朔亦用西历，佛教浸灭，至今交涉，已无人能识藏文矣。"若将《喀木西南志略》中的记载与《赵尔丰川边奏牍》《清末川滇

---

① 吴丰培：《吴丰培边事题跋集》，第 111 页。

边务档案史料》及刘赞廷藏稿等著作中收录的资料相对照，则可进一步丰富我们对于 20 世纪初在喀木西南地区防御外敌侵略、维护国家领土完整的有关认识。

（三）《喀木西南志略》记载中体现出的国家观念及其当代价值

《喀木西南志略》的编修不仅使用了大批藏、汉、满、蒙古等文字记载的原始档案、官方文书和历史典籍，还吸收了大量的调查访谈与口述资料，是非常珍贵的历史文献资源。尤为重要的是，《喀木西南志略》中蕴含着编修者们及其时代丰富的国家观，记录了中央政府在喀木西南地区进行有效管辖、巩固边防和维护国家领土完整的历史事实，而这正是《喀木西南志略》中国家观与国家认同意识的真实体现。这些保存在《喀木西南志略》中的珍贵资料，既可以为维护我国主权利益提供充分的文字记载和历史依据，也是西藏自古以来各民族交往交流交融、共同守护祖国边疆的历史见证，对于新时代在各族群众中铸牢中华民族共同体意识具有重要的作用。

不过，要发挥《喀木西南志略》等边疆民族地区地方志著作在当代的重要现实价值，还存在一些亟待解决的实际困难。以西藏地方志为例。目前，收藏西藏地方志的国内外单位虽有数十家，但无专门的收藏机构和馆（室）；部分单位馆藏书目与实际馆藏之间存在不小的出入；有些单位收藏的善本、孤本破损老化严重，管理、保存状况堪忧；很多单位开放度小甚至不对外开放，给研究利用造成了极大困难。因此，建议由相关部门统一组织，科学规划，建立专门的收藏馆（室），集中开展调查搜集、清理整理、收藏保护与研究利用工作。另外，还可考虑依据《喀木西南志略》等地方志的记载，在全国大中小学校爱国主义教材及乡土教材、地方历史与文化读本中增加各族群众在边疆地区巡边固防、反抗西方势力侵略的相关内容，教育引导各族青少年树立正确的国家观、民族观、文化观和历史观，引导各族群众不断增强对伟大祖国、中华民族、中华文化、中国共产党、中国特色社会主义的认同，广泛发动和引导各族群众自觉维护祖国统一，构筑维护民族团结和边疆地区安全稳定、爱国护疆的铜墙铁壁，发挥《喀木西南志略》等一大批边疆民族地区地方志资料在铸牢中华民族共同体意识中的当代价值。

第四部分

程凤翔年谱简编

程凤翔，字梧冈，山东聊城人，生卒年不详。1905 年，凤全在巴塘被杀，时任建昌道道员赵尔丰奉命平乱，随即在康藏地区推行改土归流。程凤翔以武童投军，初为赵尔丰之厨师，虽不通文墨，却甚为机智豪爽，勇猛善战，战功卓越，迅速成为赵尔丰的左膀右臂，是赵尔丰经略康藏地区最为倚重的战将之一。目前所知有关程凤翔的文字记载极少，且均与其在康藏地区的经历、事迹有关。兹根据有关资料简编于下。

光绪三十一年（1905 年）三月，驻藏帮办大臣凤全及随员 50 余人在巴塘被杀，造成近代康藏史上震惊中外的"巴塘事变"。事变发生后，清廷令提督马维骐、建昌道道员赵尔丰率兵进剿，程凤翔随赵尔丰进入康藏地区。

光绪三十一年六月，巴塘之乱平定。巴塘之乱时，理塘土司逃亡稻城，与乡城桑披寺喇嘛会合后继续作乱。招抚未果后，赵尔丰随即遣兵往剿，程凤翔在奉调之列。

光绪三十二年（1906 年）春，乡城之乱平定。乡城改为定乡县，全县分设上乡城、中乡城、下乡城，称为"三乡五路"，共辖大小 77 个村寨。是役，程凤翔尤为出力，战功卓著，由五品军功免补把总，以千总尽先补用，并赏戴蓝翎。

光绪三十二年秋，清廷任命赵尔丰为川滇边务大臣。由川滇边务大臣管辖的康藏地区由此成为与云南、四川及西藏并列的省级行政单位，清政府在川滇边务大臣辖区的改土归流由此全面展开。

光绪三十二年十二月，程凤翔奉命率军平息"盐井腊翁寺之乱"，即"腊翁寺事件"。

光绪三十三年（1907 年）正月，因在平定盐井腊翁寺之乱中"尤为异常出力"，程凤翔由后营管带候补千总免补守备，以都司尽先补用。

光绪三十四年（1908 年），清廷任命赵尔丰为驻藏大臣，兼川滇边务大臣。赵尔丰随即出发前往西藏，并一路推进改土归流，遭到西藏地方政府及达赖喇嘛的强烈抵制。

光绪三十四年二月，西藏地方向赵尔丰控告程凤翔在平定腊翁寺叛乱后擅自进驻西藏地区。赵尔丰虽未正式回复西藏官吏，但是因知晓西藏官吏的抵制态度，随即将程凤翔调回盐井。

光绪三十四年十月初二日，西藏地方再次要求赵尔丰惩办程凤翔。宣统元年（1909 年）正月十四，赵尔丰拟文答复西藏地方并咨驻藏大臣，称："此次程营官所到之处皆系抚恤，并未滋扰，亦未收粮，更无捉去满康协廒之事。"希望西藏地方僧俗官吏"深明大义，勿去疑虑，勿听谣言，勿辞〔乱〕思想，勿胡作为，平心思想，降气以受教，持正以行事，安分以求福"。

光绪三十四年十一月，刘赞廷奉命率队前往盐井与程凤翔会合。十六日，刘赞廷从驻地邦木塘出发，十九日抵达盐井见到程凤翔。这也是刘赞廷与程凤翔的初次见面。刘在后来的著作中对程凤翔评价颇高，称其虽不通文墨但为"彬彬一丈夫"，且"甚为明达"和"感为慷慨"，同时还描述了程凤翔嗜酒的特点，称其"豪量，对饮五十余杯，不失常态"。

光绪三十四年冬，藏兵据驻冷诸寺，程凤翔部在札宜驻扎防御。据刘赞廷后来所记，时统领为罗长裿，密令曰"生获尤妙"，乃为草书。程凤翔以行体读之，竟误为"生猎火烧"。于是夜间用油堵门引燃，死伤无数。是役虽取胜，究出于误解。后达赖喇嘛在北京呈控一夜烧杀千余人。程凤翔"但此一战，威震西南"。

宣统元年（1909 年）初，在西藏地方的强烈抵制下，清朝最终解除了赵尔丰的驻藏大臣职务，改令赵尔丰专任川滇边务大臣一职，继续在康藏地区推进改土归流，并加强对这一带的治理和经营。

宣统元年（1909 年）十月二十一日，程凤翔令帮带夏正兴率领前哨进驻闷空，至二十九日，进驻吞多，并在吞多与藏兵发生激烈冲突，生擒甲本名宜喜大吉。后因程凤翔怒杀宜喜大吉，误传以人肉下酒，藏人惧之，称曰"白扒本布"，即食人肉之官。

宣统元年初，赵尔丰遣部平定德格之乱。驻于盐井的程凤翔奉命增兵德格，并在是役中出力甚多。同年十月，都司程凤翔因表现突出，得以免补游击，以参将尽先补用，并赏戴花翎。

宣统元年底，程凤翔奉赵尔丰令率兵由盐井西进，经扎宜、吞多、毕士、闷空等地，在腊翁寺与藏兵发生冲突，最终获胜并生擒腊翁寺堪布德林。为阻止程凤翔继续深入，西藏地方一面派一僧官驻桑昂曲宗，调集民兵驻扎防堵；一面向清廷及赵尔丰控告程凤翔。

宣统元年十一月二十九日，程凤翔率部由扎宜开拔南下，于次年元旦在慈竹渡渡口筏渡，横渡怒江进入桑昂曲宗界。

宣统二年（1910年）二月初九日，程凤翔率部进驻杂瑜，积极勘察地界，开展地方治理，加强对这一带的管理力度，同时调查外国人到喀木西南地区活动的情况，并竖清朝国旗黄龙旗于压必曲龚溪上，以示国界，维护了我国在西南边疆地区的主权地位。

宣统二年二月，进驻左贡、桑昂曲宗、杂瑜期间，程凤翔积极改良技术、发展当地经济和促进当地社会发展，清廷因其功绩突出，以总兵仍留原省补用，并赏加提督衔。

宣统二年，为维护主权，阻止西方侵略势力进窥我国西南边疆地区，程凤翔部进驻桑昂曲宗。在程凤翔的大力支持下，段鹏瑞奉命由盐井前往藏东南、藏南一带勘查，并绘制这一地区地图。三月，段鹏瑞在闷空调查后行抵杂瑜与程凤翔会面。二十七日，前往压必曲龚一带，四月中旬至下杂瑜。调查之后，段瑞鹏共绘制舆图三幅，即《闷空全境舆图》《杂瑜全境舆图》《桑昂曲宗大江西面舆图》，三图皆有文字说明，即《图说》，涉及今察隅一带的历史、地理、交通、经济、物产、民族、民俗、宗教等，是研究西藏东南部历史的重要一手资料。

宣统二年（1910年）五月初七日，程凤翔积极改良舂米技术，修成水碓以开通风气。惟碓尚是木臼，不若石臼之涩，易于成熟。但就安碓地势，揆诸杂瑜一带，安碓之地，随处皆有。

宣统二年十二月，赵尔丰示谕科麦等地头人百姓订定地方章程，将桑昂曲宗改为科麦县，杂瑜改为察隅县，妥坝改为归化州，原梯龚拉改为原梯县，木牛甲卜改为木牛县丞。以后百姓上纳粮税，词讼案件，皆由所管县官管理。凡以前支应杂差，概行罢免。

宣统三年（1911 年）四月，程凤翔组织编撰的《喀木西南志略》成书。全书 21000 多字，由李介然《序》、程凤翔《自序》、《喀木西南图略》、《喀木西南纪程》、《喀木西南群说辨异》、《汇志事实》等部分构成。该志不仅是清代西藏方志中极为罕见的府县志，也是目前发现的最早一部专记喀木西南地区和清代唯一一部记我国西藏边境地区的地方志著作，可谓西藏地方志发展中的一项重要成果，具有重要的地位和现实价值。

宣统三年六月，波密生乱，清廷以凤山为督办，分五路进兵，以新军前营管带彭日升为第一路，西军中营管带顾品章、帮带刘赞廷为第二路，西军左营管带夏正兴为第三路，新军管带程凤翔为第四路，凤山自携新军中营为第五路。

宣统三年闰六月十七日，程凤翔攻克波密松宗达心寺，波密之乱基本平定。是晚，刘赞廷部抵达松宗寺，程凤翔招之便酌，以温久别之意。不久，后营管带尽先副将程凤翔因平定波密有功，以总兵记兵简放。

宣统三年七月一日，当保路运动风起云涌之下，赵尔丰向傅嵩炑商调程凤翔一营进省，以增其势。其时，程凤翔正率部在波密平乱。

宣统三年（1911 年）八月十七日，刘赞廷接程凤翔函称，其将奉调赴内地驻防，并言八宿不可久驻，希望刘赞廷设法率部东移。

宣统三年九月，川滇边务大臣傅嵩炑因四川铁路风潮，调程凤翔、夏正兴进驻雅州，以备应援。边军在雅安、大相岭一带被保路同志军击败，傅嵩炑被执，程凤翔则不知所踪。

1911 年 10 月 10 日，武昌起义爆发。11 月 22 日和 25 日，成都召开四川官绅代表大会，宣布脱离北京政府独立，成立大汉四川军政府。12 月 22 日，赵尔丰被处决于成都贡院。根据刘赞廷的记载，程凤翔在民国元年（1912 年）引去，后又历任北洋政府总统府侍从武官，大总统曹锟曾派其前往江西烧制瓷器，程凤翔嗜酒，烧制"程瓷"十窑。

此后有关程凤翔的记载阙如。

第五部分

程凤翔案牍选编

一 平定腊翁、冷诸之乱

1. 程凤翔禀请追腊翁寺叛僧电①

四川总督部堂赵。申密。恩宪钧鉴：前呈三函，谅邀钧览。查腊翁寺首逆德林，逃至距盐井西北之札夷、左贡一带，勾结藏番，欲攻盐井，百姓闻之，惊恐不安。拟乘此一鼓作气，率队前往拿办。如其投诚，即安之，否者兜剿，一动〔劳〕永逸。此机万不可失。如蒙俞允，请令左营两哨暂住盐井，标下即率全营前往严缉，万不敢骚扰地方百姓。再，毕土原为盐井所辖之地。合并声明。谨电呈。请训遵行。标下程凤翔叩。阳。

附：赵尔丰复程凤翔电

巴塘转盐井程管带。申密电悉。腊翁喇嘛逃扎夷，宜先派本地熟悉头人往抚，如其不就，再率队拿办，务慎。沿途稳扎稳进，无事（亦）如临大敌，不可冒险。严令士卒，不准稍有滋扰百姓。用兵之道，全在运筹，不能事事遥度。随时具报可也。护督，咸。

2. 西藏官吏第一次致赵尔丰控告程凤翔禀（译件）②

西藏大小番官员弁、僧俗百姓等，今于钦命驻藏大臣兼边务大臣台前具公禀事。

窃官弁等前奉驻藏大臣联吩咐："光绪三十四年（1908年）二月初四日，准礼部咨：大皇上今年特派尚书衔驻藏大臣兼川滇边务大臣赵，统管

---

① 任乃强、任新建编：《清末川边（康藏）史料辑注》，巴蜀书社2018年版，第331页。
② 任乃强、任新建编：《清末川边（康藏）史料辑注》，第333—334页。

边务、藏务一切事宜，尔等各宜凛遵。将来赵大臣来藏之时，所有应支、应办各事，尔等仍照从前办理，毋得意外猜疑。"等语。奉谕之下，自应遵照办理。旋准打箭炉以上各寺院及各处头人百姓等通禀前来，云："从前乡城桑披、巴塘丁林两寺无端被毁。……各处僧人等，闻知此事，四方逃窜不少。又兼盐井程大老爷，名凤翔者，来藏属地方，糟蹋僧俗百姓，尤为过甚，并未将达赖喇嘛视为大皇上敕封之境为重。达赖喇嘛蒙大皇上仁恩，厚待有年，并赐执照、玉玺为凭。程凤翔不惟不肯尊敬，竟有万般凌辱，又无端将达赖喇嘛属下之腊翁寺烧毁，寺内物抢去，并将无罪喇嘛杀之。又将百姓房屋烧毁二十余家，抢去粮食一千余克，以及二十余家内货物、银钱，值二千余金之谱。勒令百姓投诚。先收军火枪刀十八件及收粮额二千伍百克，差银三百余两。所用乌拉，均要百姓支应。程大（老）爷谕云：'所有北京以上、西藏以下各差，尔等无须支应，只供我用而已。若论所辖，不只尔地一处，连廓尔喀都在我们属下。'又将达赖喇嘛派来支应上下往来汉夷差事之察洼冈及左贡土千户、麻康协廒二人提去，将达赖喇嘛所属地方、驻藏钦差世管百姓夺去。"似此看来，不惟不尊敬达赖喇嘛，并不尊敬钦差大臣，连大皇上都是不尊敬的。无故滋扰，喇嘛、百姓等无法住居，竟逃往白马冈、波密、倮儸等处地方，十成中去了一成了。百姓正在思念达赖喇嘛久未回藏，偏又遇着汉官如此乱为，不像从前样子，且所定章程，无端滋扰，只得将此情形禀请钦（差）……

3. 西藏官吏第二次致赵尔丰请惩办程凤翔禀①

西藏大小番官员弁、僧俗百姓等，今于钦命驻藏大臣兼边务大臣赵台前具公禀事。

窃官弁等前奉驻藏大臣联吩谕："光绪三十四年（1908 年）二月初四日，准礼部咨，大皇上今年特派尚书衔驻藏大臣兼川滇边务大臣赵统管边务、藏务一切事宜，尔等各宜凛遵。将来赵大臣来藏之时，所有应支、应办各事，尔等仍照从前办理，毋得意外猜疑。"等语。奉谕之下，自应遵

---

① 任乃强、任新建编：《清末川边（康藏）史料辑注》，第 339—342 页。

照办理。旋准打箭炉以上各寺院及各处头人百姓等通禀前来，云："以前乡城桑披、巴塘丁林两寺无端被毁，寺内铜佛供器等概行改铸铜元，经书抛弃厕内，佛前绫罗缎帕均被军人缠脚，僧俗等被杀良多，并未定出罪名，竟被剿戮。各处僧俗人等，闻知此举，四方逃窜者亦竟不少。又兼盐井程大老爷，名程凤翔者，来藏属地方，糟蹋僧俗百姓，尤为过甚，并未将达赖喇嘛视为大皇上敕封之境为重。达赖喇嘛蒙大皇上仁恩，厚待有年，并赐执照、玉玺为凭。程凤翔不惟不肯尊敬，竟有万般凌辱，又无端将达赖喇嘛属下之腊翁寺烧毁，寺内物件抢去，兼将无罪喇嘛杀之。又将百姓房屋烧毁二十余家，抢去粮食一千余克，以及二十余家内货、银钱，值二千余金之谱。勒令百姓投诚。先收军火枪刀十八件，暨收粮麦二千伍百克，差银三百余两。所用乌拉，均要百姓支应。程大老爷谕云：'所有北京以上、西藏以下各差，尔等毋用支应，只供我用而已。若论所辖，不只尔地一处，连廓尔喀都在我们属下。'又将达赖喇嘛派来支应上下往来汉夷差事之察洼冈及左贡土千户、麻康协廒二人捉去，将达赖所属地方、驻藏钦差所管百姓夺去。"似此看来，不惟不尊敬达赖喇嘛，并不尊敬钦差大臣，连大皇上都是不尊敬的。无故滋扰，喇嘛、百姓等无法住居，竟逃往白马冈、波密、傈僳等处地方，十成中去了一成了。百姓正在思念达赖喇嘛久未回藏，偏又遇着汉官如此乱为，不像从前样子，且所定章程，无端滋扰，只得将此情形，禀请钦差大臣联奏明大皇上知道，连禀数次未见回示，不得已，才自行派人进京，奏明大皇上在案。所派之人，现驻京地，前次又由驻藏大臣联发来赵大臣告示云："所带三营，不过欲办警察，保护尔藏中百姓赵〔起〕见，所有三营兵费，均系由大皇上国库发给，并不滋扰百姓分厘。至丁林、桑披、腊翁等寺，虽遭剿办之罪，系由伊等妄行叛逆所取，并非无端受祸。所有藏中应兴应革一切事宜，本大臣自当切实举办，并不苛扰尔百姓分厘。尔百姓等亦不得妄听谣言，致生疑窦。"等语。

遵奉之下，听闻者尽皆悦服，不敢二心。随又据察洼、左贡僧俗百姓等禀称："程大老爷带兵，又向毕土寺去了。勒令该处僧俗百姓等纳粮。

如有不纳者，即言赵大臣不久便要来藏，定将尔等处办。"僧俗百姓等见此行为，殊与告示之言甚不符合，故尔又出一番猜想。当事人随即派令汉夷数人，径赴察洼、左贡查看。据称："前后禀中情形系属真情，并非虚禀。僧俗百姓等由是想来，恐有巴里塘、腊翁寺、察洼冈、左贡之祸。谣言四起，均言从此不得太平了。"又言："当事人等袖手不管。"且言："我们僧俗百姓等，自古以来全信我佛保佑，如果〔今〕多年，都是太太平平的。即以上年洋人入藏滋事而论，不过见我们佛教兴旺，他们妒嫉，致有一番滋扰，究竟把我们僧俗等莫可如何，依然去了。现在所虑者，惟有赵大臣威名远震，先声吓人，我们僧俗百姓等至今犹为胆怯的。将来赵大臣如果真要来藏，我们僧俗百姓等惟有大家远逃，各保性命为上。"又言："我们达赖喇嘛未在藏中，赵大臣不久又要举兵前来。以此看来，我们佛教从此定要败了，僧俗百姓等不得安然。"我们当事等，听闻此言，只得逃往外国。如果有此举，大皇上面前，也就过不去，势不能隐忍在心，恐滋将来大祸，只得据情转禀大臣台前，即大皇上台前我们当事等更不敢隐忍，总要连次设法奏明，再为遵办。伏乞钦差大臣总要怜念我们僧俗百姓等为祷。

再，该僧俗百姓等又云："赵大臣示内有言：所带三营系办警察，保护我们藏中百姓等起见。若谓练兵保护我们百姓，上年曾奉前驻藏大臣张吩谕，即就我们人内挑选精强者操练，便可以保护地方，抵御外人，我们百姓等也就遵谕练兵、学造枪炮器械等件，现在正在整顿。如果另要练兵保护我们百姓等，何不将练兵枪弹各项经费每年赏给我们百姓，便是极好的，大皇上如果讲求练兵一事，何必远方招募，我们本地也就保护了。"又言："不说那赵大臣统兵来藏，即来一员小官带领百十人所有应支一切，纵然发给官价，也就难以措办。盖固藏中前数年连遭兵患，又遇旱灾，所以粮食没有卖的。各处百姓连自己均没有吃的了。"且现在驻藏大臣以下，汉夷军民兵夫等所食之粮，均系由后藏、廓尔喀地方采运来的，也就很不够吃了。若赵大臣带兵又来，汉番军民百姓等定有枵腹缺食之苦。推其原故，又因历年驻藏大臣交替之时，人数有添无减，所以生齿日增，出产日少，以后总求汉人免来藏地，便是沾福了。

再有禀者：程大老爷所据腊翁寺银钱器具各物，及察洼、左贡百姓等银钱货物，一并恳请追究，赏还现在所派大小首人之手，并恳将程大老爷官兵一概调回原地，将他所作为事情彻底根究，立地正法，以息察洼、左贡、西藏僧俗首姓等公忿。若不追究撤办，诚恐将来出大事。再，程大老爷究竟不知怎样诬禀我们，我们不得而知，论他所行所为之事，例应照章惩办。迄今日久，何以未见惩办？我们百姓等虽与程大老爷不和，并没有丝毫违背大皇上之事。上有青天，以上所禀情形，并无半句虚言。无拘何地，均愿与伊质对。伏乞钦差大臣台前赏鉴施行，沾恩沾恩。

光绪三十四年十月初二日，格登池巴等具。

4. 赵尔丰答西藏官吏札[①]

为札谕事，照得宣统元年（1909年）正月十四日，据代理达赖喇嘛格登池巴专差呈递尔西藏大小番官员弁僧俗百姓等具呈公禀前来。本大臣披阅已悉。查此禀前已由驻藏大臣联咨送在案。本大臣正拟咨覆，并请转谕尔等，兹既据径禀前来，自应明白晓谕，祛尔蒙惑。

除本大臣前次示谕所（有）者，不复再行申谕，来禀所谓"打箭炉以上各寺院及各处头人百姓等通禀"一节，本大臣曾派人查问各寺院及头人百姓等，据云："并未与藏中通禀。"又据各寺院云："大兵并未伤害我等。桑披、丁林两寺，各有各罪，大皇上派兵讨伐与我等寺院无涉，何肯干预其事？又何背与藏中通禀？"各头人百姓则云："大兵自到巴、里革去两处土司，免去多少摊派苦差，我等皆蒙大皇上福庇，情愿归汉官管理，至桑披、丁林两寺，戕杀朝廷大臣将官，今大兵征讨，乃其应得之罪，且系寺院之事，与我头人百姓何涉？我等何甘具禀？且我皆大皇上与汉官百姓，又何能与藏中递禀？不知何人捏造，应请查办。除竹瓦寺红教喇嘛，因与乡城桑披寺有仇，引诱该处百姓逃走，此外小的等各处僧俗百姓并无逃走之事。"等语。

---

① 任乃强、任新建编：《清末川边（康藏）史料辑注》，第342—346页。

据各寺院头人百姓禀复之言，则所谓通禀者固多不实，即使实有此禀，打箭炉以上各地皆非藏中所辖，即有申诉，尔亦不应收受，嘱其向汉官禀告，方为正理。今尔等乃以无据之辞，妄诬本大臣毁寺多杀等事。尔等以耳代目，并不审察实在，随意诬控，此尔藏中惯技，亦不值与尔辩论。至谓"程营官烧毁腊翁寺，又将满康协廒捉去，扰尔藏地"云云。查腊翁寺屡次与汉兵为难，委员善劝不听，告示不遵。初尤（犹）小侵犯，文武各员皆含忍之，迨至前年腊底正初，渐形纵肆，忽将我两兵捆去，伤害性命，尸身无着。嗣见我兵仅只一哨，乃于夜间突率僧众百姓约兵千余，攻扑我营，意在我兵少力单，可以掩袭获胜，不意反为大兵所败。追抵寺前，彼等见势不支，放火而遁。程营官见首逆喇嘛潜逃，只带二十余人连夜追赶。该营官因带人无多，又皆系未经到过之蛮地，恐百姓惊骇阻滞，故到处皆以好言安抚百姓，令其投诚，并发护照、告示以安其心。其间措辞亦有失当之处，然不过大言恐吓百姓，俾不敢阻其去路而已，并非实行其事，空言亦何足道？所用乌拉，均系价雇，此亦何伤？迨经本大臣闻知，令赶紧退回，不准前追。该营官当即遵照，仍回盐井。随准联大臣咨，称"尔藏中面禀请饬程营官勿再前进"等情。当经咨复，"业已饬退、早经回防"各在案。其实此次程营官所到之处皆系抚恤，并未滋扰，亦未收粮，更无捉去满康协廒之事，该营官并未到满康地也。本大臣以为此后可以无事矣。

不意于前年四月间，尔藏中又派兵来。初则欲攻盐井，继见盐井有备，遂又攻大皇上所属之三岩，巴塘粮员止之，返〔反〕遭其辱詈，联大臣屡次谕止，置若罔闻。本大臣恐尔藏获罪朝廷，亦亟传谕止之，并谕以"三岩如有何过错，候本大臣到巴塘时，尔藏官前来申诉，必为秉公办理"。乃亦不遵，竟敢率兵直至三岩开战，杀伤三岩百姓不少。迨大皇上震怒，严旨勒令该番官回藏，仍敢不遵，竟逼三岩投诚，后复潜至左贡调兵，逼据毕土。又声言欲攻盐井，蛮民惊恐，纷纷搬迁，程营官不得不率兵前扎，以安民心，尔番官督兵自半山击之，遂成纷争。此程营官与尔藏第一次开兵之故也。

本大臣因念尔藏亦大皇上臣民，此次虽无礼，或由此带兵数人糊涂之故，藏中当不乏明白之人，且本大臣奉旨为驻藏大臣，只有与藏联合如家人，无听藏与程营官争战之理，而究其争战之由，皆因地界不清之故。因准咨商联大臣，饬尔商上速派明白妥实之员，不准带兵，只带一二随从，前来会同本大臣所委之员，秉公勘界。一面飞饬各营官及番官等皆不准擅自动兵开仗。候勘界员到来，妥为接待保护。一俟将巴藏疆域勘定以后，各守各界，永远相安，言归于好。不料尔藏新放瞻对番官，行至硕板多，即各处调兵。并先自带五百人不赴瞻对，而潜赴左贡。又复在彼调兵，拟俟兵齐集后攻打程营官。程营官因奉本大臣不准开仗之谕，遂派弁持函前往左贡，劝番官勿擅动兵。乃行至勋鲁地方，骤被蛮兵围困。该番官不惟不听劝导，督令蛮兵首先开枪，击死官兵二人。程营官闻信赶到，已成不解之势。此与尔藏二次开枪之故也。

试问：尔藏官若不调兵逼近盐井，安有两次攻战之事？若有不平之见，何不来本大臣处，或禀陈，或面诉，均无不可。本大臣身为朝廷大员，断无不秉公处办之理。且将赴藏驻扎，又岂怀私偏袒，使尔藏人心中不服，将来不以共事耶？乃尔等计不出此，动辄用强。且尔欲以兵攻人，人又谁肯束手待死。激而成战，此又势所必然。既至败刃伤亡，又欲归咎于人，人又安肯代执咎乎？本大臣因藏地相去太远，故为尔详谕。一切情形，本大臣皆平心之言，尔藏人亦当平心思之也。

至尔谓"程营官滋扰藏界，逼令左贡等处纳粮"。程营官当日实只欲百姓不相侵犯，纳粮本属空谈。尔试问察洼、左贡曾纳一颗粮否？程营官曾派兵勒收其粮否？该番官未调兵之前，程营官又曾再至其地否？此皆昭彰易察，绝不能隐瞒之事，若并未派兵勒收其粮，又并未再至其地，则仅一空言而已。且前年据营官禀报回防禀内有云："此次经过左贡等处，与该德墨色及喇嘛百姓相处甚好。"以其前后情形观之，毫无滋扰。左贡僧俗百姓又何至欲逃往（别）地方耶？此次尔藏中若不派兵，好好商办，早已了结，何有战争之事？又谓："程营官并不尊敬达赖喇嘛。所行所为即应惩办。"达赖喇嘛与程营官非所属，其尊之敬之，是其信心，固可听之。其不尊不敬，是其本分，亦岂强之？若谓兵至藏中属地，即为不尊敬达赖喇嘛，应当惩办。尔藏皆大皇上臣民，以臣民而侵犯君父属地，此非不尊敬大皇上而何？此非违背大皇上而何？似此者，又不知当如何加倍惩办？

总之藏中先来加兵，是即衅自尔开，大失道理。此事尔藏既已错误，惟有仍遵本大臣之谕，速派妥员前来勘界。或即令三大寺替身格登池巴前来会勘，以期早为了结，永远相安，亦无不可。本大臣已将程营严行申斥，不准再复动兵，尔等亦须严切嘱咐替身及番官等，切勿再乱调兵。务各安静，听候勘界。果能如此办理，以前之事，本大臣自当奏恳大皇上天恩，一概免究。若尔等仍不听从本大臣之言，必欲派兵遣将，则将来既蒙反叛之名，复受败亡之祸，殊非本大臣之所愿，尤为本大臣所不取也。至于本大臣之进止，悉遵大皇上圣旨而行，在本大臣且不自专，岂尔等所能阻遏。

若谓："恐有巴、里之祸。"尔等并无巴、里之罪，安有巴、里之祸？本大臣如有灭藏之心，岂肯仅带三营。况大皇上命本大臣驻藏，未令本大臣仇藏，且此次达赖朝觐之后，大皇上恩典隆厚，加封号，本大臣岂敢违大皇上之旨而与藏中为难，有是理乎？其实尔等亦非不知此理。不过疑本大臣到藏改易政治、有碍黄教，殊不知本大臣与黄教无仇，巴、里两塘黄教寺甚多，凡无罪者，本大臣加以保护，又何常改易之也，又何必改？政治之道，全不在是。不过处今日之世，不讲政治，即无以自立。政治何先，富强为首。是以不习黄教者须讲政治，习黄教者，亦须讲政治。分而言之，政治自政治，宗教自宗教。合而言之，宗教中不可无政治，政治中即不妨有宗教。斯为善传宗教者矣。此亦本大臣所欲与尔藏中函商共谋者也。尤愿尔等深明大义，勿去疑虑，勿听谣言，勿辞〔乱〕思想，勿胡作为，平心思想，降气以受教，持正以行事，安分以求福，此更本大臣所愿望于尔等者也。除咨驻藏大臣外，合行札谕。为此札仰西藏番官员弁僧俗百姓人等遵照。此札，勿违。切切此札。敬金原封发还。外原金一封左札西藏官员弁僧俗百姓等准此。

5. 致川督告程凤翔并无杀害百姓事①

二十一日肃上一禀，当可邀鉴。藏番禀求了息，电未能详。然禀辞亦背谬之语，仍不过言程凤翔不应出兵，应还其百姓、地土、财产等语，而其意则实只求还其地土而已。来人已微露其意，顷已札复，并饬王、董二令会勘界址。惟解人难索，王、董二令，皆无肆应之才，恐难办到恰好。即如该处从前实皆巴塘之地，久为藏人所侵，又无案卷可查，惟札夷、闷空两处，其协傲皆系巴塘人，当有此一线可争，曾以此告罗道，乃复电谓川藏向以宁静山为界云云，意谓其余尽藏地也。夫所谓宁静山为界者，指大路交界处而言，非自宁静山一线，截齐南北东西皆以此为界也。若果如该道所言，自宁静界线起，恐盐井尚须圈入藏地矣。内地州县大路，何尝不有界牌，而延袤之地，犬牙相错，互相出入，若尽指交界处为界线，则此线之地，尽为彼县所有矣。该道识见言论且如此，两令之措施，更可知矣，真令人急煞。平时一班充数，不便苛求，临事真令人有乏才之叹也。

再，冷诸寺即程凤翔、勋鲁开战之地，据来人云，并无勋鲁之名，只有冷诸，即战地也，自我兵撤还之后，从无一人到彼，藏兵仍扎此地，兹于藏番派来之人，饬令蛮子通事背后问其程凤翔打仗各事。彼云，冷诸系在山上一孤寺，附近并无村庄，亦无百姓受害之事。弟令通事将伊所说语，写成蛮话，复译成汉字，复问彼言确否？彼云，此即算我之结，我未带替子，即图章也，情愿印一手印，以备异日查考，如虚坐罪云云。既无村庄，何有三百余百姓，程凤翔尚无妄杀可见。兹将蛮字存案，翻成汉字者呈阅。罗道前禀兄处云，确有露处者三百余人，不知其何所见而云然也。彼不过欲藉此证践其抚恤之言，更以实程凤翔妄杀之罪耳。边事现甚安静，余再述，敬请金安。

又，该蛮子在此住日稍久，与百姓相习，一日，慨然曰：我虽奉藏官差来，然藏民无不指巴塘为福地，羡巴塘百姓为有福之人，尔等德格百

---

① 吴丰培编：《赵尔丰川边奏牍》，四川民族出版社1984年版，第217—218页。

姓，现已受福不知，我藏中之民，何日能脱暴虐之政也云云。其言如是，可见藏民并无叛志，藏番亦难摇惑。联大臣来信亦云，藏民不愿从番官之命，只我有一二胜战，彼皆恭顺矣，可以互证。

二 进驻喀木西南地区

1. 程凤翔收复吞多肃清江北一带禀 [1]

宣统元年（1909 年）十一月初三日

敬禀者，窃标下于十月十七日遵手谕，相机进取桑昂曲宗。查由札宜入桑，分南北两路，一由闷空经昌易为大道，一由巴工〔工巴〕渡江，经左贡，为江卡通桑之小路，沿途人烟稠密，地方富庶。

前据札宜寺喇嘛密称：由江卡溃窜之藏番，集聚于吞多，调有野番数百人，在此盘据，以为抵抗。标下即派由盐井带来土兵旺错及本地土人前往密探。回称：在此藏兵仅有数十人，现在按户勒派民兵，数目未详，所调野番未到，等语。查吞多在左贡以西，踞怒江北岸，距札宜寺仅有二百七八十里。标下再四思维，若由闷空前进，甚恐该番劫我后路，如两路并进，兵少不足分布，惟遵帅谕相机进剿。即于本月二十一日，以帮带夏正兴率领前哨进驻闷空，以为犄角之势，令后哨留守札宜，标下随带中、左、右三哨，溯鄂宜楚河绕道往剿。行至普甲地方，有吞多寺派来当事喇嘛名降巴旺倾及吞多头人翁曾暗中来投。据称，藏中雪德坝戴琫及桑昂曲宗土司蟒噶，均在桑昂未回，此地仅有甲本二人，协傲四人，藏兵百余人，其余皆本地土兵，如我兵进攻，情愿投诚，等语。标下遂将伊等留于营中。翌日往攻，至时不见匪影，惟有妇女老幼来营报称，藏番于今午退入四山林中，胁迫土兵，不准投诚。而翁曾恐我怀疑，面称愿在营中作抵，暗通消息，叫土兵来投。标下见翁曾人尚诚实，即时颁示，出入

---

① 吴丰培编：《赵尔丰川边奏牍》，第 218—220 页。

147

自由。

查吞多地势，东西为一斜谷，四山森林。甚恐敌人夜袭，即令士兵皆住坚碉，防守要卡，如来时不准轻动，俟敌临近击之。时翁曾亦来面称：匪人今晚必来劫营，预早布置。未至三更，果然四山号火冲天，弹如雨下，惟不敢前进，而我兵久经战场，皆知蛮子以狂吼为战略，并未还击一枪。待至天明，仍退入林中，招之不来，如是者数日。至二十九日，大雨倾盆，乘机派哨弁彭日升带领全哨，绕道后山梯渡夹攻，匪据险死守，哨弁马成龙奋勇直前，立斩数匪，夺其要寨，哨弁张绍武由侧面痛击，匪人不支，生擒甲本名宜喜大吉，并藏兵七名、土兵四十八名，割耳级二十九只，快枪三支，叉子枪四十七支，刀矛一百二十余件，马十九匹，牛羊一百三十六头余，匪溃无踪迹。所获番兵，因我帅向以宽大为怀，俱以取保开放。惟甲本宜喜大吉于是夜越墙窃逃，即令哨长李西林率兵追赶，于江边拿回，桀骜不驯，并口出恶言。本应将该逆解至行辕处理，乃因路远兵单，而管押又无人看守，遂于军前正法，以示畏威怀德之意。此役虽险，均托恩帅鸿福，于数日间，肃清江北一带，而弁兵勇敢于倾盆大雨之中，梯渡险要，奋不顾身，击溃番匪数百人，不无微劳，可否择尤〔优〕请奖，批示祗遵。

其吞多附近，大小九村百姓，约有三百余户，俟后查明，另行呈报。为此具陈，标下程凤翔谨禀。

再，本营中哨二棚正兵马奎英阵亡，中哨四棚副目卢秋田左脚受伤，右哨七棚正兵王嘉林右肩受伤，合并声明，又禀。

附：赵尔丰批文

据呈已悉。该管带不避艰险，驱除余逆，收服吞多，肃清江北一带，甚合机宜。甲本宜喜大吉既已正法，罪有应得，以后如获番官，须请示办理。择尤〔优〕褒奖，俟全军汇案到齐，一同奏请奖励。该营弁兵奋勇，由本大臣每哨奖牛二头作为慰劳。乘藏番新败，兵贵神速，西取桑昂曲宗，沿途务须保护百姓，以稳扎稳进，不可冒险，如兵不敷，由左营暂拨两哨，由该管带指挥，要随行随报，切切此批。

2. 程凤翔率兵继进禀^①

宣统元年（1909 年）十一月十九日

敬禀者，标下于十四日奉到批谕。祗尊。窃查吞多之役，实赖恩帅鸿福，虑谋深远，所赐士兵食牛，已由标下代购发给，无不鼓舞叩谢。现据密探回称：藏中派来雪德坝，闻吞多失败，由桑昂经八宿窜赴边坝，调聚洛隆三边土兵阻抗川兵入藏，其旺札戴琫假病，委协傲代理，自行退回波密，即怯战也。现有桑昂大二土司在此抵抗，谅亦不足为恃，即令帮带夏正兴先据渡口，以免后窜。标下仍率中左右三哨，由此渡江前进，蒙拨左营两哨请驻盐井、左贡足矣。惟因后路未设台站，甚恐消息不灵，遂由左贡、吞多两寺选派喇嘛十名、本地壮年土兵三十名，作为向导，以便传递公文。此种土兵，言明每月口食费青稞一斗、藏元二元、盐茶各半斤，待军事平定，即行遣散回籍。因出发在即，未得以前呈请，冒昧从事，务恳恩帅鸿慈，格外照准，作为正式报销。标下于本月十九日开拔，谨遵帅谕，约束士兵，沿途不准稍有滋扰，至前方情形如何，随探随报，以免悬念。为此具禀，恭叩崇安，伏乞垂鉴，标下程凤翔谨禀。

附：赵尔丰批文

据禀已悉。所招土兵，准所请作正报销，左营以全营开赴盐井，为后方声援，拨两哨填防札宜、左贡一带，该营后哨已令前往增厚兵力，沿途务派密探，谨防埋伏为最要。该营军米已令王令运输无虑。现以顾、张两营同齐管带由察前进，已击溃驻恩达番匪。川军由三十九族小路进藏，闻边坝尚有余匪，亦不足为恃。该管带前进，务须抚绥百姓。随文发去告示、护照，以备招安。切切此批。

3. 程凤翔禀报俄拉情形^②

宣统元年（1909 年）十二月初六日

---

① 吴丰培编：《赵尔丰川边奏牍》，第 221 页。
② 四川省民族研究所编：《清末川滇边务档案史料》，中华书局 1989 年版，第 505 页。

窃标下于十二月初五日肃上一禀，复沿途申禀尚未送到各由，呈请宪鉴。

十二月初六日午前，俄拉墨色降恤来投。据称，俄拉距桑昂曲宗六站，有红教喇嘛寺二：其一名撒甲寺，喇嘛二十二名；一名曲学寺，喇嘛十一名。墨色降恤管辖十五村，百姓一百九十家，外有撒甲寺佃户十一家，不归墨色管辖。其地近怒江南岸，水旱参半，水田年收两季。所属十五村有十三村地水旱相通，其余二村则属旱地。

俄拉亦桑昂土司辖治。每年之粮，但收酥油、蜂蜜等项，不上青稞，外有折粮银两。取多取少，未有定例，历年由土司自定，墨色不能操其权。

又称，俄拉投诚在光绪三十三年（1907年），墨色亲赴札宜赍呈地亩、丁口夷字册籍在案。嗣于三十四年（1908年）札宜协廒调俄拉兵助冷诸之战，百姓不从。宣统元年（1909年）秋间，札宜协廒亲赴俄拉面饬百姓，谓尔等因何投汉，不帮我兵，应加重惩，以儆效尤。百姓畏惧请罪，该协廒胁之以威，勒令挨户派兵费十三两、帮粮一百三十余克而去。是年十月，由桑昂土司遣小娃若公宜村、北弓二人往俄拉调兵，饬十六岁以上、六十以下之民皆列为兵，往守札宜要隘，百姓不从，该小娃亦勒索银十二两而去。俄拉之民经协廒、土司等先后勒索，以致富者贫，而贫者困，憔悴之象，不堪言状。今颇怨恨土司、协廒而不敢言，因此前来投诚，以求保护。

又称，由俄拉东南逾山，有若巴四村，百姓三十余家，亦桑昂地面。惟不纳粮，并无杂差银两费，亦欲来投，因阻于大雪山，非绕道不能来桑，想不日亦将至矣。由若巴逾山，即闷空地面。容墨色回俄造成丁口、地亩册籍，再来详复等语。标下查三十三年勘地册内，实有俄拉。其底册已交盐局王令存查，不能详查。容后俟该墨色造呈册籍来时，再行禀报。

4. 程凤翔续报进探地情禀①

宣统元年（1909 年）十二月二十日

敬禀者：窃标下于十九日由吞多开拔，转向南行，约六十里，至工巴村，住怒江北岸。其南岸即桑昂曲宗地面。其北百姓一百二十家，共计六村，皆察木多喇嘛寺佃户。

今据工巴村民四郎翁却、泽冗汪姬、夺姬等三人称：十一月内赴察贸易，拟欲自诣帅辕投诚，请领护照，因察木多呼图克困甲拉治格阻之，谓尔等六村，皆我百姓，我等投诚足矣，如要护照，将来为尔求之可也，亦不必叩谒铁帅，尔等可速回，照常当差等语。四郎翁却等系于十二月初一日由察起程，初八日回家。复查，该六村百姓，既邻桑界又系察佃，桑昂曲宗共计百姓三千余家，怒江南岸溯流而上，不及十里，即有数十家桑民。该六村既畏桑民之众，复受察僧之制，一切公事，均不敢言，今询番官去向，罔不嗫嚅。幸标下由左贡、吞多带来喇嘛十人、百姓三十人，以为向导，藉探前路消息。

今据吞民格禳卜错、左民洛德探称，十二月十三日，江卡土司蟒噶特巴、左贡碟巴翁德与古悦增珍等由工巴羊山之协噶村下江，由上流南渡入桑，十五日三大寺替身仔仲邦达、协傲迷纳、番官雪德坝三人，其余四人，未知何名，均由是路而去。番官渡毕，已将索桥撤毁。又有番官旺扎戴琫，前数日亦由是路渡江上行，越山入波密而去。蟒噶特巴七人皆住桑昂土司寨内，墨色仔仲等未知定向等语。

查工巴有独索桥渡江，由小道入桑，路途陡窄异常，从容步行，不能运驮。而索桥两头皆无高下，每渡一人，用小绳由岸人拖，费力固多，而过亦缓，恐一日尚难过渡。因溯流上行十余里，渡筏由番官入桑之路而进，以便沿途侦探。虽绕四十余里，而每筏可容四五十人，捷速驮运，便于小道，路途尚不违运输之速，合并陈明。

再者，标下在左贡、吞多即闻工巴住有察木多委派来土千户慈登桑，

① 吴丰培编：《赵尔丰川边奏牍》，第 222—223 页。

来管该六村百姓一百二十余家，又有桑昂巫尤、巴官托怡、撒拉登卜三寺喇嘛一百七十余名，昨十九日抵工均未来见，始由左、吞带来僧俗人等面语。该千户诱之来见，二十日晨始至，标下以温语慰藉，借以安抚百姓，为后路转递公文之资。即于是日陆续渡江，南入桑界，容俟查明番官下落，随时禀报，上纾宪廑。

复查，左贡、吞多一带，地高严寒，兵勇多不胜其苦，比至工巴而温和异常，地土亦甚膏腴，年收两季皆丰，亦产桃、梨、葡萄各品，贩往四方。故六村百姓，半皆商贾，殷实之户不乏，诚番衍之士，关外之乐土也。为此具禀，恭叩崇安，伏乞垂鉴。程凤翔谨禀。

5. 程凤翔开拔载道截获番官什物禀[①]

宣统元年（1909 年）十二月二十五日

敬禀者：窃标下于二十日由工巴肃上一禀，谅邀慈鉴矣。是日，溯流上行至慈令竹，计程不过二十里。凿石为栈，路甚崎岖，乌拉难行。中有五里，蛮民皆负驮牵牛而过。午刻至渡口，尚有小木筏二支，每筏仅容五六人，蛮民所称能容四五十人者，已被番官拆毁。标下复饬新扎工筏，共计四筏，轮流而渡，两日一渡，始行渡毕。

南岸业巴村，系桑昂曲宗地方百姓，三四十家，即日赶齐乌拉，替换前进。二十二日，率队逾应噶大山，宿拉龚村。二十三日，接逾贡噶山，约四十里至咱工村，百姓十一家。夷民旧例，此地当换乌拉。标下见天色甚早，乌拉未齐，饬令赶至前站再换。复越洛乐新戈与贡噶两大山，宿雅达寺。标下每至一处，皆剖析顺逆之理，开导百姓，幸乌拉皆未迟误。二十四日，至窝德墨村，道经色拉山上，下叠砌卡垒，以御官兵。今番官已去，无人敢来守卡。窝德墨村旧有协傲，其宅即蟒噶特巴别墅，番官来时，皆住此宅数日，前闻大兵将至，各携眷仓惶而去。闻有由两路逾山而入波密者，有由东路径趋桑昂，依附该地土司者。惟番官翁德逃入波密，其余何人奔何处，皆不能深知其详。然番官已去，我等皆愿恭顺投诚，不

---

① 吴丰培编：《赵尔丰川边奏牍》，第 223—224 页。

敢滋事，恳即给予护照，以资点验，等语。窃维兵贵神速，遵奉帅札饬令由左入桑，使番官等猝不及防，未遑预备乌拉，一切应用什物六十五驮一概委弃于窝德墨而弗顾。询之土人，皆称由左贡碟巴翁德运来，今已逃往波密，只余什物在此地等语。

标下复查，番官潜逃属实，委弃之物，应即申报钧座备查。惟卑营全队开拔，乌拉已经不少，截获之物，当派左贡堪布硬得若摩及村中墨色洛得率由左、吞带来僧民数人，运回左贡暂存该寺，免致沿途开拔，驼多累赘，其物或派人运至宪辕，抑或暂存左贡之处，伏候批示祗遵。

查左贡堪布系于西军左营未到之初，前往招诱。该堪布果于业巴村来见，悔罪投诚，自愿尽力报效，以赎潜逃之罪。即饬率该地带来僧民，运解截获番官物件，以昭简易。至百姓恳求护照，标下未敢擅专，亦未敢径许，只得据百姓之情，转恳宪台作主，合并陈明。

除沿途派遣带来僧民查确番官何人逃入何地，随时驰报外，所有开拔载道，截获番官什物，各缘由，理合具文陈请，伏乞鉴核，批示祗遵。

6. 程凤翔报踏雪进入桑昂曲宗情形禀[1]

宣统二年（1910年）正月初二日

为申报事：窃查，标下于十二月二十六日，由窝德墨，即冷卡途间，肃上一禀，计日度程，谅邀钧鉴矣。二十七日，率队进宿俄巴。该村旧有官仓六间，原为番官储粮之所。现有大麦三仓，有一仓系冷卡协傲所收，有二仓系桑昂土司所收，当将粮仓封囤，交该村墨色看守。俄巴有普拉寺，喇嘛七人，内有阿勿，系该村村民。标下藉住宿其家，见有镰弹、火药各一毛袋，询之。据称，系雪德坝饬令各家造子弹三百颗、火药三批，以备守卡之用。复于空仓查出火药一桶，令交归公，代运前行。二十八日，抵昌易。是处分两道入桑，大道路平而远，六站可至，小道路险而近，四站可至。标下即由小道兼程前进，意在捷速。殊料雪深路险，行走艰难。二十九日，越巨拉雪山，野宿色龙，一名色迁，积雪虽厚，行走尚

---

① 吴丰培编：《赵尔丰川边奏牍》，第224—226页。

易。三十日，越震折雪山，路险而狭，冰坚雪厚，滑跶难行，牛马多坠山下。幸岩脚通路，乘雪溜下，未尽跌毙，山麓即夷民野宿处所。标下意在速行，促队前进，越站而宿坝雪村。按站计程，初一日即可抵桑，缘连越两雪山，兼程一站，乌拉多惫，即于坝雪村催雇牛马一百匹添换，初二日晨始至，僧俗皆趋迎于路。

查桑昂土司寨在踏巴寺侧，其大土司空宅仔仲、二土司匡仔均逃，惟寺内喇嘛七十八名，及百姓等皆愿投诚。复查，土司虽去，寨内尚有镰弹火药九包，计四驮半，其余茶叶杂物，尚属不少。当传喇嘛及墨色同往点查，记单封锁，仍交喇嘛等看守，另具清折呈阅。复研讯番官等去向。据称，雪德坝及旺扎戴瑃、桑昂土司于去腊前来调兵，凡属桑民，十五岁以上、六十岁以下者，皆赴前敌，无论风雪昼夜，号令随到随行，不得稽延片刻，并饬各家百姓，自造镰弹三百、火药三批备用。番官等住桑两日，即往杂瑜调兵，各留管家一名，并蟒噶特巴管家在桑经理，殊料药弹甫经送齐，准拟运送各卡，预备截堵，而官兵骤至，措手不及，而管家亦逃奔杂瑜去矣。

又称，番官设卡在沿途大道，以时值冬令，巨拉、震折二山，积雪太厚，蛮民尚且绝迹，汉兵何能当此严寒。番官恃雪山之险，并未提防，故兵至坝雪，我等当不知觉，管家之去，即在兵来之前一日。缘杂瑜有桑昂土司小寨，系该土司历来收粮住所，皆奔入彼处等语。标下复查，杂瑜亦桑昂地面，相距不过七站，当即饬带来妥蛮前往侦探，该番官果在彼处调兵，即率队掩拿。今据百姓所称，兵至不知，谅非虚饰。查雅挞会同大道，以后五站，皆有石卡，昌易分行小道，以后三站，均无石卡。仰叨我帅先声所播，番酋震惊，自业巴至桑昂路行十日，均无梗阻，诚意不及之事。今番官既逃，百姓皆纷纷来投，合并陈明，上纾宪廑。

除查确番官住所，即率队前往兜拿，所有查获各物，土司既逃，可否即行充公之处，祗候示遵。为此具文备申，伏乞照验施行，须至申者，计申请折一扣。川边巡防新军后营蓝翎尽先补用都司程凤翔禀。

附：赵尔丰批文

禀悉，该管带不辞劳苦，率领弁兵踏雪而进，实堪嘉奖。每哨由本大臣奖牛二头，作为犒劳。既入桑昂，以抚绥百姓为要，番官逃往杂瑜，定派二三哨前往追拿，或设法诱获更妙，沿途虽无战事，须要日日如临大敌，方不误事。桑昂曲宗与何处交界？距盐井、江卡路程，以何处为近？详细禀复，以凭核办。切切此批。

7. 程凤翔续报进入桑昂曲宗情形禀[①]

宣统二年（1910年）正月初四日

敬禀者，窃标下于去腊二十六日由冷卡肃上一禀，谅邀钧鉴矣。二十七日宿俄拉〔巴〕，二十八日宿昌易，二十九日宿色龙，三十日越站宿坝雪，换乌拉，耽延半日，初二日始至桑昂，全住土司寨内，沿途情形，均具文申报在案，所有桑昂物产、疆域、风土、民心，不得不为帅缕晰陈之。

查桑昂土产，以杂瑜之黄连为大宗，其次则红米。该地百姓，不谙制米之法，常以谷易货，所需之货，重在食盐，常以谷二三批易盐一批，间有以谷为买卖者，每藏元一枚，有时买谷七八克，有时买三四克，惟所产无多。种谷之家，不过百余户，其价值之低昂，随时随变，因商贩多寡随之涨落，其价总不昂贵。桑昂所属鸡豚皆贱，每藏元一元买鸡七八只，猪肉二十斤之谱，但皆瘦小，而鲜肥硕，最大之猪，重约不过五六十斤。其地气候特殊，一二里即山，上寒下暖，大抵近河多暖，近山多寒。所产莜栗稞麦，罔不茂实，烟产之密，无殊内地。但近江边皆然，惟附近雪山者，人户稍稀。

桑昂南距保僜四站，所用之茶，倮茶最多，滇茶次之，川茶绝少。价值以倮茶为贱，每一包合银六钱，一驮合钱一两三钱。今查获土司之倮茶一百二十驮、滇茶一十四驮，价值随时低昂，皆不及川茶之贵。倮界南接英属，近有英人来桑，系倮民引导而至，桑民恐英人入境，靥食以重赂而

---

① 吴丰培编：《赵尔丰川边奏牍》，第226—229页。

去。其西南一带，皆接波密，或相距四五站，或相距二三站，波密另有别路入藏。西北与吞多接界，距业巴一站，又与左贡接界，距色米卡一站。东南与札宜接界，距正路一站半，即桑界。东北接毕土六站，东接闷空四站，另具清单草图一纸呈览。查桑昂绵亘，东西长约二千里，广亦数百里，其山川之险要，户口之繁盛，人民之殷富，足以甲于关外，诚为塞上沃野之区也。

今据百姓等称：冷诸、吞多之役，每户帮兵一名，其帮兵千余，合各路实有番兵六七千名，为官兵数百人所败。今闻官兵罔不畏惧，实不敢于抗战。去腊，番官雪德坝等前来调兵，并饬自造药弹备用，番官等住桑两日，往杂瑜调兵，各留管家一名，及蟒噶特巴管家，在桑经理，至于防堵隘口，番官注重大路一带，以小路恃两雪山之险，时当冬令，汉兵必难经此苦寒，所以并不设备，今大兵即由此路而来，故至坝雪而民尚不知觉。管家之去，即在兵到之前一日，仓惶出走，尽舍弃而弗顾。

又称，吾侪小人，早知投诚，可免杂差银两，番官连年调兵征饷，苛政繁兴，久已疲于奔命。惟素归节制，不能不惟命是从，今大兵来而番兵去，我等咸愿投诚，不敢再滋事端等语。今查土司寨内，所存与喇嘛寺中寄藏各物，固有标下与带来左、吞僧民查出，而雪德坝管家登增坝、米旺九戴琫管家匡仔、莽噶特巴管家兹巴等，寄藏百姓家中之物，半由百姓自供，可知百姓恶番官之心，皆出勉强〔为〕番官调兵守卡事固（属）不虚，百姓畏兵不战，情亦属实，幸小路未有准备，不至蹂躏生命，今远近纷纷来投，益信汉兵之不杀无辜。此物产、疆域、风土、民心之大略情形也。

惟小民不知大义，辄为番官掩饰。左、吞僧民查报，桑昂土司系逃亡杂瑜，而雪德坝等共相趋附。据桑民初称，桑昂土司系于日前即赴杂瑜收粮未回，缘杂瑜有土司小寨，为收粮住所，住桑、住杂原无定期等语。窃思土司收粮未回，各管家何故来桑，又逃往杂瑜之报，知非为无据。标下以其言语支吾，反复研诘，始将调兵守卡情形供出。恐该土司趁势远扬，或由波密逃藏，亦未可知。查前在俄巴见土司之仓，皆系大麦，并无青稞，详究其故。据喇嘛可多称：该土司历年所收之粮，均早变价，所存惟大麦，而杂以糠秕。今查寨内之仓，存粮无多，亦经该土司变价，故疑其趁势远扬也。标下即饬带来左、吞蛮民，前往查探，该番官如尚在杂瑜调兵，即率队跟踪兜拿，如已回藏，非另觅捷径截拿，恐不能及，且用番民不露声色，番官必不见疑，或可相机诱擒，倘番官果已远逃，而土司尚在杂瑜，亦不难趁势招回。惟土司现在既逃，所存各物，标下已率各执事喇嘛及大小墨色等同往点验，且又与该喇嘛等各开清单一张，收执备查，凭众封锁原仓，仍交该寺喇嘛看守，另具清单呈阅。查所获之物，惟茶最多，其余非贵重之品，将来土司不回，或准充公，运载颇不容易，除银器药弹外，其余可否变价，以省运力之处，伏候训示遵行。

再，卑营应用杂粮，知沿途易于采买，原未多运，桑昂粮价颇贱，就地买正月之粮。据喇嘛等称，往年丰收，一钱银可买二十批，或有时买十五批，今年稍歉，一钱只买十批，每克计价银二钱。重量皆用民克，一克重约二十二斤，较盐井官斗每克约少五六斤之谱，民多不愿卖粮。因将土司仓内存放青稞二百二十一克、豌豆三十克，先行分发各哨，尚不敷正月之用，复买以补发。其查获之粮，将来或还土司，或交公价，由标下照数交银。

再者，前在冷卡途间截获番官之物，当饬哨弁等前往查验，共计六十四驮一支。卑营截九驮一支，饬交左贡堪布运存该寺，业（经）标下禀报在案可查。前据番民称，包内除火硝一支，概系条粉红糖，该弁割视数包无异，今将九驮一支割发各哨兵勇，内有蛮皮纸一驮计二支，查皮纸与条粉大小轻重相去无多，非割视无从分辨，不知堪布运回之五十六驮，亦有皮纸否。容后割包查确，再行具报，合行呈明。为此具禀，恭叩崇安，伏乞垂鉴，标下程凤翔谨禀。

8. 程凤翔续报桑昂曲宗地理情形禀[①]

宣统二年（1910年）正月十四日

为复查申报事：窃标下于正月十三日，始奉钧批内：该番官既逃，该

---

① 吴丰培编：《赵尔丰川边奏牍》，第229—231页。

管带到桑昂曲宗妥为安抚百姓，并查该处地方，与何处交界？归左贡所属百姓若干？究竟相去江卡、盐井两处，何处较近？详细禀复，此批等因，奉此。查潞江分南北两支，相距在百里内外，邦达、吞多、左贡、扎宜、觉马、毕土均在北，潞江两岸各界以南潞江北岸为界，桑昂曲宗在南，潞江之南上至邦达，下至毕土，计程十一站，均与桑昂接壤，各以南潞江为界。惟左贡距桑昂土司寨路隔六站，其余皆较远，盐井、江卡距桑远近相等，各十二站内外。桑昂所属有江卡之民，无左贡之民。冷卡协傲所管十九村百姓，由蟒噶特巴收粮，并由莽噶特巴委协傲，喇嘛寺由左贡堪布硬得若摩管辖。冷卡以下之喇嘛寺，由察木多委任，工巴堪布昂巫、尤巴管辖，而百姓则至昌易以下，始归桑昂土司管辖。其江卡所属十九村百姓户口若干，尚未全知。标下开拨经过十村，共计二百九十二户，其未经过之村，户口若干，容后查明再报。

　　再，标下初至桑昂，探闻桑昂土司与番官均在杂瑜调兵守卡。当饬左、吞僧民前往侦探虚实，一面招诱土司。十二日晨回报，土司已经诱回，惟番官逃走，去向未知等语。标下立传土司研讯，所供调兵与前百姓无异，另缮供单呈阅。至所称洋人入桑，侵占地面一节，亦势必然之事。查杂瑜至倮俉地方三站，倮俉至阿渣地方七站。阿渣以外，即洋人地面，今倮俉、阿渣地方，皆为洋人占据，杂瑜土产丰饶，该地洋人既已得桑，必兴望蜀之思。查洋人蚕食邻村，往往由通商渐次而入，绝少兵端，印缅诸地，即其明证。今入桑境，闻只带来数人，所用向导翻译，皆倮俉百姓，今土司称带二百余人，系请防洋人之名，以掩抗拒官兵之罪，且土司与洋人各有酬送，何至交战。现在查出蟒噶达拉戴瑯夷字，系宣统元年十二月十三日所发，各有二人名戳在上，一并赍呈宪鉴。标下前呈桑昂土司所传调兵夷书与字约叛乱，且该土司党恶，形迹昭著，今虽诱回，仍恐潜逃，只得暂行管押，申请示遵发落。再，土司称调兵公事尚多，均在杂瑜，当已派人径取去矣，容取回赍呈。除申报统领外，为此具文申乞照验施行，须至申者、计申供单一纸，夷书一纸。管带川边巡防新军后营花翎补用参将程凤翔。

附：赵尔丰批文 宣统二年（1910 年）正月二十一日

据申已悉。查该管带自十二月二十日由工巴来禀之后，从未见有报告，本大臣至为悬念。兹禀二十六日在冷卡曾具有禀，何以未到。至俄巴所存之粮，既封交该村头人看守，将来用否，再行请示核夺。百姓等预备药弹乃系迫于番官之令，江卡所存本大臣已饬李守备发还百姓，该管带不必追交归公。震折山一路既系险狭，何竟冒险前行，嗣后务宜慎重。桑昂本无土司，乃番官仔仲，既系远逃，而僧俗均已投诚，所存之物，我军仍不可取。杂瑜系桑昂属地，前曾饬该管带率队前往，所以至今候复迟迟，仰既率一二哨开往该处，并先派桑昂人开导，谕以兵来保护之意，务查该处地面大小、出产何物，详细汇报前来。据八宿蛮民向称，杂瑜与英国连界，尤宜确查为要。番官各物，既交该处僧俗，毋庸充公，以示官兵宽大之意。此批。

9. 程凤翔研审土司调兵情形禀[1]

宣统二年（1910 年）正月二十二日

敬禀者：窃标下于正月十四日肃上一禀，具呈诱回桑昂土司管押卑营各情形，计日度程，谅已早达钧座。惟标下于到桑后，即派左、吞僧民，率领本地头人百姓等前往杂瑜调兵各管家，并招诱番官土司等归案。十三日诱回土司，当经标下禀报在案。十日，俄京村头人阿渣率百姓来营称，桑昂土司管家若巴前同达拉戴琫管家三人，在桑调兵，因畏大兵，遁入杂瑜未逃，今已传回，请即发落等情前来。标下传该管家研讯，所称调兵事，与土司供调兵事无异，又供番官与管家皆先后潜逃回藏，现桑境所属，除土司外，更无番官等语。标下再三研诘，所供皆大略相同，即将该管家暂行管押，应即禀请宪示遵办。土司等今又派人往杂瑜取回调兵夷字二张，译称系蟒噶特巴与三大寺古噪等于宣统元年（1909 年）十一月内饬桑民挨户出兵，抗守毕土、闷空札宜二路卡隘之事，即将原文呈览。标下窃查，桑民痛恨土司，各皆出于本心，初非有所勉强。夷制征徭素重，

---

① 吴丰培编：《赵尔丰川边奏牍》，第 231—232 页。

桑境调兵筹费，已非一年，百姓疲劳，何堪设想，积怨既深，欲控诉无所，一旦大兵入境，番官逃而土司去，得以复观天日。今土司既被诱回，管家独在杂瑜，势孤力危，百姓趁势擒拿，一泄平日之恨，不然桑土司之百姓而敢拿桑土司之管家，出尔反尔，亦可见土司之不得其民矣。刻下土司在押，管家被执，远近百姓，罔不额手称快。标下迭奉慈训，决不敢因百姓恭顺，疏于防范而贻误事机。理合肃禀，上陈厪念，祇具寸丹，恭叩崇安，伏乞垂鉴。标下程凤翔谨禀。

10. 程凤翔以久未接批示重录前禀呈递①

宣统二年（1910 年）二月初五日

敬禀者：窃标下于二月初五日遵奉钧批，饬令从速将桑昂曲宗一带，是何情形，具报来案，此后务须随时禀报，以便批示遵办等因。标下窃查，自左贡、吞多先后所呈三禀，均在正月十一、十三两日，先后奉到批示，至今二十余日，并未奉谕示，翘盼切急，心中刻不能安，以致饮食俱废。缘自十二月二十五日，在窝德墨及冷卡截获番官逆物，即具文请示遵办，嗣后正月初二日抵桑昂曲宗，查获番官逆物叛具，并十三日诱回土司，先后所报，无不恪候宪示，以便遵照办理。迟至二月初五日，接奉谕示，始知自宣统元年（1909 年）十二月二十日由工巴呈报信禀起，以后均未呈到钧座，标下复查每次派送公文，皆由左贡、吞多带来僧民中选择一二人驰送，想系沿途阻雪迟误，或不至于遗失。惟冷卡截获番官逆物及至桑昂查获番官逆物，与诱回桑昂土司各案，均申请批示遵案办理，诚恐过于稽延，贻误事机，应即将沿途所禀，原稿另行照缮赍呈，惟字数太多，一时不能骤办，特先将十二月二十日由工巴赍呈信禀一件，二十五日由窝德墨赍呈信禀一件，申文一件，照缮呈览，至桑昂所呈申文信禀夷字各案，容后缮就，即行派差赍送，先后不过二三日，理合具禀陈明，上纾慈厪。

再，桑昂至俄巴越大雪山由小路而行，原系六站，标下即由是路开

---

① 吴丰培编：《赵尔丰川边奏牍》，第 232—233 页。

拔，嗣因连日大雪，封山无路，派人送公文至山雪，实不能行，复绕道前往十站，方至俄巴。查绕道十站中，有野宿两站，积雪亦深，人少不能行走。标下每次派人送公文，均派左、吞带来僧民率桑民护送至左贡，又由左贡派人转赍宪辕，不知何处贻误，已饬通事与护兵前往查究，容后查明禀报。又查，标下申报张管带其昌拨银两申文，系由昌易途间派人申送，窝德墨距昌尚近三站，工巴至窝又近四站，两处所报申果，均未送到，恐于途中遗失，特先照原禀缮具一份赍呈备案。到桑以后各案件，容俟陆续缮齐赍送。再标下自入桑境，沿途百姓，支应乌拉，并未掣肘，亦无逃匿等事。复经标下随时开导，咸知官兵为查拿番官而来，与民本无干涉，远近番民，罔不纷来投诚。标下迭奉宪谕，绝不敢因百姓恭顺，遂弛防范，合肃禀陈，以纾系念，恭叩崇安，伏乞垂鉴。标下程凤翔谨禀。

11. 程凤翔两日在途情形禀①

宣统二年（1910年）二月初十日

敬禀者：标下于二月初九日肃上一禀，具陈建设州县地方各情形，上邀慈鉴，拜发禀函后，即于是日拔队前往杂瑜，是日宿俄京，有迷墨村墨色可即登诸要路来投。据称，该村喇嘛寺六所，喇嘛五十九名，喇嘛佃户三十二家，百姓二百零一家外，又有六十四家公庄佃户，系二百零一家同招，不在百姓户口数内。以上三起，共计二百九十七家。该墨色呈来夷字户口清单一纸，收存在案。初十日黎明拔队前行，申末抵波罗村。百姓三家，系桑昂踏巴寺佃户。自俄京村下行，约一百里，未有居民。江东有罗马村，户口甚多。波罗在罗马下二十余里。两岸系由桑昂入杂瑜正路，罗马系由桑昂入昌易正路。是日，有若巴四村墨色来波罗投诚。据夷字户口单称，四村百姓共计四十三家，喇嘛寺二所，喇嘛二十名，外有喇嘛佃户十一家，在百姓四十三家数外。

再者，正月十三日遵奉钧批，饬查桑昂有左贡百姓若干户。标下当即申报：冷卡十九村，系江卡百姓，并具清单申报。卑营经过十村，户口

---

① 吴丰培编：《赵尔丰川边奏牍》，第234—235页。

□□□□，业巴以上尚有七村，未曾到过，饬人往查，今已查明回报，该七村头人亦同来波罗投诚。据夷字户口单称，七村百姓共二百一十九家，喇嘛寺之喇嘛四十三名。该七村有古噪经渣工布，早已逃遁，合并声明。除沿途情形，容后逐日查明禀报外，所有开拔两日，在途情形，合肃具禀，恭叩崇安，伏乞垂鉴。标下程凤翔谨禀。

12. 程凤翔探闻英人在压必曲龚地方插旗未几拔去禀①

宣统二年（1910年）正月十九日

敬肃者，窃标下赴杂瑜时，途间据蟒噶特巴面称，前有洋人至杂瑜东南三站之压必曲龚地方，插旗为界，未几拔去。云未奉本国明令，是为游戏等语。标下至杂之日，即传一杂瑜墨色讯问此事，亦云洋人插旗是实，但未见洋人由何处来，何处去，及插旗之意义等语。及问其本地耆老夷民，皆知有插旗之事，惟不知其详细。标下窃思，此处距洋人皆十余站，崇山叠峨，险道而来，于此必有用意。或以此为国界，或测量途径，亦未可知。即饬该墨色将插旗附近百姓有知其事者，传来候询。至正月十八日，有压必曲龚极边夷民札噶来杂面称：于去腊有洋人二人，有倮㑩十余人，皆负行李来此，于河边插旗，即派人来报，而洋人仅住一夜，拔旗而去，不知何意是实等语。查札噶人尚诚实，能识倮㑩语言，遂奖川茶一甄，藏元二枚，令其回家，探询倮㑩是否投英。及此次我兵来此，有无其他疑义，俟回时如何情形，再为详陈。为此具禀，恭叩崇安，标下程凤翔谨禀。

13. 程凤翔探闻外人插旗为纯黄色上画日月虎豹等物禀②

宣统二年（1910年）二月初五日

敬禀者：标下于正月十九日肃上一禀，具报杂瑜属之压必曲龚，有外国人来插界旗，并派人前往查看旗色等情，上邀慈鉴。

---

① 吴丰培编：《赵尔丰川边奏牍》，第471页。
② 吴丰培编：《赵尔丰川边奏牍》，第472—473页。

二月初二日，据札噶及腊丁村民药摩吉、杂龚村民仁尊等查明回称：前日奉谕往看外国旗色，比至压必曲龚，而洋人之旗已经拔去，小的等面询界边居民密巴。据称，旗色纯黄，上画日月虎豹等物，曾经亲眼看明。惟洋人插旗之后，即到我家买米八筒、鸡五只，返至插旗处所，洋人招我往，谕之曰：虽来插旗，不过游玩，至此偶尔为之，并未奉有我国明文，应当拔去。该洋人旋将所插之旗扯下，随带从人而去。又据札噶称，前日见旗，即驰马来报，今问密巴，小的行未二日，而旗已扯去，故回去，实未见旗。然密巴即经亲见，所说亦甚详确，只得据实回报销差等语前来。

据此，窃查各国旗章，无纯黄色，亦无日月虎豹并画之制，该洋人既称未奉明文，偶尔游玩所及，想系仿内衙署照壁而画，贪婪兽与日并列，藉章彩色，以饰观瞻。夷民未经见过，故指为日月虎豹，亦未可知。惟不知该洋人等以界旗为游玩之具，旋竖旋拔，是何居心，所有查明旗色缘由，理合具实陈明。

再，标下前据俅民厄苏等称，阿渣之民与俅倮之达引一村，已投英国，曾于宣统二年三月二十六日禀报在案。今据札噶等称，插旗洋人曾前来过，但未详询果属何国等语，标下复饬其回界，以后再有外国人，务须详讯明白，以便转禀，而免游移，合并声明。为此具禀，恭叩崇安，标下程凤翔谨禀。

附：赵尔丰批再详查外人插旗情形

禀悉，洋人在压必曲龚插旗，该管带前禀札噶亲见。夫既已见旗帜，岂有不见颜色及绘图何物之理？今又谓系边界居民眼见，当日原因界边无人居住，该管带始令札噶往彼看守国旗，今忽又有密巴在彼居住，当日何不即令密巴守旗，前后自相矛盾，兹固不待言。惟该管带如此重大之事，并无详查，率尔具禀，荒谬绝伦，言之可恨。究竟插旗系在何日？何国之人？仰即派弁同札噶等，同赴压必曲龚详问居民。洋人有无枪械？插旗是否属真？仰文到五日内，据实飞禀，毋得空词摭拾干咎。切切此批。

14. 程凤翔禀报前往察隅途中情形①

宣统二年（1910年）二月初十日

标下于二月初九日肃上一禀，具陈建设州县地方各情形，上邀慈鉴。拜发禀函后，即于是日拔队前往杂瑜。是日宿俄京，有迷墨村墨色可即登诸要路来投。据称，该村喇嘛寺六所，喇嘛五十九名，喇嘛佃户三十二家，百姓二百零一家外，又有六十四家公庄佃户，系二百零一家同招，不在百姓户口数内。以上三起，共计二百九十七家。该墨色呈来夷字户口清单一纸，收存在案。初十日黎明拔队前行，申末抵波罗村。百姓三家，系桑昂踏巴寺佃户。自俄京村下行一百里，未有居民。江东有罗马村，户口甚多。波罗在罗马下二十余里。西岸系由桑昂入杂瑜正路，罗马系由桑昂入昌易正路。是日，有若巴四村墨色来波罗投诚。据夷字户口单称，四村百姓共计四十三家，喇嘛寺二所，喇嘛二十名，外有喇嘛佃户十一家，在百姓四十三家数外。

再者，正月十三日遵奉钧批，饬查桑昂有左贡百姓若干户。标下当即申报：冷卡十九村，系江卡百姓，并具清单申报。卑营经过十村，户口□□□□。业巴以上尚有七村，未曾到过，饬人往查，今已查明回报，该七村头人亦同来波罗投诚。据夷字户口单称，七村百姓共二百一十九家，喇嘛寺之喇嘛四十三名。该七村有古噪经渣工布，早已逃遁，合并声明。

15. 程凤翔禀抵察隅等处情形②

宣统二年（1910年）二月十七日

敬禀者：窃标下于二月初十日由波罗途间，肃上一禀，略陈开拔情形，上邀钧鉴在案。十四日午后，始抵杂瑜。应即将程站之远近，道路之险曲，山川之形势，疆域之广狭，为我帅缕晰陈之。

标下于二月初九日午前，由桑昂率队启行，宿三十里之俄京村，初十

---

① 四川省民族研究所编：《清末川滇边务档案史料》，第561页。
② 吴丰培编：《赵尔丰川边奏牍》，第474—481页。

日宿波罗村，计程约一百二十里。两日共计程途约一百五十里，而路尚平坦，尽可作为一站。十一日，兼程宿竹瓦寺，计程约一百四十里。十二日宿鸡公村，计程约七十里，两日所行，共计约二百一十五里，路途多有险处。夷民向原分为三站，由波至竹，中有露宿一站。标下伏查波罗、竹瓦之中，有甲惹冈地方，上距波约一百一十里，下距鸡公约一百零五里，其地平坦膏腴，林木富有，拟于此处添设台站一所，化为三站，只亦勾连接上下，皆有平坝，将来垦务隆兴，庶富不难立致。标下当集竹瓦头人百姓，谕以添设台站，实是以利商便民，各皆欣然乐从，至十日可以告成，标下给予川茶五甄，以资奖励。该墨色即于十二日率民前往鸠工庀材，大约不日即可落成矣。

十三日，宿恍觉村，恰一百二十里。十四日至杂瑜，约一百四十里，路亦甚险。中有最长偏桥两道，夷民原作两站，春夏之交，昼暑较长，一站尚须趱行。若冬则兼程亦能至，遍际悬岩，下临深潭，空中数十丈，水声喧聒，徒手而行，尚有趦趄，运载辎重牛马，白昼尚且难行，而况黑夜，将来仍宜添设台站，以备露宿风雨，商民两便，于财政不无裨益。合计由桑至杂程途六百二十五里，夷民旧为八大站，标下分为五站，惟起止两处较远，中间三站，均且适中，以便发给乌拉脚价。惟沿途居民无多，除竹瓦一村，百姓四十一家，比屋而居，其余之村，多则四五家，少则一二家，凡有村落之处，皆在一百二十里之中，不能沿途皆有人户，合计六百余里，大小仅有十五村，居民七十余家。且户口多居幽僻，而鲜通大道，所以多野宿而少站口也。

兹就所经之地而论，其土壤之膏腴，水道之便利，材木之蕃盛，地势之平衍，随处皆是。由桑昂下行五日抵杂瑜，丛林深树，未尝间断，取材之富，莫此为甚。至于大小平坝二三十处，有十余里为一坝者，有四五里为一坝者，广狭不齐，等差则大小参半，肥硗不等，黑坟之土壤实多。俄京以下多乱石，竹瓦以下半属净土，且山势崇高，泉源溥博，不费疏凿之工，足资灌溉之用。间有本坝乏水之处，引而导之，皆可遍及，水利之便，莫此为甚。恍觉以下，宜称当道，间有稻田长林，丰草不少，平畴之地，壤土既沃，石块亦稀。一百四十里中，平坝共七八处，若于此地，就势开垦，用力少而成功多，即内地上腴，恐不及此处之收获也。至于水利，较上流尤便，百余里之沃壤，沦为旷土而不耕，岂夷民尚农而不辨土地之肥硗也。良田地广民稀，人非遍及也，若得人招徕垦夫，提倡农政，则六百余里之旷野，可置良田数万顷，亦可添富民数千家，变穷谷为陬区，转移即是耳。若杂瑜上下两村，沿龚曲东西江岸，芟芜而居，不可谓不多矣。然地大物博，地三分之二，而四面野山，悉产黄连、虫草、贝母、知母等药，与熊豹狐狸等皮，又产獐子，可取麝香。杂民耕耨之暇，或锄药，或猎兽以取余资。惜故步自封，不能与汉商交易，草地风俗重交易，不重现款售卖。杂瑜土产以黄连为大宗，闷空之民，巨贾常赴滇边购办铜铁器具，来易黄连、麝香等物。杂民往往先取器具，后上黄连，故往返多则七八月，少则亦五六月，始能收齐黄连。然以有易无，来货贵而土产必贱，利厚常过于三倍。若以现银购现货，则到地之价尚昂于出口之价，华商远来，谁能旷日持久，以待易货，夷人之专利，不及于华商。此杂瑜交易之大概情形也。

查黄连质为优劣，以杂瑜坝产为上等，以杂瑜山产为中等，以杂瑜所产为下等，连分三等以下为俅产，亦运杂而易货，故远近知杂瑜产连，而不知俅俣产连，惟因销场在杂，或名亦归于杂，蕴利生孳，所以动外人之觊觎也。今据杂瑜墨色、耆老等称，杂瑜界在极边，分上下两村，上村在龚曲江西岸，下村在龚东岸。沿江而下，七站为俅俣，又三站为阿子纳，又三站为英国地。俅、阿、英各地居民，皆在沿江两岸，相距之远近，不过十余站，而语言不通，文字不同，老死不相往来。惟俅之北界，即杂之南界，两地相近之民，亦能互通其言语，故俅产之连，输入杂瑜交易。俅民男女皆裸体，以牛羊皮围诸臀胯，一切交涉惟恃言语，并无文字。其风俗以有势力者为尊，以势挟制百姓，官长自立，不由人委。阿、俅交界有地名原梯龚拉，土官一员，霸据百姓二百余户，其官能通阿、俅、英三处言语，故人皆拱服，亦不在奉委为官之例。去年英人派入杂瑜者，即此土官也。阿子纳毗连英界，语言文字，惟英是从，英知杂瑜物产丰饶，旷地辽阔，欲逞蚕食，尚无途阶。究于去年八月遣倮、阿交界之土官入杂调查，何地可筑房屋，何地可设市镇，并谓投诚英国，自有许多便利之处，嗣后又三次接踵而来。

腊杪正初，而土官尚在杂瑜，因闻大兵来桑，始去而不复至，不知其意何居等语。标下窃思英之与杂，虽十余站，其间倮、阿两种言语文字，各不相同，诚风马牛不相及之地；而英人乃越境以谋，以识英语之阿而联倮，以识阿语之倮而联杂，化两不相通之国而为一气，相连之势，并吞之机，已兆于此。然来杂未久，民心固结未深，幸我帅烛照先知，饬标下早日入杂瑜，英人之奸谋，不能遽逞。杂民趋附，得所收归，俾今日西南半壁，匕鬯无惊者，实赖我帅之福庇，得以高枕无忧也。倘再迟延岁月，英谋即联为一气，遣一族以阨重关，则主客势殊，又谁敢轻骑而探虎穴。

夫桑昂为西南第一重镇，而杂瑜实商务第一关键，沿江六百余里，重关叠险，天堑实多。诚有得之则可以自固，失之则不能自守之势。由桑入杂，山势高插云表，除沿江通衢，更无歧途可以绕越。间有岩峻路绝之处，夷民沿岸架板作栈以渡，土人呼为偏桥，长或二十余丈，短亦数丈。更有岩壁光溜，窝磴全无，上下无根，偏桥无靠之处。夷民则沿岩凿孔，以栽铁椿，并曲铁为钩，刨挂木杆作领，相因架条，横覆木板，距江甚高，奔涛怒吼，人马咸惊。此等险处，共计七处。至于龚曲江上木桥，亦有九道，势险可畏，绿水暴岸，中无石墩，其桥之长者皆用木两条作领，横覆木板，以取轻便，然摇荡之势，甚于铁索，亦险之险者也。倘或设兵抗拒，则一夫足以当万师，折桥断路，舍此更无途径，虽有百万雄师，恐不能飞而渡也。

幸托威福，土司早已诱回，番官自行远扬，无人调兵以抗战。英人入杂未久，民心悦服未深，无人夺隘以争先，区区两哨弁勇，径探虎穴，沿途并无梗阻，诚始念所不及之事。查杂瑜在二水交流之中，龚曲一支，由桑昂流入，其正之源，发于前藏，绕波密之背，而入杂瑜，杂民言之甚确，名其曰龚曲。是否雅鲁藏布江，卑营未有图志，无从稽考，其下流入于何城，会于何水，更不敢以臆断。今但据其方位，绘具草图呈阅。又据夷民称溯流上行，皆荒山石岩，无路可通，人迹罕到，江北山间，虽有雪重冰坚，五六月时，间有人行，然绕越十余站始至，桑昂背山之阴，山中并无人家，故人皆不肯由此道而行。沿江而下，俅、阿诸番在焉。然言语风俗各殊，亦无人肯到此地，若杂瑜、俅偻交界之处，在东南三站之压必曲龚，以小溪为界，而英尚在阿子纳之外，不知是何地名等语。又有杂瑜边民札噶，自称住近俅偻地界，能识俅偻语。前闻俅偻欲越桑昂投诚，如果不虚，即能招之使来各等语。标下窃思欲查英界，必先借俅之力查之，始能详确。然英人欲困藏、卫，必先图杂瑜，暂入西北而窥堂奥。今奉谕饬查桑境，建设州县地方，必得严守杂瑜，以安大局。然欲固杂瑜之门户，必先借俅偻为藩篱，札噶如能招俅来投，则英人之窥伺，庶可杜绝。惟不知俅偻投英与否，俟来见时，详加查讯，绝不敢轻举妄动，开边衅以启隐忧，如尚未投英，异日来见，可否准投诚之处，伏候训示遵行。

再者，前陈筹设州县治所地方，其时桑昂以下，尚未周历，今即到杂瑜，应即详拟具报。查桑昂距昌易四站，地面宽平，取材富有，居民众多，应设治所一处。杂瑜距桑五站，距昌易七站，以道里而论，似乎距离不远，惟其中绝少人民，实属不便。今暂拟设县于杂瑜，将来垦务大开，人烟辐辏，再添设分司于甲惹冈，兼收百货厘金，昌易即升分司为州县矣。现在桑昂两土司各委管家于恍觉途间截收入杂之货捐，每驮征银三钱，岁包缴俅银四十八两，该土司税规，或有番官路票者，豁免不征，杂瑜出口之货，一概不收。但收外商入杂货厘金，故每年收银无多，若无论官商出入百货，一律收厘，当不只加增数倍也。今英人既欲图将来，杂瑜官司必有外交之事，杂瑜虽在极边，可预知其为关外第一之繁缺也。

再者，桑昂大二土司，前经诱回，锁押在营，禀报在案，标下遵谕开赴杂瑜，若留该土司在桑，实不放心，又恐百姓滋疑，因而带押随行，一则沿途便于照料，一则借以代探消息。今又查出番官达拉戴琫、雪德坝等，饬下杂瑜百姓，征集战粮，谷子二百二十二克，玉麦一百四十二克，存诸官仓，交下杂瑜墨色阿德经管，该墨色业经承认，应即禀报备案。杂瑜地方旧有行台，为番官来杂下榻之处，桑昂土司每年来杂，即借行台为治所，卑营两哨，今即驻扎于中，合并陈明。

杂瑜田赋，上下土司，议有租科，每民一家，无论田土广狭，每年收水谷十克，旱粮十克，上下两村，共计户口一百四五十家，年收水旱租二千九百克，桑昂土司均分自用，并不输藏中，此有定数也。又有柴草酥油、金银铜铁及乌拉差使帮费各杂差，百姓折银上纳，或按征收，或合村摊派，取多取寡，并无成例，由土司随时酌议。至于药材皮革，各有土税，随其所得之物而议取之数，杂差银两，例应转缴入藏，而土税则土司自取，并无转交之例，此无定数也。

杂瑜两处晴少而土黑沙细，沙土性最宜晒，雨水虽多，而不害稼，且温和无殊内地。沿途多野产番椿、芭蕉、香柙、小竹、藤萝等物，又有兰草、海棠等花，□盖天地中和之气，酝酿而成，此其地之所以宜稻也。至土壤之沃美，气候之和平，不特巴塘、乡城不及，即置之内地，亦上等之区焉。理合据实陈报，为此具禀，恭叩崇安，伏乞垂鉴。标下程凤翔谨禀。

附：赵尔丰批程凤翔禀（三月初五日）

据二月十三日禀悉，所言尚详，惟俅俕一层，颇费斟酌，只在投英与未投英耳。如未投英，将来自必收归我属为主，惟不宜冒昧从事，慎之又慎，才于国事有益无损。兹将应查各条开列于后，并将杂瑜以外英属联界彼此各地，各绘一小图，可细阅之。俅俕地名有无在内，究在我界内，抑在英界内，惟须问总地名。如桑昂曲宗、杂瑜等自己在内，札噶当必知之，然与札噶居相近者，又是一村。此等乃小地名，不足凭也。

一、须查明俅俕所在，究系何地名，其地是否呼为珞瑜，务宜详细讯明。

一、原梯龚拉土官并其地必已投英，不然英人何能遣其来杂瑜引诱，务须查明。是原梯土官一人投英，是原梯一部投英，或已挟俅俕全部投英？此等处尤宜详细查明。切切。

一、杂瑜人民札噶所言俅俕欲投桑昂之语，究确与否？系一处部落欲投，抑系全部落欲投，自为一部，又因何事，思欲投诚。且该处曾投过英国否？英人曾到该处否？有何布置否？此尤须一一详细查讯，不可大意疏漏。要紧要紧。

一、有人云，波密之西为布鲁克巴，又名竹巴，已为英人诱胁相投。不知倮倮是其地名否？是在波密之西否？确查确查。

一、杂瑜与波密交界否？距离若干远？波在何处？路好走否？此时能进兵否？暗查切不可声张，令人知也。

一、札噶不妨收作营中通事，与以口粮一份，即多亦不妨。可于空额中支给，无空额，准其报销。

一、倮倮所缺何物？所喜何物？务宜打听明白。

一、倮倮如非珞瑜及布鲁克巴、竹巴等名目，且未投属英国，此须详查，不可为其所哄。自可准其来投，应予厚赏，准其报销。

一、杂瑜四至须查明，以后再访问倮倮四至。

一、原梯头人不来投，不必招。如来投，必问其前投英否。如彼云未投，问其既未投英，何人替英人来杂瑜劝投英国。如彼已投英国，无再收之理，仍以好言慰之，可告其彼即投英，我若再收，英国将来必将用兵于彼也。无论收不收，总以重赏，使其欢欣而去。

16. 程凤翔查询杂瑜等处情形禀[①]

宣统二年（1910 年）二月二十日

敬禀者：窃标下于二月十七日，肃呈一禀，具言杂、倮大概情形也。上邀慈鉴。计日度程，谅已早达帅座矣。十九日，又奉恩台初四日批，饬标下详查各端，及解送诱回番官各等因。标下遵奉之下，即派前哨哨长李西杯等，同率五棚勇丁，解送该番官等赴察，呈请核办。至于杂瑜地方疆域形势、物产风土，已于十七日禀内略陈大概。倮倮、阿子纳两族，与杂民言语不通，嗜欲不达，风俗不同，而且地面辽阔，一时诚难周谒。现已派有妥人前往查勘去矣，容俟查明再报。

杂瑜上下两村，距离不过四五十里，大小事件，亦难周知，缘中隔溜

---

① 吴丰培编：《赵尔丰川边奏牍》，第 481—483 页。

索，济渡维艰，东西百姓，非有事不相往来。所有大小事故，彼此多不与闻，即如阿登住河东仲宜村，为下杂瑜墨色，即不知上杂瑜之事。标下于十六日传讯杂瑜两岸集有若干战粮，据阿登称，去秋达拉戴琫饬令百姓按户纳粮，以备军食。下杂瑜八村共集成谷子玉麦三百六十四克，存墨色手上，杂瑜百姓未集等语，当经标下具文申报在案。伏思饬集战粮，乃番官之通饬，杂瑜百姓，讵敢抗缴不遵。阿登之言，恐难尽信。爰遣妥人，密加查访，始知上村集粮多于下村，及传该村僧俗墨色研讯。十八日午前，上杂瑜墨色犬噶翁姬格尤等来见。据称，上杂瑜百姓系十三小村合为一村，户口皆在河西，以全境而论，实为半村。百姓七八十家，墨色二人。去秋奉达拉戴琫谕饬比户集粮，以备军糈，共集谷子二百二十八克，玉麦一百五十克，交墨色等协同管理是实。同时，上杂瑜撒家寺呼图克图徒登过嵩觉村，亦称该寺系后藏之庙，喇嘛十五名，尚有田土，足比中资，佃户二家，分种庙地。去秋，番官通饬集粮作饷，未及庙地佃户，嗣经达拉戴琫查出罚佃户等出谷子一百克，玉麦一百克，二家平上，当即缴入庙中，交喇嘛收存，以备随时拨用。旋闻大兵入境，番官远逃，其粮尚存庙中，未经收去。

又，经标下讯出达拉戴琫饬该寺喇嘛每名自造镰弹三百颗，炮药三批，百姓则每家自造镰弹三百颗，火药三批，以备军火。现在各处均有药弹等语。标下窃思药弹皆僧民禁用之物，不得听其私存，已令墨色转饬百姓，挨户交出归公，共有若干，容俟缴齐，具文申报。至所集之粮，或即发还百姓，抑或充作公项之处，衹候训示遵办。

伏查杂瑜民风尚属纯厚，所言多实而虚少。伏经标下随时课讯，一面派人密查，远近情形，自不难于查确也。

再，标下到杂瑜之初，即查出番官恩得拍及□尤克珠二人，尚有存在杂瑜之物，其番官或释或隐，固尚未定，而诚恐抽查滋疑，百姓亦因而生惧。标下当派妥弁随时稽查，夜则派勇四面坐卡，免使潜移他处，兹奉前令，饬将番官解送帅辕，所存之物，应即查明具报。标下见番官所存皮箱、木箱、皮包甚多，所以随时派人防守，今同番官点验，始知其中皆干牛肉、糌粑面与破褴衣服等件，并无贵重之品，所以清折未列物件名目，仍饬该番官各书夷字清单一纸封存。现在远近百姓，各皆恭顺悦服，标下仍随时提防，日则派差轮流守卡，夜则派差逻察游更；万不敢因循怠忽，贻误事机，合肃禀陈，上纾慈厪。

再，杂瑜固是藏音，而百姓又有一种土语，通事皆不能知，识者谓与倮语相近，而又不尽同与倮。至于倮㑩一种，亦于本音外，别有土语，杂民亦不能知。故倮㑩于交易黄连外，绝少交涉事件。以倮㑩办事，但凭口传，未有文字。凡事皆反复不定，杂民称其为野人。男女皆挽朝天髻，赤足裸体，冬夏皆践棘茨而不知痛，卧冰而不思寒，各以牛羊皮围诸臀股之间，束装之异于藏番也。且以强者为尊，并无法度，有鸷焊者出入，皆望而畏之，其人乃恃其强暴，威逼附近之民；纳粮当差，于是自命为官，并不由何人委任，又有僻壤之人不纳粮，不当差，自食其力，自主其家，不知何者为官，何者为民，凡事皆尚势力，此风俗之异于藏番也。

倮㑩实为野番，不归藏属，杂人言之甚详，投归外人与否，俟倮民来见，详细讯确，再行具报。

杂瑜归桑昂管辖，藏倮交界地方，实在下杂瑜正南，相距三站之压必曲龚溪，合并声明。为此具禀，恭叩崇安，标下程凤翔谨禀。

17. 程凤翔禀报藏官埋藏察隅军械及其剥削等情形①

宣统二年（1910 年）三月初一日

窃标下于二月二十七日肃具一禀，详陈赴察请饷情由，上呈钧鉴。二十八日晚间，据巡勇报称，搜获番官埋藏杂瑜枪、刀、药、弹、皮箱等物，另缮清折，具文申报备案。即饬番官恩得拍及之兄锡若，洛桑克珠之弟登增曲迫二人一同点验封锁，寄番官行台内，并饬登增曲迫书夷字一纸自带备考。

复查，番官之兄与弟二人，皆系番官接事之时一同来到桑昂，为番官经纪收放百姓账目。百姓等既困于番官之烦苛，复受其兄弟之朘削，杂瑜

---

① 四川省民族研究所编：《清末川滇边务档案史料》，第 581—583 页。

悉席卷而入贪婪之囊。番官放账，皆系例派，以全境富户品算一年之进款，区分成股，然后再视一村之富户若干，每户应领银子、谷子、茶叶、青稞、玉麦等物各若干，借贷生息。贫民向富民转贷，富民请协廒担保。总司银粮者，则在番官之兄弟，复又派小娃以经纪出入。番官之利，固呈三分，加以其兄弟、协廒、小娃等层层需索，息已不只加倍。借贷之家，每年即借一克还一克，不惟不能还本，并且不准消利。查番官定制：贫民借贷，即饬年借年还；而殷实之家，不惟不令其还本，且不令其消利。每当秋收之时，惟派小娃入富民家中清算账目。小娃到时，另有需索。富民利息若干，折集为本，再加入例派年收进款之数行息扣算。于是，因利重利，年年加增，不将其家剥尽不止。杂瑜虽多出产，仍不能填无底之壑。富民畏其势力，忍受盘剥而不敢不遵；贫民迫于时势，明知利厚而不遑恤。富者因之而贫，贫者因之而困，怨声载道，憔悴何堪。所以地方虽极沃美，而百姓仍多困穷，此大利盘剥之实在情形也。今番官被解，而黎庶腾欢，以为自今而后有计赡生矣！

杂瑜官仓十余座，皆无存粮。据百姓称，概经番官借与各村百姓生息去矣。今经标下查出番官埋藏借约一大皮箱，所有番官借与民间各物，可否一律豁免，不令百姓缴还，以息民患，而惬舆情之处，出自逾格鸿慈。如蒙俯允，并恳颁发告示，逐处张贴，俾百姓各沾实惠，番官亦不敢派人蒙收，则边氓之感德，益无量矣。

锡若等性情之狡诈，甚于番官。若桑昂改土归流，势必早除此辈，以杜蔓延。杂瑜协廒亦是番官小娃，番官委充此任，实属私相调剂之事。年近六旬，老则患得，吸膏吮脂，苛猛于虎，百姓罔不畏而恶之。且以番官家人，而为杂瑜宰官，事权在手，即足以胁制百姓，而桀犬之噬，更不得不深为防备。至于番官小娃五十余人，皆不耕而食，不织而衣。此辈若非勒磕百姓，弄文舞弊，上下其手，口体之养将何自而取乎？若而人者，以公门之滑手，而为无职之游民，若听其混处民间，势必嗾众滋事，有碍者大。不然，枪刀、药弹悉是禁物，锡若等不寄藏于民家，而反埋于防内，存心叵测，于此已露端倪。即以锡若等所称，大兵已至竹洼，始知来杂之信息，搬移不及，再行埋藏等语论之。竹洼距杂尚隔三百余里，即不能搬移别处，而四处荒地均可埋藏，何必定在防内。锡若等侥幸图逞之心更显然矣。幸百姓皆痛恨番官，其兄若弟既无权力，更不可号召百姓，此奸谋之所以不遂也。

二十九日晨，上杂瑜撒甲寺呼图克图及上、下两村墨色等共缴来去冬番官饬僧民帮兵所造火药大小三十六筒，铅弹九千零二十八颗，锡若等图谋不轨之心，于此可见矣。查上杂瑜距防不过半站，下杂瑜即附近防所，该呼图克图等于十八日来见，自限三日内将药弹一律交齐，延至二十八日尚无影响，于昨宵查获番官所埋军械，今日即缴来各家所有弹药。百姓自愿早缴，以明不二之心，而锡若等从中阻留，欲图暂时之用，其蠢动之念，更可不击而自破矣。夫夷性犬羊，最易反复，眼前虽极恭顺，若使顽梗之徒混处其中，安知不为彼所煽动。标下为大局起见，因不揣冒昧，历陈实情，上渎聪听，伏冀早除肘腋之患，以安民心。消隐患于未萌，诚未雨绸缪之至计也。

锡若等罪不容诛，本拟请示遵办。正缮禀间，适奉钧批，饬将该番官、小娃一并解辕候讯等因。其时，番官已经派弁起解九日矣，该小娃尚管押在桑昂曲宗，当即函饬卑营后哨弁勇解送竹洼，往还尚须三日，即由标下派呈旗姚玉兴带左哨勇丁前往竹洼接解。窃维杂瑜距察甚远，往返必需月余，派差颇不容易。所有该番官之兄弟锡若、登增曲迫等应即一并交该呈旗，顺便解呈帅辕，听候发落。缘卑营一哨开赴闷空，一哨尚驻桑昂，标下所带驻杂三哨，前派五十余人解送番官尚未回防，锡若等若再管押卑营请示办理，如蒙批准解送，则往返之艰，奔走固不足惜，而人数之寡，分配实恐难敷。是以不揣冒昧，径将锡若等顺便解呈。标下非敢擅专，实有不能自已之势，伏恳帅恩见宥。

同日，又奉到恩帅正月二十一日发下查获番官、小娃等物及存粮一千克，与所报到防日期、驻扎处所三项批示。查系夷差送至盐井，复转到杂瑜，所以稽延时日如此其久，幸而尤未遗失。至申报招募及缴存款各批示，均于是日一同奉到，合并陈明，上纾慈厪。

是日，又接到卑营右哨哨弁彭日升由闷空寄来函称，该弁于二月初九日由桑开拔，十八日始至闷空。实际途程只有九站，因积雪太厚，人迹早已断绝，不能行走。每过大山，皆先派人赶乌拉在前踩实路径，运驮乌拉随即跟走，先后两次耽延两日，所以迟至十八日方到。至经过地方，半是深沟，绝少平坝，又乏居民；间有居民，又非平坝；亦有平坝，又无水木，似未有一处可设州县地方。容到闷空后，即速策马驰查详确，再行绘具草图呈报等情前来。标下阅函，反复寻思，该弁所经之地如此艰险，或系走入小道一路，必别有大道可以建设州县之处，当即专函复饬该弁另行由大道查勘。而闷空至毕土地方，亦当详细查明，迅速具报前来，以便转禀各等语去后。应即将连日所办事务详细具报，上纾慈系。

18. 程凤翔划分各区计划禀①

宣统二年（1910 年）三月初八日

敬禀者，窃标下于三月初一日奉到帅批："开禀悉。该管带既经过处，所拟定设治之区，相距四五站计之，已有五处之多，尚有未能勘明者在外，如此星罗旗布，固属为治理就便起见。惟各处户口、粮税之多寡，能否足敷政治之经费，亦不能不预为筹画。该管带经历各处，情形当必尽知，倘恐将来入不敷出，则又不必拘定，每州县只距四五站，即距七八站亦可。其与外人交界之处，设官又不宜简略。本大臣已委段委员前往查勘，该员到时，仰即将此批移知，以便遵办。此批，图存。"等因。奉此。

窃查桑昂、左贡所属之区，幅员辽阔，土广人稀，地方硗埆过半，按地筹费，固不免赢绌各殊，挹彼注此，或不难通融办法。杂瑜一区，地腴而广，物产亦丰，惜民人少而旷地多，税厘外田粮无多，待将来垦政大兴，此一区或足敷两县之用。桑昂距杂六百二十余里，夷民原系八站，标下酌定为五站，此处拟设治所一区，以联声气，若再推而远之，非三站以外，未有居民，距离太远，未免隔阂。惟桑昂三面皆是雪山，独东南一面，下通杂瑜，开辟最易，将来筹措经费，势必仰借于杂瑜。然附近居

---

① 吴丰培编：《赵尔丰川边奏牍》，第 483—485 页。

民，现已有二百家之谱，旷地尚复不少，添补经费所需，或亦不多，若设一县，遂能经费自足敷用矣。

由桑昂小道至俄巴亦距大道，则相距八站，此地较昌易为近，现有居民七家，四面尚多村落，远则距十余里，近则距七八里，拟将昌易、树日两治所并入此区，则经费亦足敷用。

由俄巴西北六站至业巴冷卡之治所，可移此处，其地人民亦多，距波密界尚隔五站，其西南未经标下亲历之七村，北有工巴、吞多、左贡各处，东南又有咱工、拉龙、共雅挞诸处，均可隶在业巴。此区经费，或可不待外筹而自足。惟业巴北岸，沿江而下二十里地方名曰工巴，其地土之沃，物产之饶，形势之固，较业巴为胜，惟不通大道，诸乡不便，此处治所，或建工巴，或建业巴，尚祈核夺。

札宜西南距业巴六站，距俄巴五站，东距夹浪五站，北距江卡四站。其地方人民繁盛，每年收粮或足敷经费之用，若再加以开辟，势必有盈无绌，揆形度势，一应设治所一区。夹浪一区治所，拟为将来税关基础，似不宜置诸度外。如不设治，可先派委员到彼处试办厘金，俟有起色，再行设治。

至于闷空，东西相距在十二三站之遥，南北相距亦在八九站之遥，其物产之富，地方之沃，迭经标下禀报在案。此中建设治所一区，经费应绰绰有余，惟未经亲历，治所应建何地，尚待卑营左哨哨弁彭日升查确报回，再行禀报。

以上左贡、桑昂所属地面，共拟建设四县，两厅。标下奉批至今八日，统计形势之大概，计道路之远近，查人户之稀密，通筹合计，距杂太近，因恐经费不敷，距离过远，又恐声气隔阂，标下再四踌躇，分区布画，谨据管见所及，为我帅略大概，容俟段委员到日，再行详细讨论，确实磋商，统俟斟酌妥当，再行详报。

正缮禀间，适奉帅札，饬令毋庸派人前往珞瑜、阿渣查访等语，当即具文申报在案。惟前禀所呈倮民尚未投英各情由，札噶据倮民之言回报甚详，标下亦甚恐其为倮人贡谩之意，然倮、藏言语隔阂不通，又不能另派别人查访，不得据实转陈，尚俟陆续查确，始敢极力开导，劝其来投。标下屡奉明训，决不敢轻举妄动，致开边衅，以启殷爱，兹奉前令，即一律停止□□龙旗，标下即遵照前谕，交杂瑜墨色竖立杂、俅交界之压必曲龚溪，以示区别，合并声明，为此具禀，恭叩崇安。标下程凤翔谨禀。

19. 程凤翔禀饬查各项俟往察洼详查后再行具报①

宣统二年（1910年）三月初六日

（缺）正封禀间，适接傅文案（傅嵩炼）函开："顷奉帅谕，来禀所言咱伊，本系杂瑜，应前往查勘该处地面之大小，所产何物？究与英、法两国何国交界？或是山，或是河，总有界址，须逐一查明禀复。至桑昂曲宗及杂瑜之地，何处平坦？可设州、县几处？设县总以相隔四、五站为一县乃可。又有察洼一处，应派兵一哨前往查勘该处地方情形禀报。凡大兵经过之处，一切地土、物产均宜详细察报，以便查考等因。再，札宜、闷空、桑昂曲宗、左贡、杂瑜、察洼各处，阁下均已周历，务统观大势，共应设州、县若干？衙门应修何处？设官之处宜居中，又要与各县相隔仅四、五站，必求地方平坦宽大，将来可设城镇；又要木料就便，水亦便利，能产米食之处，乃为上地。阁下须筹及之为要。"等由。准此。

窃查，标下前派右哨弁彭日升至闷空查勘东南之地，经过实多，惟由桑入闷西北之地未经到过，兹仍派该弁率兵一排前往周历详查具报。明日初七即派该弁起行赴察洼，容该弁查报来防，即行飞禀。

杂瑜距桑昂尚隔七站，标下前日察报各情形，均据夷民所称。其地物产实多，大约产之四山，而杂瑜实总汇之区。容俟标下将桑昂曲宗事务粗为料理，即日率中、左两哨弁勇前往详查一切，再行具报。现在远近百姓纷纷来投，标下即留前、后两哨仍住桑昂土司寨内，以备镇慑，并借以安抚百姓。

再，卑营正、二两月之粮，于去年腊月即派弁赴巴领回。以后之粮，若再回巴请领，路途太远，往返实难。拟于就近采买红米，以资接济。倘

---

① 四川省民族研究所编：《清末川滇边务档案史料》，第586—587页。

因民户辽远，一时难于措办，卑营兵勇均皆能食糌粑，万不致因粮掣肘滋事，合并陈明。

20. 程凤翔禀据哨弁彭日升函报闷空可设治所①

宣统二年（1910 年）三月十九日

窃标下于三月十六日肃上一禀，缕陈杂瑜民控喇嘛英珠食得勒磕情由，上邀钧鉴。

十九日，接右哨哨弁彭日升函称："闷空地所至，均已勘明。由桑昂至闷空东南一面，虽有平坝，每多倾斜，未有可建州县之所；西北面，尽是夹沟，未有平坝，即有村落，而人户寥寥，结庐多在半山；惟东南明贾一带相距一站，即有十七村，计居民三百余家，原有一半属闷空地方，今已全归云南阿墩管辖矣，现有阿墩土兵护送法司铎任安牧游历驻扎此地。至东北一带，如瓦堡格壁，地势虽好，距盐井、扎宜皆近，惟闷空属适中之地，居民亦多，惟此可以建设治所。"附呈草图一纸等情前来。

标下揆形度势，闷空所属东西相距不过十站，南北相距较窄，西北与札宜、俄巴两处相距不远，截长补短，设治所一区，实足以镇慑其地。谨据该弁所呈之草图与标下前日所拟草图，合成一幅，略具大概情形，上邀慈鉴。所有详细形势，容俟段委员到日，再行斟酌另绘。十九日接段委员函称，三月初三日由井起行，计日度程，不久当至杂瑜矣。合肃陈明，上纾慈系。

惟闷空界址现已勘竣，卑营右哨或即驻扎闷空，或仍调回杂瑜之处，伏候训示遵行。查闷空距毕土三站半，距盐井五站。杂瑜至盐井原有两路，闷空、扎宜皆系大道，而闷空一路较扎宜为近。惟中有大雪山数处，冬春难于行走。由杂瑜至闷空七站半，合前五站至井共十二站半，径由扎宜则十六站半矣，为具站程清折备查。

附：赵尔丰批文

禀悉。闷空既是适中之地，将来设治在此，距盐井亦只五站则声气易于联络。段委员到时，仰即会商妥为查勘。

---

① 四川省民族研究所编：《清末川滇边务档案史料》，第 603—604 页。

21. 程凤翔续探外人插旗情形禀①

宣统二年（1910 年）三月二十一日

敬禀者，窃标下于三月十六日接奉钧批，并派弁查明洋人在压必曲龚溪插旗是否属真等因奉此。当派卑营右哨哨长张绍武往查，二十一日回称，插旗拔旗，均是实事，另文申报在案。惟据该弁复称，该洋人插旗之后，即于是日往密巴家再三讯问，是否投过汉人，有无凭据。密巴称去岁汉人来到桑昂，我等即投诚，又蒙汉官给予各家护照，以资保护。洋人索取护照，详细看过，始谓尔等投汉甚好，我等虽插旗，尚未奉有我国明文，所插之旗，应即拔去，当将旗帜扯下收卷而去等语。查我兵未到桑昂之前，洋人来过数次，均系径到杂瑜，今见龙旗，即不宜入其境，关于界边询问一切，自称未奉明文，似非虚语。不然插旗拔旗，何其迅速如是。所有查得洋人讯问杂民情由，合并陈明，为此具禀。恭叩崇安。标下程凤翔谨禀。

附：赵尔丰批文

禀悉。外人竖旗之后，因查讯居民业已投诚我国，领有护照，即将旗帜拔去。兹由本大臣随批发下护照千张，仰该管带承领，购觅能与倮㑛通气之人，前往说令投诚，给予护照，允以保护。此批。

22. 程凤翔续报杂瑜倮㑛情况禀②

宣统二年（1910 年）三月二十二日

敬禀者，于三月二十一日，接奉手谕，饬查珞瑜地名，波密交界，与倮㑛曾否投英，各等因。标下查自冷卡以上至桑昂止，正西偏南一带，皆波密属地。据夷民称，由桑昂西北经八宿境四站，即至波密界，由杂瑜西北行七站半，亦波密与妥巴三处交界地方，另具站程清单呈阅。惟杂瑜西北道途险峻，牛马不能行走，又有公拉大雪山，冬春之间，行人绝迹，惟五六七等月，可以徒步，不可运载辎重。若欲进兵波密，惟由桑昂一路差

---

① 吴丰培编：《赵尔丰川边奏牍》，第 473—474 页。
② 吴丰培编：《赵尔丰川边奏牍》，第 485—487 页。

可，虽不如左贡、江卡各路之坦易，尚可运载辎重。

珞瑜地名，今查得下杂瑜有数家百姓之小村字音相近，而地面太小，恐不确实。惟妥坝一种束装，绝类俅僜，而杂民皆确知其种类各殊，俅、妥两种，风俗言语，各不相通。妥坝地方，亦产黄连，较杂、俅两属之连大而且佳，该地之连，亦常入杂贩卖，然妥坝之人，可以来杂贸易，而杂瑜之人，则不敢入妥驻足。据杂瑜耆民称，五十余年前，杂瑜有数人入妥，均被妥人杀死，传之四方，皆不敢入其域，所以夷民皆知其为野人。复查妥坝风土人情，与《卫藏图志》所载之珞瑜，大致相同。惟妥坝之字，音韵悬殊，是否珞瑜，尚待访查。

札噶前奉钧批，饬令勿庸经俅，已予重赏，饬令回家去矣。该处距防四站，标下有信，彼必速来，合即谕补为通事。札噶人尚朴实，如不愿为通事，标下给予厚赏，彼必肯随时来防听差，今已致信前往，不日来时，便可定夺，再行详报。

俅民所缺者，食盐、牦牛、奶子牛、鸦片烟等物，而最喜者亦此数种。俅民吸鸦片烟，不似华人，常用生泥卷入叶烟内吸之，如一日不吸，则腹痛如割，疑即瘾病。俅属所产者惟黄连，辄用黄连易牦牛、奶子牛。其地不产盐、烟，盐与烟皆以连易。桑昂所属境内，用盐皆由盐井、察木多两处运来。其盐质井优察劣，井盐最下等，盐泥参半。察盐则纯似红泥，其咸味均不如井盐之重，大抵桑昂以上，均用察盐，桑昂以下，多用井盐，亦因地配食之意。杂瑜一带，尚有闷空夷商量井盐来易黄连，故以间用井盐。标下前已遣夷人赴盐井购办，以备赏需之用，不日当回杂瑜。桑昂所属百姓，颇喜金玉茶，凡有来投夷民，罔不多予川茶，以结其欢心，原不敢爱惜重资，以违其所欲。查夷人皆图小利，来投之民，如得重赏，即可转相引结。标下重赏桑民，无非风示俅民，俾知华人厚待夷民之意。俅民所好，盐与牛皆易购办，惟鸦片烟一种，无处可买，俟札噶来时，再令前往查探，标下亦派妥人与之同往，详查俅民实在投英与否，方敢极力劝诱，绝不敢稍涉冒昧，妄开边衅，以启殷忧。俅僜是否珞瑜？藉此［查］访周咨，或得其实际。原梯龚拉，距俅之站，并可乘势探听土官消息。倮民果未投英，即不妨招之使来，以省往返。且由标下讯问，较派人查探更实，合先陈明。上纾慈系。肃此恭叩崇安。标下程凤翔谨禀。

23. 程凤翔查核地情殊多不合禀①

敬禀者：窃标下于二月二十八日具禀，已派札噶前往原梯龚拉调查去矣，并呈明西南徼外桑昂、杂瑜各地方山川部位形势，内引日本大尉所称工布过怒江为野番杂瑜一节，疑为雅鲁藏布江之工布穆索城，今阅《西藏图考》，始知工布毗连江达，为西藏属地，和氏太安《西藏赋注》其东工布、江达，险凭隘口，驻西藏东南七百四十里，名工布、江达二隘口，波密、拉里、边坝隶属。西招其注工布、江达东南行十五日，名上波密，系甘南木第巴管辖，下波密系西藏派营官管理。又考《西藏图考·程站记》，江达依山谷，形势险要，有工布碟巴供给差役。标下按工布部位，在江达之南，距前藏七百余里，怒江尚远，以是知其为误也。又大尉以怒江北行之咱义为杂瑜，标下亦为不识所知为何地。今考黄氏沛翘所著《续审隘篇》，其雅鲁藏布江由阿里迤北之相木朱克喀巴克山发源，曲折东趋，受南北数十河水，横贯全藏，至甲噶、咱义折东南流入珞瑜境云云，于是咱义在雅鲁藏布江西北岸上，可知咱义之毗连珞瑜，惟以咱义为杂瑜，则相隔太远。其续篇又云，咱义东行逾雅鲁藏布江，又东通乌苏江。源出墨竹工卡，流入雅鲁藏布江，又东过桑令河，至薄宗城，为薄藏布河。按图经，即槟榔江上游，又绕龙川江上源，按其形势，至此始至桑昂曲宗之上游，千余里地方，过怒江，经洛隆宗，至嘉裕桥。标下未至其地，不敢忆断。但据程站记考之，由前藏东行，一百八十里至墨竹工卡，又一百三十里至乌苏江，又三百四十里至江达，推而至桑昂曲宗，其远不下三四千里矣。咱义、杂瑜，本风马牛不相及之地，而牵合为一，无怪其以南行为北行也。今详考其书，以咱义为杂瑜，殆误于《西藏图考》之小注，而正文皆无其说。又据黄氏楸材所记，巴塘属之番官，有上灵卡石、下灵卡石地方，均在金沙江一带，距巴塘约三四百里，又有桑昂巴野番在瞻对之外。

---

① 吴丰培编：《赵尔丰川边奏牍》，第487—488页。

此等地方，均在怒江之北，古人或误以灵卡石为桑昂之冷卡，以桑昂巴为桑昂曲宗，故有北行之说。标下虽未亲历，不敢遽指其为非，而北行之误，安知非闭户蒐罗者为字音所惑也。至于关外翻译，多不识字，但能传言，若成见以诘之，反复追求，而言语声音，本无定凭，再转与所求之字吻合，此亦至误之一大弊端也。

窃维舆地一学，泛滥无根，非有测绘师引成距离方向为凭，而高折高下，岂能遥度编纂，能以悉合。且非考究功深，而原委分合，亦难详晰。标下素未考究，亦鲜测量学，但就足迹所经，证之旧图，未敢自信其是，亦未穿凿附会，期与古符，而不求其实际。谨抒管见，再陈数言，以资考查，是否有当，伏乞鉴核。标下程凤翔谨禀。

24. 程凤翔探闻仅达引一村投英并俅俚情形禀①

宣统二年（1910年）三月二十五日

敬禀者：窃标下于三月十九日、二十日及二十二等日，共上三禀，详呈勘明闷空请设台站，及波密道路各缘由，均于二十三日派夷差赍送，上邀钧鉴。二十四日午前，俅俚总贡村百姓厄苏、酾聋、辖聋三人前来投诚。据称，该村居民二十家，距阿萨拉十站，其地硗瘠，不产米粟，只产玉麦、燕麦等物。俅民之投英者，为紧接阿界之达引一村，其余皆未投英，去年有来杂瑜者，不识为洋人、汉人，各皆逃匿不见。其后以争资雇夫，每人一天给立洋一元，始有人为之运动物件。又云，该地未有头人，村中如有强悍横暴者出，能勒取民间财物，占霸人家产业，人皆望而畏之，乃自谓头人。究之一切大小事务，皆凭众公议，而头人亦不能挽其权宜。且各村有各村之地名，第无所谓总地名者，此村之事，但与村商之，而别村皆不与闻，亦无全境共商之事，所以达引一村投英，而各村不愿投，亦无人挟之使投者。盖以彼村之人，只能与彼村商之，而别村皆不能干预，达引地方甚沃，人口甚多，惟未亲身到过，不知其有若干村户口。

前问札噶传说，汉官待民甚厚，赏号犹多，且又准垦杂瑜旷地，我等

---

① 吴丰培编：《赵尔丰川边奏牍》，第488—491页。

闻之，特来投诚，望其垦地谋食等语。查自三月初二日，札噶由俅回杂，备言俅㑩地瘠民贫，谋食维艰等等惨状，因思杂瑜土广人稀，旷地甚多，拟欲俅㑩人来开垦，以便查探实情，藉以为招诱地步。因与其僧俗墨色等众商之，上下两村之人皆愿，并无异言，始令札噶于回家时，就近处俅人传说之，厄苏等闻之来杂，令札噶在家耕田，未得借来，无人知其语言，通事只知藏语，不知俅语。查有上杂瑜民阿格素，与俅交易，能知其语，厚赏金玉茶，令来翻译，俅民颇有畏惧汉人之态。标下厚赏以盐井块盐及藏元等物，普告以普天莫非王土，莫非王民，中国与俅㑩原是一家，不分彼此，不似洋人，生长海外，来到中国，华俅相距不远，最是亲切，杂瑜与尔唇齿相亲近，我兵特来保护。杂瑜人肯亲近汉人，皆得我之重赏，尔等如果肯来亲近，同是一般看待，又何必畏惧如此。俅民既闻此言，又获重赏，喜出望外，又称总贡村二十家百姓，前闻札噶之言，愿来投中国，别村之民，不知同心与否，然皆可以转相汲引，惟未有头人，民心涣散，恐难遽连为一气，势必多待时日方可等语。标下再四思维，达引一村即投英人，早已进步，何敢据乡愚之言，冒昧从事，但先给予重赏，以结其欢心，暂令该三人在上杂瑜垦荒，尚未遽许其投诚。厄苏既得其光彩，欣然乐从，俅民之爱小利甚于藏番，弟借重赏以诱之，风声所及，当必有接踵而来者矣。今据厄苏等所称，英人在俅布置，已有明证，而俅民未尽投英，亦非虚语，反复研诘，但称达引距阿太近，阿早投英，时常勾结达民，英人又常来往，达引之人，皆与英人熟悉，故尔投诚，其余之村，无论洋人汉人，无不躲避，即欲通一语而不得，岂肯投诚。今我等已知汉人之好，应即竭力传说，惟各皆有地名，但举其所知者言之，由上杂瑜一站至徒令噶，二站至沙底，三站至协聋，四站至闷空，五站至东珠，六站至纳的咱，七站至总贡，皆是大路，其余地名尚多，不能记忆，并无有总地名等语，标下问至半日之久，该三人所言皆同，惟恐困于一隅，所见无多，所言不详，容俟后来俅人陆续详查，随时禀报。

至于俅人束装之异，实是野人，其发少而卷，粗而焦，指天挽髻，如胡桃大，两耳垂轮，各穿大孔，纳指大空竹管于其中，内穿铜环，下垂至肩,一环重约两许,下身裸体赤足,胫多疥癞,常骚抓身上,以保绸围腰,表以毡子,然皆用全副披搭两肩,下覆至股,并不剪裁,此即出门之装束也。至于在家,尚不及此,无论与何人相见,皆无拜跪拱手之礼,持短烟杆,长约四五寸,或坐或立,常握诸手内,或吃于口中,与人交谈,大笑则为喜,手舞足蹈则为喜,其野蛮现象,实不可以言语形容。恐化导之力,非优而柔之,渐而进之,一时难于驯致也。再倮民烟杆,多以木削,勾头凿空为斗,或包银或包铜,或就木体用之,并不包银铜。又有竹头凿孔为斗,另斗小竹杆为柄,种种烟杆,均随便不堪言状。其烟亦本地所产,已于二十二日详禀在案,合并声明。为此具禀,恭叩崇安。标下程凤翔谨禀。

附:赵尔丰批文

据禀,倮㑩地方民情风俗均悉。此次总共来投者三人且系欲到杂瑜垦地,是不过无聊之贫民希图杂瑜地土厚利耳。惟既已来投,只可收留,以广招徕。杂头人百姓亦愿倮民开垦,是否出于本心?不可令其勉强,日后转多生枝节。并应饬该头人随时保护所垦之地,出产仍照杂瑜百姓一律纳粮,以免歧异。至番官之物选经批令发还。所存卓家村之物,亦不必查之也。段委员到时,仰即遵照从前批示,会商妥办。

25. 程凤翔续报珞瑜情况[1]

宣统二年(1910年)三月

敬禀者,窃标下于三月初三日接到傅文案函开,顷奉帅谕:"程管带现赴杂瑜,查杂瑜之外,倮㑩地,有人谓即是珞瑜,珞瑜之外,阿渣有人谓即是竹巴,应一并查明,惟倮㑩究竟已投英国否,当未可知,程管带既到杂瑜,可觅熟悉路径及与倮㑩头人相好之人,出以重赏,令其前往开导大兵保护蛮民之意,决不骚扰,如未投英,可投中国,倘已投英,则不必劝令投中国,千急千急。至于交涉宜详慎办理。至杂瑜原系桑昂曲宗所属,如到彼处,务多为开导,勿令惊疑。我兵须严加约束,俾秋毫无犯,方能收拾人心。倘倮㑩未投英国,而投中国,则倮㑩地面与外人交界之

---

① 吴丰培编:《赵尔丰川边奏牍》,第491—492页。

处，务令开明界址，究山系河为界，总宜确指地处，给该处头人以龙旗定界。如俅僬早已投英，则龙旗即交杂瑜头人，凡与俅僬交界之处，亦必开明界址，造具兵丁口册，以便保护，禀报在案，至龙旗一项，现已备妥，饬人送交程管带可也。"等因。奉此。

窃查标下到杂之日，即派杂瑜、俅僬交界之札噶，前往俅僬地方开导百姓，前来投诚。并饬查明俅民曾否投英，与俅僬、阿子纳交界，是何地名等情。该札噶称与俅人甚是熟习，俅人入杂贩卖黄连者，常与札噶往来密通。标下系二月十八日派札噶入俅，今已有十六日，不日当即返杂矣，容后俅人来见，详细询确，再行禀报。龙旗二面，已全数收到矣。容标下赶即查确，遵照办理。

正缮禀间，适札噶与挫江二人，由俅回杂来见。据称，札噶入俅，曾约挫江作伴，二人同行八站，至俅僬之帮工，而遂由帮工再三站，即阿子纳疆界矣。向来杂瑜之人，皆不敢入俅城，二人与俅民素尚交易黄连，又能识其言语，始敢径达其中区。又称外人已四次至俅，曾派俅民修路支乌拉等差，皆给予工资，每人一天可得洋钱一元，乌拉一匹，亦得洋钱一元，俅人多□贫，贪其利而为之驱使，若无工资，俅民即潜逃，不与之当差，且保罗未有房屋，悉是野宿，〈下残〉

附：赵尔丰批程凤翔禀

禀悉：俅僬是否珞瑜，前已批令确查，□细核方向，俅僬似非珞瑜，惟该处必有地名，英人既招其修路，难保无投英之事，所修究系何处之路？如何修？在俅僬境内必已归英，即不必招其投诚，该管带复派札噶等前往详查，俟回报之时，务宜妥慎详问具禀。此案不可稍涉大意，致酿交涉，饬即遵照先后批札办理。此批。

26. 程凤翔、段鹏瑞报详查杂瑜地情禀[①]

宣统二年（1910 年）三月二十九日

敬禀者：窃州判鹏瑞，月中由闷空起程前往杂瑜，曾将沿途大概情

---

① 吴丰培编：《赵尔丰川边奏牍》，第 492—493 页。

形，具禀驰报宪辕，谅邀钧鉴。

州判鹏瑞随于三月十三、十四、十五等日，在闷空调查，十六日由闷空启程，此路雪山尤峻。惟值天色大晴，仅至呷哈之通拉大雪山，人马皆陷，又住一日。至二十七日戌刻行抵杂瑜，与标下凤翔相见，面商一切，所有宪批，亦经遵照宪谕，抄与州判鹏瑞祗阅。但查杂瑜应行调查地面，当有标下凤翔此次奉饬插旗之保俉界址，及渡溜，复至上杂瑜等处。州判鹏瑞，现奉宪札调查，自应再行亲往查勘一周，才于瑜境山川、道里相去远近，及气候、出产，一一寓之心目，然后回瑜绘图贴说，先行禀报，以期迅速，而免疏漏。其余桑昂曲宗、左贡、吞多一带，州判亦拟每至一区，即将每区查明，先行绘图一张禀报，以期上纾宪廑。一俟将各处地面查毕之后，除随处陆续呈送分图外，彼时山脉、地形、江源各情，周围二千数百之间，形势在胸，不致茫昧。然后分疆划界，详绘全图，以期仰副我宪经略边陲之至意。所有州判鹏瑞行抵杂瑜，驻扎一日，仍于二十九日渡溜，先往下行查勘保俉界址，随即驰赴上杂瑜调查缘由，理合具禀，伏乞宪台俯赐查核，批示祗遵，为此具禀，须至禀者，管带程凤翔，州判段鹏瑞谨禀。

附：赵尔丰批速行勘查详报

会禀悉：该州判既由杂瑜前往保俉查勘界址，该处系属野番，须随时提防，不可稍涉大意。勘明之后，速急返杂瑜、桑昂曲宗处，通盘筹划，绘图详报。至闷空之禀，至今未到，仰即遵照。此批。

27. 程凤翔禀请就桑昂曲宗营官行台改设台站[①]

宣统二年（1910年）四月初四日

窃维文报之驰递，专赖邮传；粮饷之运输，尚资台站，此邮政、塘务所由设职分司也。关外草昧初开，阛阓缺乏，一切粮饷、辎重转输运载，罔不需用乌拉。炉关西行，沿途皆有台站，乌拉脚力，发给早有成规。桑昂投诚伊始，犹是草地陋规，夷民以支乌拉为供差，无程站亦无脚力。今

---

① 四川省民族研究所编：《清末川滇边务档案史料》，第619—624页。

据夷民称，番官旧例，凡支一匹乌拉，恒饬百姓多支二、三匹不等。然实需乌拉仍是一匹，其余二、三匹皆饬折上银两，不上乌拉，名其曰银差费。相习成风，民虽苦而莫之何。故乌拉差到，墨色派民，但恐差事之不均，百姓支差，更恐一村之不到。于是挨村更换，不计道里之远近，但论人户之稀密。凡有村落之处，无论相距十余里、数十里，均可更换乌拉等语。

标下窃查，番官以乌拉为差使，并不发给脚力，故百姓支差，只期劳逸均匀，不恤路程远近。若发给脚力，势必按站计程，才足以昭公允。标下拟遵帅札前定章程，远则百余里为一站，近亦八九十里为站，截长补短，程站总期适中，便军恤民，台规仍不违旧。人烟辐辏之区，不必挨村更换。若介中居民，则于较近之站派人听差。又有两站相较，人数多寡悬殊，一遇大差，势必难于支应。惟有拨人多之处，以补人少之处，裒多益寡，则劳逸可均，挹彼注兹，斯缓急可济。墨色听差，附驻台站者无论矣。倘或距离太远不能就地听差，自当统计全台所属地面共有墨色若干，酌定限期，按定班次轮换，以专责成。凡有台站地方，墨色应常派差马数匹养畜其间，以备紧要差使随到随换之用。乌拉不得掣肘，公务自少迟误。若公差支应乌拉，无论汉夷，均以马牌为凭。公差先给力资，墨色即照牌给马，以杜借公冒支之弊。

至于力价多事，亦应斟酌。关外乌拉脚力，惟巴塘、里塘一带系半元一站，其余仍是一角。查宣统元年（1909 年），卑营开赴札宜报销乌拉力银案内，蒙恩准用一角一站在案。是年秋间，标下趋叩崇辕，又见色许、德格一带乌拉脚力亦系一角一站。统就关外全局而论，半元一站之处尚少，一角一站之处实多。可否均作一角一站发之，以归划一之处，伏候裁夺。

窃维乌拉力银，一站给予一角，已足符适中之数。标下尝阅报章，现在银价昂贵，每银一两，可换制钱一千五百余文。一角计银八分，已合制钱一百二三十文，揆之关内雇夫力价，差等相若。概给半元一站，力价未免过昂。关外文武官员，转运辎重、粮饷，罔不作正开支报销。但举一端费用，半元一站固不嫌多，然聚土成山，积流成河，统各营各署之报销，综而核之，所需势必浩大。拟恳帅恩，概定一角，上之可节报销之浮糜，下之可恤公益之小费。如蒙俯准，即恳垂示通知，俾百姓家喻户晓，免使争多论寡，各执一说，以为冰炭不容之势。

标下初入桑境，沿途百姓尚守番官旧制，所支乌拉或十余里更换一次，或二三十里更换一次，尝有一日更换三四次之处。拟欲照章给价，而一起乌拉，恒有不足半站之数，反复思维，实无从剖析分给，乃为稍事变通，按道里之远近，酌给川茶作奖资，以恤其劳。合并示知，以后支应乌拉，勿再零星更换，不便发给脚力，俾众咸知汉人按站给价之意。到桑既见程站已经粗定，标下开赴杂瑜，按五站发给乌拉脚价，百姓喜出望外，咸谓从古未见之事。台站之设，亦百姓所共愿者也。

再，盐井至巴塘前进为七站，发给力价，亦照夷民旧例，撰之台站程递，未免太短。查巴、井相距不过四百四五十里之谱，卑营驻井日久，勇丁常因公至巴，速则两三日可至，迟亦四日余即可至，即率队而行，亦只在四日以上，从未有过五日者。复查藏卫旧站，由巴一站至竹巴笼，二站至空子顶，到盐井至此，已将一半矣。其三站则由空子顶三十里至那木塘尖。即由此分路，六十里至甲乙顶宿。四十里至宗岩尖，六十里至觉陇宿。觉陇至井三十里作为半站。共计由巴至井定为四站半已符适中之数。方今炉、巴一带改土归流，建设州县，正宜以台站之远近而定疆域之广狭，所拟盐井程站，是否有当，伏乞衡夺。如蒙谕允，并恳饬下盐局委员，俾转知百姓以归一律，而免纷歧。

伏查关外地方，以巴安为中枢，四方台站罔不交达于此。所拟桑昂程站，另缮清折，呈请察核。

谨将桑昂地方各地程站应有事宜，缮具清折，恭请鉴核。计开：桑昂曲宗地面辽阔，向来行台原分三站，兹仍按照各路约计里数，定作站程，以便按站发给乌拉力价。

桑昂曲宗原有番官行台，以驻往来差使，并由就近墨色轮流派差看管。拟就行台地方改为台站，仍由墨色派人轮流听差，以便支应乌拉，驰递文报。

驻台听差，应有常年经费，以恤勤劳。查番官旧例，皆由当差夷民自带口粮，班次以十日为一轮，墨色届期派人替换。若改为台站，自当筹备经费。复查，桑昂一带，旷地甚多，听差百姓，不能随时有事，公毕即饬垦荒，轮替轮耕。收成之粮，存台归公，以备台差口粮。

开垦公地，台内户口若干，各派一人同垦，以期力少功多。每年耕种，亦由各村墨色率领百姓同耕同收，不致互相推诿，无补于事。

公地出产，固为台站口粮，若年久有余，即作公庄，以备培修台站之用。

番官支用乌拉，向章原无脚力，百姓支应差事，只期有人替换。凡户口繁密之区，皆有行台以为更换乌拉之所。桑昂人烟辐辏，行台均不甚远，标下经过地方，尝有两台相距仅隔三四十里者。今拟改为按站发给力价，最近之处必合两台为一站，庶足以平允，而不致于偏亏。

巴塘中枢要区，四方台站均宜向此以为准则，此路台站自应预为筹划。帅节现驻察木多，一切文报，多于巴塘，不得不暂设台站以资更换乌拉。然由桑入藏，察台实为冲途，沿路皆有番官行台，此路将来即不设台，亦应定出站程，以为发给脚力依据。至于杂瑜出产销场，全在阿墩、闷空、夹浪一路，乃由桑入滇通衢，更宜定出站程，为将来开商基础。此路未有文报，不设台站，合并声明。标下所拟三路站程：上入藏，下通滇，中至巴，皆有绝大关系之处，预先酌定出站程，将来发给脚力，庶无参差不齐之患。各路道路之远近与应设台站之地方，另具详细清折呈阅，以资考查。

藏卫一路台站，皆有塘兵专司往来文报。桑昂一带，原有差使轮流看守行台。现在改土归流，建设州县，番官若裁，行台亦废，其守台轮差即可传递文报。查各营寻常公件，或派蛮兵挨村转递，或由墨色专人资投而口粮均归自备。不如将行台旧制易为台站，并垦荒作费以恤民劳，则不招塘勇而文报之驰递有人，不动公款，而台兵之费可汰。军民两恤，惠而不费，差使平匀，劳而不怨矣。

转递文报固有台差，而支派乌拉必资墨色。然一台地面在百里上下，墨色不皆附台而居，势必统计全台墨色共有若干，年终酌议班数，轮流替换，以免偏旁，而昭公允。当班墨色，各宜随时预备骑马数匹，以资更换。凡有紧急公差，应需骑马，无论汉蛮，无分昼夜，总期随到随换，不得片刻停留，庶免迟误要公。

支用骑马，不论汉蛮各以马牌为凭。无马牌者，概不给马，以杜假公冒索之弊。乌拉到台，必有饲养之人随马而至。差使发给力价，务令现交马主，不得交与墨色，以杜中饱侵蚀之弊。出马之家，各宜自备草料。马匹固要硕肥，蒙养亦须腾饱，由地方官随时稽查。若奸民徒以羸敝老马谢诿塞责，吝惜草料，不肯喂马，致使马颓行艰，迟误要公，固由马主怠玩，而墨色亦不免疏于觉察之咎。

台站预备乌拉，常以五匹为率，若或再少，不敷往来更换之用。倘急公到台之马支用，迟误要公，惟当班墨色是问。

预备差马，由墨色统核全台户口，计算摊派，定为班次，轮流替换。每班若干日期均宜早定，不得临时仓猝而不接应，迟误要公。至当班之差，有无公事，人马均要到台准备更换，亦不得听其借端推诿，迟误要公。议当差班次，统计户口之数，按月摊派。一年到底，各家皆派一次，以昭持平。

两站毗连，道途之远近，固可就势徙移，人口之多寡，亦应通融办理。设两站之中，一站人多，一站人少，介中村落，即当拨入人少之台当差。更换乌拉，须在户口繁多之处。若站内人烟寥落，乌拉太少，不数支派，或两站更换，或三站更换，均由百姓酌商。而用乌拉者，自当计日按站发给脚力。预备差马，专为传递而设。若驮运物件，需牛需马均须外雇，不得任用差马，恐误要公。

28. 程凤翔禀俟饷银到后即遵谕返防左贡[①]

宣统二年（1910年）四月十三日

窃标下于四月十一日接傅文案函开："顷奉帅谕：后营开往杂瑜原为

---

① 四川省民族研究所编：《清末川滇边务档案史料》，第627—628页。

招倮倮之事。如果倮倮不投，不必强之。该杂瑜瘴气既盛，兵勇早晨必须晏起，且不可准其嫖，如犯嫖，则必死。倮倮不投，可以退兵，返桑昂曲宗及左贡一带"等因在案。

窃查杂瑜、桑昂两路回左，均在昌易汇宗。由杂瑜直至昌易，计程只需六站，桑昂至昌易，亦系六站。若由杂而桑而昌，计程则有十二站矣。标下拟由昌易一路径回左贡驻扎，听候调遣，免致绕道太多，徒费盘川。且全营开拔，需用乌拉不少，几经往返，百姓支差实难。今已饬各哨准备听调，不日即可拔队。惟卑营饷银尚未请回。前由标下禀明，将番官存银借作伙食，必俟饷回还清，方可以起行，庶足以昭诚信，而服舆情。今据张哨弁等途间来函称三月二十六日由井起行。按程计日，三、四日内当至杂瑜矣。惟卑营现无存款，四月伙食垫出之银已经不少，饷银不到，乌拉力银尚且不赀，而沿途亦难采买粮食，是以稍迟时日。惟杂瑜瘴气虽盛，幸托福庇，弁勇皆未中其毒，即间有小感冒，均蒙恩赐白痧药调剂痊愈，各皆称颂我帅之德。容俟饷银到营，定期开拔，再行申报。

附：赵尔丰批文

禀悉。前据该管带禀称，杂瑜瘴气甚重，本大臣悯念兵勇，恐其生病，故饬傅委员传谕，令其移防。如果营勇无恙，暂驻该处亦可。倘此批到时，业已移防，则又不必返去，徒劳跋涉，只将未开拔之哨，暂驻该处可也。

29. 程凤翔禀鸡贡产构树察隅盛产漆树[①]

宣统二年（1910年）五月初二日

（缺）再者，鸡贡地方多构树，夷民取皮造纸，虽不甚莹洁，亦差可适用。其地及杂瑜一带均产漆树，夷民不知取法，以致漫山漆树等于弃材，是一物产之大宗也。合并陈明。

附：赵尔丰批文

禀悉。（缺）鸡贡有构树，可以造纸，土人所造，是否可用？着购数

---

① 四川省民族研究所编：《清末川滇边务档案史料》，第649—650页。

纸呈案，以便查考，俟将来改良。漆树如多，营中兵勇倘能取漆浆者，俟届七月初间可令试办。

30. 程凤翔禀报驻扎鸡贡等情形[①]

宣统二年（1910 年）五月初五日

窃标下于五月初三日接奉手谕，饬责标下拨队回至左贡，拨哨赴察洼各等因。伏读之下，惶悚莫名。查察洼即闷空之总名，未有一定之地方。举凡闷空所属之地，皆名为察洼龙，而闷空所属之民，又皆称为察龙坝。而左贡番官所驻则为察洼冈，非察洼龙。复查标下二月初六日禀报，初七日遣右哨哨弁彭日升率该哨起行赴察洼冈，经逐一剖析，致令察洼、闷空歧而为二，疏忽之咎，诚不容辞。

鸡贡、昌易买粮尚易。杂瑜距鸡贡二百余里，标下曾派头人扎喜在杂瑜买谷接济，预给赏需藏银十元。该头人随时买妥运来，由卑营照市给价。驻扎鸡贡各哨，随时皆有一月存粮。查色迷户口殷繁，距昌易九十里，广出青稞、小麦，卑营后哨即由此买粮备用。间或需米，仍由标下派人转运。惟右哨驻闷空，距离太远，该地固多青稞，采买军米在距闷空数站地方，均不致于掣肘，合肃禀明，上纾慈系。

至于标下率中、前、左三哨驻扎鸡贡，后哨驻扎昌易，相距仅隔四站，较之桑、杂相距尚少一百余里，声气更易相通。且鸡贡介桑昂、杂瑜之间，足以兼慑两地。昌易距左贡、扎宜为近，又系各路通衢，今奉恩谕既已开至鸡贡、昌易，不必再返杂瑜、桑昂，仰见我帅体恤弁卒之深心，感深骨髓，罔不欢腾。

今据杂瑜头人扎喜面称，保俣又有十余人于五月初二日前来投诚。因卑营前赴鸡贡，该保俣颇畏生人，不敢遽至，尚住杂瑜。标下饬该头人急赴回杂，劝诱来鸡。如保俣尚未回去，该头人必引之使来，由标下面讯明白再禀。杂瑜旷地实多，上下百余里皆能种稻。其荒芜田畴，本非惰农自安，实由土广人稀，力难遍及。恩帅如招汉人来垦，实大道生财之先务。

---

① 西藏社会科学院编：《西藏地方志资料集成》（2），第 157—158 页。

查倮㑩之野蛮，杂民尚许垦地，而于汉人当更无异言。标下面讯扎喜固其所愿，然一人之好尚，恐难为凭，容周咨博访，务使众口一词，乃敢据实禀报。标下拔队回鸡之日，杂瑜秧苗已长过四五寸矣。若买军米，俟收成后，价廉米多，才不掣肘。夷民不解造米之术，粗碾固不待言，而秕糠稗谷掺杂实不堪用。恩帅以水碓改良，军民罔不被其德泽。伏读安置水碓钧批，原饬段委员查复，因该委员往冷卡、左贡一带已久，当即使派快差赍送傅守嵩炑函转恩谕及该委员札书公文，沿途探交。然该委员现在行至何处久无消息，不知何日始能投到。深恐稽迟误公，因就卑营勇丁访问水碓规模，不惟竟有能造水碾、水碓之人，于是不揣冒昧，径渎聪听。

窃维制米之速而且多者，莫如水碾。杂瑜固有生成形势，并可就地取礲䃰材料。惟工程浩大，财用繁多，试办诚不容易。若水碓，则不惟便于制造，并可随地安置。且水碾非一、二石不能上碾，宜于富不宜于贫，不若水碓多寡皆适于用。标下拟即安置两碓，以开通风气，使夷民咸知利用之便，以结其欢心。惟关外无处买钢作钻，不能制坚石而成器，因先安水碓于鸡贡以试之。如其成用，当较胜于手舂之碓，将来造米之力可省，而买粮亦更不难矣。今据卑营滇籍勇丁与能造水碓之勇丁称，其杵有用铁造者，有用木斫者，木杵必用铁箍，杵巅并多用铁钉护之，免致木易撞蚀。如造木臼，则杵上只用铁箍，不须加钉，固不难立刻造成也。惟车路一宗，实属艰难。运杂瑜之米至盐井，车路不成，转运未免过艰。

至于考查珞瑜住落，诚非仓卒所能办。容再遍咨本地之耆庶与倮㑩之人民，并参悟恩帅所颁舆图，俟有着落，再行详报。标下受恩深重，惟期实事求是，以图报称，决不敢敷衍了事，徒粉饰以博恩宠，上负我帅期望之厚意。即已经查过之事，亦必随时尽心考求，倘有失实之处，即随觉随报，并申明前次之非，总期不丽于虚，自贻欺罔之咎。

初四日，又奉梭里查矿一案钧批。查标下所派查矿之差，早已回防。因雪尚未融，未至洞口而回，已于四月十七、二十一等日禀报在案。刻下四山之雪尽消，矿洞必已露出，容再多派数人前往查明试办，即行禀报。

正缮察间，适大番官恩得拍及小娃业巴降古，二番官洛桑克朱、小娃登增等前来卑营投验马牌，并请给与乌拉二十三匹回藏。据称，番官存物已由各处喇嘛、墨色等手内概行领清，惟不便搬运，已将零星物件变价，带银较便等语。标下详细查验，确是恩帅所给马牌，即饬该小娃具由各处指名领清，并无短少，结文一纸存留卑营备案。又由杂瑜头人德本河楚、鸡贡头人易希遏模等连环给保，该小娃运驮回藏，以杜撞骗之弊，合并声明。

31. 程凤翔禀报修成水碓以开通风气①

宣统二年（1910 年）五月初七日

窃标下于五月初五日肃呈一禀，详呈修水碓以开通风气各缘由，上邀慈鉴。标下于五月初五日即饬庀材经始，于初六日告竣，初七日即运米二斗前往试验，未及半日而米已滑白。惟碓尚是木臼，不若石臼之涩，易于成熟。即此暂用，较手碓省力不少，而出米实多。但就安碓地势，揆诸杂瑜一带，安碓之地，随处皆有。

再，鸡贡一带多野产桑树，民不知养蚕，无处觅种。若由关内带蚕种试养，则生成利源，扩充甚易。惜时已过，俟来年觅种试办，合并声明。

附：赵尔丰批文

禀悉。安设水碓木臼不若石臼，自属实情。本大臣前发给钢钻，仰择营勇之能造石臼者数名，各处造设，以开番民风气。至鸡贡产有桑树可以养蚕，究竟有树若干？能养若干？务须切实查明，明正运种出关乃可。

32. 程凤翔报原梯龚拉土官来投禀②

宣统二年（1910 年）五月十二日

恩帅大人阁前敬禀者：窃标下于五月初二日肃具一禀，上邀钧鉴。俪

---

① 西藏社会科学院编：《西藏地方志资料集成》（2），第 158 页。
② 任乃强、任新建：《清代川边康藏史料辑注》，第 658—660 页。

伢前来投诚，饬令札噶回杂劝其来营。于初九日同札噶并来鸡（贡）。据札噶面称，前由标下饬赴俅伢地方侦查情形，南至原梯龚拉。因该处老土官松夺喀甲已于月前病故，现由百姓公举觉根为土官，而觉根与札噶素日相熟，故此前往。始知该处尚未投英。盖百姓惧怕洋人，皆呼洋人为"卜林"，译其语即"洋鬼子"也。阿子纳地方，近于大路者，半为投英；一半居于深山者，尚未投。

原梯龚拉踞于江东，以东另是一种俅伢，后为本地土裔各据之地，或曰俅夷之地。江西为僾索、么些等部，言语不同。此次经札噶宣布我帅德威，觉根所辖及沿途百姓，皆愿投诚汉官。觉根并嘱托札噶先回杂瑜，与标下面商，如准其投诚，招之即来。与札噶同来者共十四人，系沿途贫民，先来投诚，意在杂瑜开垦。内有僾索族工人，一名札珠，一名降错。据称，去年曾为洋人背负行李，经此东至毕土，故知此地土广人稀，愿在来垦。既问其僾索距杂瑜路程，据称："僾索为族名，仅有六十余户人。僾索以西为么些，西南为木牛甲卜，北连妥坝。札珠工人系住江边，由上杂瑜渡江至此五站；由闷空渡江经压必曲龚至此七站，因地方山多地少，闻札噶宣布汉官准其投诚开垦，特此随同前来投诚。"又云："去年之洋人，系由察洼冈来此，渡江西进，因土人畏惧尽避于深山，无法前进，于此觅夫，仿照原路折回。"等语。

标下窃查，彼等所述之洋人，系去年押赴出境之魏克，与此事相符，前已呈明在案。是日闻至午后，天黑即命札噶将带来十四人领去优待。未几，札噶来营密称，见标下开回桑昂曲宗，甚恐土官觉根闻知路远不来，且闻凡来投者尽知卑营长驻杂瑜，若见标下回桑，势必半途观望不前，另生怀疑。当暂驻于此，看投诚如何再为请示办理。标下窃思，札噶所见，与事不为无宜，即遵我帅四月二十四日批示："如未开拔，暂驻该处亦可。"遂与札噶订于十一日一同回杂，通知土官速来面商，至时情形如何随时随报。惟卑营原留一哨驻此，两哨随标下回防，现在拟留一哨驻鸡贡，其余仍回杂瑜。是否有当，为此密禀，恭叩崇安，伏乞鉴核示遵。五月十二日。

再，标下前呈沿途草图，奉批："凡收服地方划区分治。"可否提前将桑昂曲宗、杂瑜两处先行设治，如俅倮来投，由地方官办理善后事宜较为妥贴，标下为地方起见，特此又禀。

附：赵尔丰批文

禀悉。扎噶通知俅倮土官投诚，如果前来，投与不投宜先优待，不可勉强。桑昂、杂瑜设治，已委苟国华前往查勘沿途道路，至时会同办理。本大臣现移驻乍丫。此批。

33. 程凤翔报妥坝土官来投禀①

宣统二年（1910 年）五月二十四日

恩帅大人阁前敬禀者：标下于五月十四日至杂瑜，即饬扎噶再带来十四人中之忠实者二人，前往通知土官觉根来杂面商去讫，其余十二人交本地墨色择地开垦，一人每月暂由标下发给青稞三十斤，金玉茶、井盐各半斤。惟前呈于此设厂造纸，养蚕各事，奉批："如办必先查勘原料能否足用。"遂于月之十七日带领头人查看沿江一带，构树、桑树皆弥茂成林，至下杂瑜有漆树甚多，今土人不知取漆之法，惜也！回时途遇墨色昂错，密称妥坝土官甚愿投诚，因不知汉官礼节，未敢冒昧前来等语。

且查妥坝与杂瑜连界，应以早日收服，遂饬昂错加以保护，一同来营询问。标下二十一日回防，翌日昂错带领降巴来营。降巴系一鬚发皆白之老人，据称年已六十有二。妥坝土官为其外子，前闻汉官到桑昂曲宗时预备投诚，嗣后又闻转驻杂瑜，故此先来探听明白，回告土官前来投城。标下见降巴系一喇嘛，说话尚堪明切，即留昂错一同在营中便饭，藉此询问地方情形较为便当。据降巴云及，伊在西藏别蚌寺学经十二年，熟诸藏中情形，其妥坝地方，北连波密，西为白马岗，西南与当哈工界，南为主木牛甲卜、僰索等部落。在数百年前，有楚桑降错者并么些、僰索等族，据此自立为国，即土官郎甲尕结之鼻祖也。其百姓近于波密者，悉为藏族；

---

① 任乃强、任新建：《清代川边（康藏）史料辑注》，巴蜀书社 2018 年版，第 660—661 页。

近于南部者，言语不同。数年以来，洋人常来窥伺，均未得入境。因前在西藏知大皇上保护人民，故此相劝土官郎吉投诚汉官，前来先行请示。如其准投，即时回去邀约土官来此面呈一切等语。标下窃思，原梯龚拉与妥坝悉为野番部落之巨者，如果两地投诚，其他各部迎刃而解，乘英人未备，完成西南半壁国防，实赖恩帅之洪福，犹非人力之所能维！标下厚奖降巴而去，俟后如何再为陈报，特此具察。恭叩崇安，伏乞垂鉴，标下程凤翔谨察。

正封禀间，蹈巴寺喇嘛密报：波密土官愿投边务，不愿属藏。业已调聚民兵，拒抗驻藏官军。是否属实，随探随报。又禀。

34. 程凤翔禀本营有勇能取漆造纸①

宣统二年（1910 年）五月二十四日

窃标下于五月二十四日接奉恩批，饬购构树及纸呈案，并觅勇丁取漆各等因。当即传讯有无取漆勇丁，查得本营有二勇一夫均能取漆。据称，漆树分两等，不结子者为公漆，树浆均不能成漆。鸡贡附近防次即有结子漆树三十余株，均能取上色好漆。至由鸡贡至杂瑜，沿途皆多漆树，而上杂瑜地方犹多。若肯取漆，一年所出，自然不少。惟取漆之法，须用蚌蛤以接浆水，收贮为漆。向来该勇等在内地取漆，四月半间先放枯水，嗣后则七日轮放，连放连收。六月所取为伏漆，水气较重，成份稍低，七月所取为干漆。如无蚌蛤，以径寸许大竹筒亦可代用等语。鸡贡产竹，沐恩已派人前往砍竹作筒，预为试验。俟取出漆浆验看如何，再行禀呈查验。

又据该勇等称，关外气候不同，出漆之多寡，尚待办有成效，方可定数。至漆树甚多，漆工实少，若不早日开办，恐过时尚未遍取，至于遗弃。故就取伏漆时，即令试办，合并声明。

至构树皮纸，本营所买以供常用者尚多，即派专差赍呈数张，上乞垂鉴。

查夷民所造皮纸，原有两起。沐恩由左贡购来一种，纸张甚大，亦极

---

① 四川省民族研究所编：《清末川滇边务档案史料》，第 668—670 页。

光滑。鸡贡所造之纸较小，而纸面亦不甚平。据纸工称，材料本是一种，特器具之精粗不同，故成份之优劣顿殊。若得光滑板片以为纸胎，则鸡贡之纸与左贡无殊。倘得良工改造，其纸适足为用也。

草地夷规最重货物交易，第用银钱购买，其价值之昂，较内地连泗纸犹贵。鸡贡之纸，每藏元一枚可买三十张，以钱数计算，已在十四五文制钱之谱。若以其所好之货易其所产之纸，其价或可减半。本营亦有勇丁能造纸张，惟无竹帘作胎，所造不能光滑，不能整齐，亦不能捷速。查蛮民造纸，以麻布为胎，兹先派人采办构皮，仍暂用麻布试办，容俟买到竹帘，再为改良制造。

再，桑昂西北七站地方名簸规，波密属，有一种石，质不甚坚，乡人凿以为锅，其象类鼎，用以炖肉，煮海菜，较铜铁等锅味较浓。沐恩于二月初间即饬夷民赴买，因其时雪厚，路径不通，石工亦阻于雪而不能凿，故至今始买来十八锅。即派专差赍送三锅，上呈宪辕，以备土产之一端。

又饬标下与段委员等商绘图贴说等因。查该委员久无音信，现在不知查勘到何处去矣。容俟勘竣到日，即与之尽心竭力筹办具禀，合先呈明，上纾厪系。

敬再禀者，本防附近土产甚多，经标下先后察报在案。而尤特殊者莫如保僵所产之叶烟，以银购买，一藏元可买烟二筒。以盐掉换，则两碗盐即可掉烟二筒。约之以秤，两碗盐不过七、八两，其价值之低昂相去不止十倍。又烟叶杆亦甚简易，皆保僵所造。即呈上烟杆一枝，叶烟四筒，以征土物。外有昌易山上所产之雪茶，其味微苦，其色洁白，亦可充茶叶之用，惟不识何等性质，并奉上一包，仰乞鉴察。

附：赵尔丰批文

禀悉。该营有能取漆勇丁，自应先用竹筒暂行试办。如果漆好，仍以七、八月采取为宜。所需蚌蛤，业已饬购驮运出关应用，俟运到时，即行发给。鸡贡所造皮纸器具较左贡尤劣，亟应就其原料改良制造。其纸胎需用竹帘，本大臣亦随即饬令由川购运。现在该营有男既能造纸，仰将暂仿蛮法用麻布胎造成之纸呈验核夺。所呈乡民凿用之石锅，查其石与川省重庆等处凿为烧玻璃坛之石质相等。簸规地方产此石锅，将来如查有可造玻璃原料，即可用此石造坛，用以烧炼玻璃。但须有三四尺高大之完全石质，始合造坛之用。随时调查明晰，亦讲求制造之一助也。昨接段委员禀称，于五月十五日由毕土起程，先查有村以下八站地面，续查左贡一带等语。俟其勘竣各处，即会同将应绘总图遵照迭次批指各节，妥慎办理，是为至要。

35. 程凤翔申送提炼出净银一钱等呈验①

宣统二年（1910 年）六月初八日

窃查标下于五月初八日案奉钧批，除原文有案邀免全录外，后开："至称该营有勇丁能分提银矿，俟雪消时，即可派其前往确查。此批。"五月二十四日，又奉钧批，除原文有案不录外，后开："鸡贡有构树皮可造纸，土人所造，是否可用？着购数张呈案，以便查考，俟将来改良。漆树如多，营中兵勇倘有能取漆浆者，俟届七月间，可令试办。"各等因。奉此。

标下遵于五月初九日派左哨哨长姚玉兴率勇一棚及识矿之中二亲兵邓松山等前往杂瑜查办银矿，又派左哨勇丁陈绍武试办皮纸，又派前哨伙夫马海云试取漆浆，均于五月十六日及二十五日经标下先后详报在案。刻已查确矿洞深逾数十丈，不知何年经蛮民用巨石填塞其中，必须百余工程，方能搬净取矿。现在洞外有前人抛弃矿渣，尚能选择提银之矿，虽非净矿，颇足以资考验。该哨长姚玉兴于六月初五日派亲兵邓松山送回拣获矿渣汉秤重四斤，以资试验。当饬该丁造炉分提，于六月初七日炉成，提出净银一钱，即此矿渣四十斤可得净银一两。若由洞内打出新矿，成色更足。每一炉烧矿三百斤，或可得净银十两。据该勇称，一日可烧一炉，一人能管二炉，本营司炉共由标下按数派出。至梭哩矿山之大，矿苗之旺，矿引之多与远，尽可办四十炉。如能扩充开办，必招矿夫二百人，一天可取净银四百两之谱，此产之大概情形也。是日，一天取得构皮纸九十三

---

① 四川省民族研究所编：《清末川滇边务档案史料》，第 685—686 页。

张，前后收取漆浆连皮共十六两，应即派差赍呈，申乞俯赐察核备案。除饬勇丁陆续取办外，所有试办所获各物，理合具文备申，伏乞照验施行。计申提净厂银一件、皮纸一捆、生漆一桶。

附：赵尔丰批文

据申已悉。呈验提出净银一钱，成色尚足。该营勇丁能管炉炼矿者既有二人，准照所派人数安炉试办，着有成效，再行推广。构皮纸粗劣不匀，良由器具不佳之过。前已电购竹帘，俟运出关，即予给发，另图改良。所取生漆，尚属合用，亦俟电购蚌蛤到时，一并发给应用。

36. 程凤翔关于桑昂、杂瑜兵力布置禀①

宣统二年（1910 年）六月十二日

标下管带川边巡防新军后营、花翎补用参将程凤翔，为遵札申报事。

窃标下于五月初二日奉统宪札开："照得。治兵之道贵在统率表正之方，犹贵策应。关外区域既宽，防营分扎太远，若不平时调查了然于心，万一有事，驱遣必致贻误要机。本统领仰荷帅檄委兹重任，到差数月，检查各营箕斗月册，虽注有防所地名，究未得其详函，应另行调查以昭核实，合行扎饬。为此札仰该管带遵照即将该营驻扎处所距巴几站；某哨分扎某处，距营若干里，某棚分扎某处，距哨、距营各若干里，东西南北四至界址，分别开具清单呈报，以凭随时查阅，如能略绘图一幅更为恰当。是为切要，特札。"等因。奉此，标下遵札当即派妥差四面调查，并函知各哨具报，以凭考核。现在各路查差已回，远近覆报陆续到齐，应即造清单具文申报，伏乞赐查核备案。

至于图式，标下前呈草图已略具大概，兹不另呈，合并申明。除申复统宪外，为此具申须至申者。计呈清单一纸。右申川滇边务大臣赵。

表式抄后：

兹将卑营各哨、各棚分扎地方，相距远近及四至界址逐一填表呈请核鉴。

———————————

① 四川省民族研究所编：《清末川滇边务档案史料》，第 752—753 页。

计开：

各哨	姓名	各棚	驻扎地址	距巴塘	计程	距本营	计程
中哨	管带程凤翔	率中哨全哨	上鸡贡	下十九站	一八五五里		
前哨	哨弁康德纯	率一、二、五、六棚	鸡贡	与中哨通			
	哨长沈联升	率三、四、七、八棚	下杂瑜	二十一站	二一一五里	二站	二百六十里
左哨	哨弁张少玉	率一、四、五、七、八棚	鸡贡	与中哨同			
	哨长姚玉兴	率二、三、六棚	上杂瑜	二十三站	二三一五里	四站	四百六十里
右哨	哨弁李西林 哨长马成龙	率全哨八棚	闷空	一十三站	一二四里	六站	六百一十五里
后哨	帮带夏正兴 哨弁韩清和	率全哨八棚	昌易	一十五站	一四三五里	四站	四百二十里
	哨长中占云	看守军装	盐井				

查卑营防地东至闷空，西至冷卡，南至杂瑜，北至札夷，东南至明贾，西北至左贡，东北至盐井，西南至桑昂。东西相距约一千六百里，南北相距约一千四百里。

37. 程凤翔禀矿引已获请添工开办①

宣统二年（1910 年）七月二十日

窃沐恩于七月二十日据卑营左哨哨长姚玉兴禀称："派来矿丁刘松亭、何仁义于十一日到厂，偕邓松山等连日采查，现已获得正引一股在梭哩山顶。其地悬岩壁立，无路可通。该丁于岩脚拾得旧矿，始以九架木梯接搭上山，亦系旧来开过地方，堂局既大，矿引亦确。惟有大石一方，横压引道，无处销纳，须设法打开此石，则立见成效矣。此次所得之引，虽与空洞同在一山，确又另是一路。昨又有勇丁从山后查出一引，系向下行，前山之引，系由上行，揆度情形，似是一引径穿山腹。查前后之引取出之

---

① 四川省民族研究所编：《清末川滇边务档案史料》，第 727—728 页。

矿，均是一种，如再添矿丁，可分两头开挖，所获则日见其多矣。惟杂瑜烟瘴甚盛，镇日溟濛，数武即昏茫无睹，此矿引之所以难寻也。兼之产矿之地固是悬岩，又有瀑布悬于其上，矿工衣裤无日不被沾濡。且其山极高，十日九雨，时当秋令，正是霖雨愆期之时，此取矿之所以不多也。现共分派汉夷十六人轮挖，其巨石不日当可销开。缘其石虽与矿大相等，非从旁凿囹圄溜下，无从用力剖击。原带来钢钻二十四支，已将尽敝，尚恳将运来钢钻交来致用，以期人工不旷。除所获矿石饬何、丁赍验外，所有寻获矿引与成效可期各缘由，理合具禀呈明。计呈矿石三枚"等情前来。

据此，窃维矿学一道，沐恩原鲜究心，而棱哩银矿之旺，为矿丁所艳称。近来营惟邓松山、刘松亭二人颇能识其门径，其余勇丁不过任其奔走而已。

又据刘松亭等称，冷卡金矿不出一月必有成效，惜人不敷用，势难兼办，遂致半途废弃，不免顾此失彼之忧。沐恩去年七月趋叩慈颜，经扩洛洞，见恩帅所开金矿甚旺，不禁艳羡，访知矿夫，无非各营兵勇。闻此厂近已停工，卑营僻在极边，得之传闻，未知是否属真，如其果停，可否恳恩饬各工前往开办之处，统候恩裁。

再，杂瑜烟瘴雨雪本较他处为厉，今考其时已届处暑，不过旬余烟雨皆当消减，现即衣裤常湿，业由标下预备更换。虽营兵各有月饷，而当此苦差不能不由标下格外津贴，以资鼓励。如得多人开挖二三月之久，获银或当不少。如不及时开办，严冬雪积，又是停工之日，此标下所以欲亟亟以图也。现在关外百废待兴，在在皆需巨款，如蒙福庇，大收成效，于边款不无小补。今据矿丁称，正引确实，奏功即在目前，惟需人孔亟，无计设施。标下为公益起见，不得不据情上闻，伏恳宪恩赏饬各工前来，以期众擎易就，庶财不弃而利亦无穷矣。

38. 程凤翔禀竹洼、察隅一带产漆割漆情形[1]

宣统二年（1910 年）八月十九日

窃查鸡贡之产漆，标下于六月十九日禀请漆工办理，蒙恩准在巴塘调

---

[1]　四川省民族研究所编：《清末川滇边务档案史料》，第 751—752 页。

赵、向二丁前来帮工已在案。现在所调之丁尚未到防。马海云带回生漆呈验，共计五筒，约重二十斤上下。据称漆树太多，非一人之力所能遍及。现在竹洼一带，尚未割完，而上、下杂瑜漆树尤多，地方更广，概未割到。惟关外气候迥殊，漆浆现已不旺，如过八月，即有人工，恐亦不能取漆。且割漆之事，至少亦需三人。以一人放枯水，以一人割浆，以一人收漆，各专其事，当不止事半功倍。今以一人而兼数人之事，器具又不精利，以致费工多而获物少等语。

沐恩窃查人少费工之说，原自不虚。查放水、割浆须隔数日，而放漆、收漆仅隔一日，其往返奔驰与架梯升树，又不能不多费工夫。兼之新放之漆，一经雨洗，漂没必多。鸡贡十日九雨，放水割漆皆赖一人，即尽力经营实难兼顾。幸该丁尚能耐劳，办漆至今两月有余，或倚树而栖，或伴岩而处，风雨在所不避，星宿在所不恤，始获漆浆二十余斤，亦足见人力寡而收效难也。标下悯该丁之劳，即给予赏需，以资奖励，该丁亦深感奋。又称全境漆树所割者，尚未达十分之一。惟时令已过，即漆工亦徒向隅。来年如欲办漆，非千余人同办，恐不济事等语。

标下复查，上自竹洼，下至杂瑜，相距三百余里，皆有漆树，而杂瑜一带漆树尤多。该丁自鸡贡办起，尚未割至竹洼，约计其地不过五六里，其未经割取之地，尚有二百余里。然以杂瑜地面之宽平，漆树之繁多，原不可以胜计。但据割与未割之地比较广狭，全收年，约能取漆千斤之谱，折合内地价值，可售钱七八百串，此杂瑜、鸡贡、竹洼产漆之大概情形也。

再，鸡贡两岸产竹，能造细纸。沐恩前派人采回嫩笋六驮，储作纸料，曾于七月初一日禀报在案。嗣又陆续添补十余驮，并派人采石烧灰制桶，以备应用。现在一切材料均已预备，俟竹帘到日，即行开办试验。

正封禀，复奉钧札，饬令左营勇丁赵九成、向必胜前来割漆一案等因。该等系于八月十九日到防。据称八月尚能割漆，竹洼一路，漆树颇多，尚需时日始能割完等语。当即饬赵、向两丁至竹洼会同马海云一同割取，俟将该处割完，再查时令能否再往杂瑜收漆，容后随时禀报。

再，杂瑜之谷，现已成熟，尔来正在刈获，不日即有新米矣。合并陈明。

附：赵尔丰批文

禀悉。杂瑜漆树既多，此次赵、向两勇前往帮割，仰饬该勇考察漆汁优劣。如果属佳，明年即早为筹备工匠器具，以便届时办理。

39. 程凤翔呈报桑昂曲宗公举村长及所管户数清单[①]

宣统二年（1910年）九月二十日

窃查标下于七月十九日案奉钧札，饬收杂瑜、桑昂、左贡一带粮税，并章程八条。伏读第一条，开："每处地方应分为村，总须足八十家为一小村，一百家以上为大村。各村在本村中，令百姓公举一老成人为村长，小村则合数村公举一村长，专管百姓上粮及雇备乌拉。遇有该村案件，汉官即令该村长传唤被告等事。"等因。八月初九日，又奉钧批饬令札宜、毕土、闷空之粮归盐井委员征收；江卡番官所辖之地，应由江卡守备征收；桑昂曲宗番官所属地面，则由该管带办理。各等因在案。现在，桑昂曲宗所属之地面户口、地段、籽种、马、牛、羊各项，除业巴以上最远两村尚未查报来案外，其余皆一律查清，应即由各村遵章公举村长呈报备案。共计举得村长十五人。另单呈阅。

清单计开：

酢弄一村，计八十八家。村长傅丁。

自坝雪至波罗四村，计一百二十家。村长四郎白登。

自桑觉至杂龚九村，计八十九家。村长易希鄂莫。

上杂瑜十二村，计八十九家。村长格冗。

下杂瑜十村，计七十一家。村长阿登。

若工四村，计六十一家。村长陆鸡彭错。

自拿雪至惹依八村，计一百零八家。村长汪青彭错。

---

① 四川省民族研究所编：《清末川滇边务档案史料》，第769—770页。

自擦空至日车七村，计一百二十家。村长白马曲拍。

自作巴至甲巴三村，计七十八家。村长拿姬。

自夥依至鄂巴八村，计九十九家。村长易希。

自昌易至俄斯陀二村，计九十四家。村长汪里。

自披拉至饶巴三村，计九十八家。村长血饶登真。

自窝墨至拉龚五村，计一百三十二家。村长四郎剌里。

自业巴至热噶四村，计一百三十一家。村长洛穰札希。

自瓦雪至冷益三村，计一百二十家。村长任青汪鸡。

40. 晓谕贡县宁静科麦察隅四县人民办事章则①

为出示晓谕事：照得江卡、贡觉、桑昂、杂瑜地方，原为大皇上地土，嗣以未设汉官，遂为藏中侵占。藏官不知体恤爱护百姓之道，只知苛派搜索百姓而已。大皇上悯念边氓，是以特设边务大臣，专为抚绥夷民，保护地方，剔除积弊，兴起教育，使尔众开通知识，同于内地人民，共享平安之福。本大臣身莅察雅，已逾三月，察看江卡、贡觉、桑昂、杂瑜百姓中，非无聪敏明白、朴实诚悫之辈。只因数百年来，未受化导，是以上等者虽知安分，而终难免愚蒙，下等者兢为强梁，遂至化为凶悍，岂其本性使然，盖由俗习所致。本大臣特为订定章程，开列于后，以期吾民渐除旧习，共启新机，此本大臣所厚望尔百姓者也。合即出示晓谕，为此晓示，仰贡县、宁静、科麦、察隅四县头人百姓一体知悉，照后开章程遵行，毋得违背，致干咎处。切切此谕。

一、尔四县人民既知为大皇上百姓以后，务遵朝廷法度，不得妄行非法之事。

二、贡觉现改为觉县，江卡改为宁静县，桑昂曲宗改为科麦县，杂瑜改为察隅县。以后既设汉官管理，其粮税在汉官处上纳，词讼案件，控由汉官审讯。

三、地方既设汉官，其土千百户，一律裁革。

---

① 吴丰培编：《赵尔丰川边奏牍》，第237—241页。

四、地方所有土千百户，既已裁革，其地方事宜，由百姓公举公正之人，作为保正。有愿举土千百户为保正者亦可，但除以前之旧习。如不愿者，亦不可勉强为之，每一县设保正五人，分为乡，如县治大小保正，增减听民间公议定之。

五、保正管理数十村或大小远近不一，散漫难稽，每村应各举村长一人，遇有公事，如纳粮、催雇乌拉、传票词讼，汉官谕知保正，传知村长，村长告知本村之人，遵照办理。

六、保正须常以在署听候差使，远者遇有事宜，不能自来，可派妥人代替。但无事不在此列，村长各在本村，无事不必到署。

七、保正每月由地方官发给薪水银六两，并免支差，村长按所管户口发给口食，免支差事。

八、保正与村长与百姓一样完粮纳税，而保正、村长年满更换之后，仍然照旧支差。

九、保正、村长三年期满，由百姓再行公举，如该保正、村长办事公平，虽已年满，百姓公议不愿更换，可以公禀汉官请留。如保正、村长办事不公，虽未满三年，百姓亦可公禀请换，惟保正、村长之去留，必出于各村百姓之公议，官可允许，若系一二人之私见，不能作准。

十、百姓种地者纳粮，畜牧者纳税，分上、中、下三等，畜分马、牛、羊三类，另有章程列后，百姓纳粮税之外，概免一切杂差。

十一、民间既免杂差，自本大臣起，无论汉官及从前百户头人等，凡民力及乌拉皆须出钱雇用，乌拉每日脚价银二角，人力工银一角。

十二、从前土千百户之地土，皆由百姓代为耕种，不分给粮食，亦不出给工钱，殊失公允。今土千百户既裁，该项土地一律纳粮，若仍由百姓代耕，作为佃户分租，或临时雇工议价，均须出自两愿，不得强迫，若有违者，控告由汉官惩办。

十三、地方未经设治以前，亦无汉官教导，风气习惯，不耻抢劫。今既投诚设官，姑念事属既往，从宽暂免深究，以后均宜改为良善，力图自新。倘再有抢劫，一经查出，立即正法，决不宽贷。

十四、俗有打冤家之事，互相仇杀，纠纷无已，皆由无官管理，有冤无可告诉，以致私相报复。此后既设汉官，凡有被人欺侮之事，尽可在汉官处控告，为之申理。若有事不告汉官，而照从前打冤家者，定将滋事之人，严惩不贷。

十五、蛮汉语言不通，虽设汉官，仍赖通事传证，一有无心之误，则民情不能上达，若再有文字错译，则民冤更无从伸矣。欲以官民不相隔阂，惟有先设学校一法，各家男女小儿，皆送入学校学习汉语，读汉书，不惟可以与汉官汉人直接说话，并可以知道礼仪，孝顺父母，尊敬长上，和睦兄弟。在外间不但不做违理犯法之事，与人交接和蔼谦恭，能使人人敬服，决无人敢欺侮。且读书有成，上等即可作官，中等可在学校充当教习，以教本村小儿。下等即贸易营生，与人管账，亦可养一家，且小儿入学后，除自备两餐外，余皆毫无花费，其教习修金，以及书籍、纸张、笔墨，皆由公家出钱办理，不需其家中费一文也。

十六、妇女与人苟合，原系可耻之事，而蛮地俗习使然，亦无足怪。惟此以后，既归汉官管理，自改从汉俗，男婚女嫁，须凭父母之命，媒妁之言为原则，并应一夫一妇，不得一男子而娶数妇。尤不得一妇而嫁弟兄数人。苟合一事，更应禁止。盖苟合虽蛮俗不禁，然蛮俗亦不以为其正夫妇，当苟合之初，不过一时高兴，迨久而生厌，遂轻视贱矣。故妇女与人苟合，终多为人所弃，试问妇女胡为自轻自贱如此也。

十七、夫妇为人伦之始，传宗接代，成家立业，及亲戚联合，无不从此起也。夫妇当互相敬重，妇人非犯不孝翁姑及奸淫等事，其夫不得无故将妻逐出，其妻亦不得再与人苟合，违者送官惩治。

十八、从前藏番及察木多、德格、巴理两塘地方，凡有凶恶之徒，或为抢劫犯杀人之案，在本处不能安身者，即逃入桑昂、杂瑜等地，以为避祸之计。尔等乐于留之，不过喜其强悍，或约同行抢劫，资其帮助，或知人虚实，令其引导，事后分赃，欺其寡弱，分多分少，任尔自便。此尔所以贪利用之，此系以匪用匪之谋。今尔地方设立汉官之后，尔等既不为匪，则此等人无所用之，尤不可留之。且恐假尔之名，出外抢劫，诱尔子弟，一同为匪，祸无限矣。嗣后如有外处之人，前来投奔，不准私自容留，倘冒商人来此，尤须查明禀报汉官，果系良民，因贫来此，或为佣工佃种田亩，以及行商，皆由官立案，听其居住。倘系匪类，或系杀人之逃犯，一经该地方有司咨复拿办，即由本地官兵协缉解往，归案讯办。须知关外现在归本大臣管理，均不容再有坏人，如以后来投者，果系匪徒，由尔百姓立即报官拿获，不惟免尔等之害，可为地方除去一害，且在本大臣处立一功也。地方禀知本大臣，可得奖赏，倘敢自私留者，一经查出，与匪同罪。

十九、每年收粮，须按地土肥硗为定，分作三等，上等地下种一斗者，收粮一斗二升；中等地下种一斗者，收粮一斗；下等地下种一斗者，收粮八升，永远不准增减。如遇水旱之年，或减或免，酌量赈济，察看情形办理。

二十、收粮之斗，须与百姓所用之斗，照官斗大小一律制定，不准私用大斗，违者治罪。

二十一、民间所养马牛羊，均一律收税，每家除牛一头，马二匹，羊十只，均不纳税，此外有多养牛羊马匹者，每牛年收税银一角，马一匹收税银一角，羊十只收税银一角，马牛羊不及二岁者免税。

二十二、每家所养马二匹，牛一头，羊十只，无论马牛羊总共合计不过十三头者，概行免税，以恤贫民。

二十三、无地者不纳粮，无马牛羊者不纳税。

41. 程凤翔禀陈银厂近情①

宣统二年（1910 年）十月初一日

窃查沐恩于八月初九日接奉钧批，开："禀悉。该营勇丁刘松亭、何仁义既知办矿，可就近招募蛮民教其学办，每名日给口食银一咀，久之习熟，自能有人应用。惟必考查入能敷出，方不亏公。至扩络垛所开金厂，去年开办，不过在营内选数名勇丁以教蛮民试办，现该处居民，咸知挖金

---

① 四川省民族研究所编：《清末川滇边务档案史料》，第 785—787 页。

之法，正在采办，并未停工。如果照此办法，毋俟远招矿夫多糜款项也。再，前次所收蛮奴与汉人，如有能挖金，亦可照给工食。惟须听其自愿，不可抑勒从事。此批。"等因。奉此。

窃查梭哩一山银矿本富，惟山崇且峻，采寻维艰，前所获之矿六百余斤，矿丁称为"蜘蛛引"，曾于八月十八日禀报在案。其时因洞顶坍塌，擦伤邓松山，无人锻炼。今该丁痊愈，运回矿石，炼出净银九两二钱，即派专差赍呈钧鉴。惟此次所获之矿，尚非最高成色，每百斤只能煅银四两三钱六分。查矿质成色出银少者，出铅必多。据邓丁称，煅过矿渣尚能取铅数十斤，惟必新造风箱，另架火炉，方能倾提。沐恩当即派人赶造，俟造成各物，分提净尽，再行具报，合先呈明。

又据矿丁等称："蜘蛛引"道原非联络一股，其矿蕴藏在山，如仓廒状，故厂内口号名为"开仓"。两仓相距，远近不一，有相隔数十丈者，有相隔十余丈者，其最近者，或隔数丈，或隔数尺不等。仓之大小不一，其大者每仓取矿或数万斤，或数千斤，小亦必取数百斤，要不如"玉带引"之一股，全是净矿。至每仓相距，或石或泥，参杂于中，必待销尽方能得矿。如是泥隔，相距虽远，克期可达；倘是石隔，相隔虽近，亦必旷日。每至一仓，必有坚石封诸其外，打破此层，即是净矿。今梭哩所获之矿六百余斤，剔去石块石渣，只获二百余斤，尚非蜘蛛到堂正引。若到正处，则开出一仓全是净矿，绝无泥石参杂之理。至于两仓相距中间空地，只有引线，并无矿石，开到二仓，又不知需日若干？此"蜘蛛引"之所以不及"玉带引"也。若夫矿产之衰旺，必俟再开一仓始能确知。又称此等矿引每一百斤净矿，必须有七八两净银乃不折本，"玉带引"则少一二两亦可。缘"蜘蛛引"断续不常，开到一仓，自然不少，然其中相隔空地，不知若干时日始能打到二仓，加以炭火、器具、工资各耗银太多，势必不能敷用等语。

窃维天造地宝，两间有不竭之资财，苟非借人力以开之，终蕴藏而不露。梭哩一山，矿产之富，人所艳称。刻下引道既有端倪，或衰或旺，不难寻绪而得，即谓"蛛蛛引"道不若"玉带"之旺，若集股而办，在在皆须资本，出银则折耗必多。今以营勇试办，各丁皆自有口粮，若厂务大旺，自然多予赏赐，以资鼓励。万一不旺，从公办公，分内之事，亦不必给予重赏，勇丁亦无异言。如谓劳苦异常，或由沐恩给予食品，或由沐恩酌予银钱，所费又有几何。至于厂内应用器具，前由盐井运来之存铁一驮，钢二十余斤，钢钻十八根，暂足敷用。即以此暂行试办，将来开到二仓，稔知衰旺，或又有别样引道，一转移间，即能大有起色。容开到时，或雇工添人，或停止不办，再请示遵。

桑昂、杂瑜所属蛮民，语以开矿，各有畏难之色。沐恩于八月初九日奉批将近两月，随时以学习矿工开导百姓，各皆缄默不语，其头人皆以难能为辞。且当收成之时，农民皆不暇习工，故至今尚未雇到一蛮。现在开净一仓，空地尚未销完，不知二仓又是如何。若到二仓果有起色，再雇蛮民学习，遵章给予工资，以期捷速。惟梭哩山大，岩悬路险，将来积雪如厚，能否开挖，届时再行具报。

附：赵尔丰批文

单禀悉。办厂有一仓、二仓分别，足见开采之难，非悉心考究，不免枉费财力。梭哩一山，矿产既富，该管带拟仍以营勇试办，见解甚好。第恐厂势大旺，不能尽用营勇开挖，仍不如劝导百姓充当伕子，为是果能见有大利，该蛮民或当趋之若鹜。惟所有用款，实报实销，毋庸该管带自行捐给也。至于收粮一项，现因收成已过，无从考核。准以上、中、下分别暂收，明年须早日查明，按等征收，以符定章，是为至要。

42. 程凤翔申送炼出净银查验[①]

宣统二年（1910年）十月初一月

窃查梭哩银厂，前于八月十八日标下曾具文禀报采矿石六百余斤，俟邓松山伤愈回营分提净银，即行呈送等情在案。嗣于九月二十六日邓丁伤愈回防，即将运回矿石捶碎，择去石块石渣，共得净矿二百一十一斤，煅出净银十足库平九两二钱，应即专差赍呈钧座备查。窃维卑营未有大秤，

---

① 四川省民族研究所编：《清末川滇边务档案史料》，第787—788页。

其净矿系蛮克三十七斤半。每一克合蛮秤三斤，计一百一十二斤半。每蛮秤一斤，合汉秤三十两，共计三千三百七十五两，一六折汉秤二百一十斤零十五两。以二一一折除，每净矿一百斤，实出银四两三钱六分，合并声明。惟当此开办伊始，矿引之断续不常，日获若干，尚难逆度。除厂内情形容俟随时据实禀报外，所有现在煅成净银九两二钱，理合具文专差赍呈，申乞查验施行。计申库平厂银九两二钱。

附：赵尔丰批文

据及单禀悉。库平矿银九两二钱，查阅银色颇佳。惟据称汉蛮秤折除外，每矿一百斤实出银四两三钱六分，以此次申解之数合算，尚属有盈无绌。仰仍认真采办，以期日有起色为要。

43. 程凤翔禀请添购割漆蚌蛤及种桑情形[1]

宣统二年（1910年）十一月二十四日

窃标下于十一月十五日肃呈一禀，具言收到蚌壳各缘由在案。今已开箱点明，共计蚌壳八百个。据漆工称，关内割漆，一人须用蚌壳千余个。草地漆树稀密不一，不似内地之成园成林，蚌壳之用，自然减少，惟当以二寸及二寸五分大者为合格。蚌壳过大，则刀口不能含，过小又不能接浆等语。查本营割漆，仅勇丁马海云一人，蒙恩发来蚌壳一箱，固足敷用。第以漆树太多，一年割漆之时，不过两三月。今年所割鸡贡一带之树尚未割完，而上、下杂瑜之树倍于鸡贡，现又查得闷空漆树更盛。我帅欲为边政开财源，漆亦土产之一端。来年如或派人前来开办，而杂瑜、闷空各处皆非一人之力所能遍及。倘或量地用人，而八百蚌壳又恐不敷分布。复查收到蚌壳八百，尚未装到半箱，磕来磕去，坏烂已多。其大者间多过三寸，而小者则多不及一寸。漆工称其适用者，尚不足三百个。沐恩以地势险远，转运艰难，谕以就便取材。然即充其所有之数，亦只足一处之用。若割漆，一切器具均能设法制造，蚌壳一宗，实无从措办。合无仰恳帅恩再添两箱，以便各处分发，而不弃财于地。如蒙俯允，并恳饬下采买蚌壳

---

[1]　四川省民族研究所编：《清末川滇边务档案史料》，第809—810页。

之人，将来一箱必须装满，庶少损坏，必大过二寸，庶用能应手。标下因公起见，不揣冒昧，理合具禀上闻。

再，标下遵谕种桑，秧已萌芽，甲坼出土寸余。自入冬以后，即饬架棚遮盖，以资保护。因鸡贡天寒，地皆冰结，近来月余天气，全行摧萎。昨卑营左哨一队什长赖国玉自欧墨收粮回营报称，该地多桑，较鸡贡、杂瑜为盛。其叶之大，无殊内地等语。查欧墨上自饶金，下至作巴，共计十村，与札宜觉马地面毗连，半在怒江西岸，又是平坝，其气候较鸡贡亦暖。该丁所称桑树之茂，实非虚语。惟距卑防太远，势难兼顾。将来如设治所，蚕政之兴，可预卜蒸蒸日上也。合并陈明。

附：赵尔丰批文

禀悉。此次带去蚌蛤，既未尽合用，复多损坏，仰候再饬另购，惟省中亦不易买也。

44. 程凤翔禀呈所造纸张并请购造纸用土锅①

宣统二年（1910 年）十二月十八日

窃查鸡贡产竹，标下饬取材料储用，俟竹帘到日试办，迭经禀报在案。现在业已开办一月，能造纸一千余张。惟不甚莹洁，面亦粗。即专差赍送一千张，上呈钧座，可否堪以适用，伏候训示遵办。

又据纸工称，其竹本可造纸，惜今年取料太迟，竹老而粗，其色亦黄。若再早砍嫩竹，自然造成细白纸张。惟造纸之法，全凭硷水浸煮，铁锅易坏。如其再造，务须添买头班、二班、三班等大土锅备用。每一班锅，尤必多买一、二口，方不致于掣肘等语。标下据该丁称竹老纸粗色黄之说，详加考查，诚非虚语相欺。查今年砍伐嫩竹，始于六月底间，毕于八月初间。今见竹绒中有色白而细者，纸工称为先砍嫩竹。然已掺杂混淆，无从选择。综计现存纸料，足作两槽，共计出纸四五十万张。细纸之渣再捣碎，即造草纸。来年四五月间即砍新料，现在陈料，尽足以资接济。

———————————

① 四川省民族研究所编：《清末川滇边务档案史料》，第 821—823 页。

所有厂内一切器具，均能设法制造。惟应用石灰，桑昂全境皆无。此种石质，标下曾派人四路锻炼，两月以来，皆未炼成。厂内石灰皆由标下派人往盐井武庙工内分运十五驮，按站给予力价，以备急需。至铁锅一宗，关外无从购买，前系暂借蛮民土锅充用。而口面既小，不堪适用。硷水性烈，易于破坏，今已用坏蛮锅数口，标下以每锅价六元赔之，民尚不愿。拟再设法购买此等小锅填还，以昭平允，而顺舆情。再，造纸虽属小技，再制槽制桶需材既多，烧硷灰用力亦夥，标下已一律造齐。而材料又便，不能力求改良，以期适用，而辟利源。以土锅一端，实无从设法。倘即遽尔中阻，又恐亏损太深，难期补济。合无仰恳慈恩，电饬由内地运来，以备应用之需，出自逾格鸿施。再，造纸竹帘种数繁多，沐恩买来之帘，尺码太小，故不能造大纸。将来如造细纸，尚须对方等帘，庶足省工，合并呈明。

附：赵尔丰批文

禀悉。工业一道，非悉心考究，不能得其精要。该管带于产竹之区，能督工造成纸张，足见事在人为，深堪嘉慰。若再讲求匀细光洁，将来辟此利源，仍莫非该管带之力。

至请买土锅一节，路途遥远，恐有损失，徒费钱力。该管带如能就近设法购用，此款将来即在纸利下扣还。

45. 示谕科麦等地头人百姓订定地方章程仰一体知照①

宣统二年（1910 年）十二月

照得桑昂曲宗、杂瑜、妥坝、原梯龚拉、木牛甲卜各部地方，原为中国大皇上百姓，因未设汉官，僻处年久，以致文化落后。现在大皇上悯念边氓，特设边务大臣，专为抚绥夷民。本大臣前由巴塘北征德格，转战察木多，平定西藏，以至乍丫，尽知尔等各部尚为恭顺，未附于逆，且明大义。今既情愿设为汉官，以后同为国民。惟闻尔等喜于斗殴，婚姻无定。岂不知斗殴为自相惨杀，亦为犯法之事。而其婚姻尤关紧要，一家兴亡，

---

① 四川省民族研究所编：《清末川滇边务档案史料》，第 835—837 页。

全在夫妇和与不和。本大臣尤见于此，特设学堂，教尔等子弟入学读书，以开新机，明白道理，由本大臣规定地方章程，以遵国法。合即出示晓谕，仰各部头人、百姓一体知照。

一、各部酋长、土舍自愿改土归流，其志可嘉，由本大臣按地方大小保奏汉官职衔，每年俸禄，由公家发给，为之养廉。凡以前地方事宜，自设治日起，通归县官管理，其酋长、土舍再不准遇事干预，违者必究。

二、现在已将桑昂曲宗改为科麦县，杂瑜改为察隅县，妥坝改为归化州，原梯龚拉改为原梯县，木牛甲卜改为木牛县丞。以后百姓上纳粮税，词讼案件，皆由所管县官管理。凡以前支应杂差，概行罢免。

三、地方设治，分置五路保正，协助县官办理地方一切事宜。保正之下设村长若干，悉由百姓公选诚实之人充之。三年一换，期满另选。如不足三年，有死亡病故，或有不称其职者，呈报县官另行举人代理执行。但不得以少数人私行另换。其保正、村长每年办公费用，由县发给，定章遵照施行。

四、官粮。分上、中、下三等地方。上等地下种一斗，纳粮一斗二升；中等地下种一斗，纳粮一斗；下等地下种一斗，纳粮八升。因尔等地方斗称不一，现已规定官斗重九七秤三十二斤，出入一律。如百姓需要此斗，可到地方衙门领置，每斗定价四角。

五、马牛羊税。每户除马一匹、牛二头、羊十只免税。如畜养多者，每年马一匹纳税一角，牛一头纳税一角，羊十只纳税一角，无地者不纳粮，无马、牛、羊者不纳税。

六、乌拉。现改土归流地方，查勘规定：七八十里为一站。无论牛、马，一头每站发给脚力一角。由一头至五头为小差，按站递换。五头以上为大差，共同支应。凡文武士兵出差，皆发给马牌护照，按数支给。如有过站预支，或不给价者，准其百姓扭送地方官重惩不贷。而百姓不准借故推诿，违者必究。

七、查各部百姓，勇于私斗，岂不知私斗为自相惨杀。盖因尔等重于本族，不容外人，动辄以小事与邻族相杀，成为世仇，以致孤立，遇事不能和衷共济，被人轻视。以后遇有争执之事，呈报地方官判断曲直。如不报官，再有仇杀之事，查明起事之人，格杀无论。

八、抢劫。盗贼为百姓大害，自设治以后，犯抢劫者杀，犯盗贼者重惩。如有知抢盗者，报知地方官有赏，拿获者重赏；如知抢盗不报者，查明与匪一律同罪。

九、查尔等地方不计婚姻，有女子数夫，至老来无有伴侣；而男子胡行，至晚年无有儿女，诚为可怜之事。是问谁无父母，在儿女幼时，当父母者如何爱护，比至成人，不顾父母，何心忍之。而以己老亦被儿女所弃，一报还一报，成为习惯，实为野人也。本大臣尤见于此，已令地方官传知保正、村长：凡男女由十八岁至三十岁为婚期，遵父母之命，凭媒妁之言，一夫一妻，不准多夫，亦不准多妻。婚时由地方官发给婚姻证书，为永远之夫妇。一家兴衰全在夫妇和爱与不和爱。如和者，生儿育女，老来为一家之长，乐何如之。以后，再不准苟合为无夫妇父子之人，违者重罚。

十、查尔等地方尚无文字，刻木结绳，何能记事，故此无文化者为野人。今既设治，应从汉礼，设立学堂，教尔等子弟入学读书，数年之后，可以明白道理、礼节，何为夫妇，何为父子，尊长怜幼，孝敬父母以及婚丧嫁娶一切事宜，此本大臣为尔等设学之本意也。而学堂教官、纸、笔、课本，皆由公家发给，不教尔等有一钱之费，可得无限智识，知文化而行人道，亦可免去从前野人之名。

46. 程凤翔申报造纸万余张听候拨用①

宣统三年（1911年）二月二十九日

窃标下于宣统三年二月二十六日奉到钧批开："禀悉。造纸材料既经办齐，仰饬经手之人妥协。现在本大臣由省购来竹帘十八幅，兹随批发下，仰即领用"等因。奉此。其竹帘十八幅均于是日收到。

惟卑职纸料于正月初间开煮二槽，并添置桶榨一套，分两处造纸，以

---

① 四川省民族研究所编：《清末川滇边务档案史料》，第887—888页。

期迅速。于二月十七日兴工，于二十八日已将二槽纸料造完。共取得细纸一万零四百五十八张，粗纸二千五百二十张，仍存卑营听候拨用。

此次之纸，较前稍白，惟去岁砍竹过时，仍前粗涩，曾于二月十九日禀报在案。去岁采办之料，今已无存。容俟新笋发生，趁时取料，再行试办。

三　进军波密

1. 程凤翔详报攻克觉聋、拔龙①

宣统三年（1911 年）闰六月

为通报军情事。窃标下于六月十七日奉令，全营开赴波密。十八日率队兼程前进，二十八日入波密境，连行并无居民，虽有石卡，亦无兵守。标下前报七站者，原系小道，只可徒行，不利运载，此次全队开拔，辎重不少，不能不由大道绕越而行，三十日至下波密之觉聋地方，碉大且固，四面皆凿炮眼，如桑枝大昭形状。惟百姓全奔，亦无一人。卑营据一大碉下寨，次日闰六月初一晨早四钟，匪由高山溜下劫营。卑营自鸡贡拔队，沿途皆巡更守卡，官长轮流逻查。是日预防此举，更加严防，故贼未至而我炮先施。殊贼势大，众蜂拥而来，天明始退。督队前行未及十里，觉聋隘口尽是狭沟，贼众据卡抵抗，后路之贼四山围下，占据坚碉，遣匪截击辎重，以分兵势。我兵前后受敌，势甚危殆，标下分为二队，以一半直攻前路；以一半回作后援，视其缓急往返接应。贼众四山麇集，弹雨药云，势颇猖獗。弁勇奋不顾身，先夺前卡。其时后路已围困重重，复分二成队伍往救。标下督队前进，乘贼不备，夺要隘而争上游，贼知前卡已破，心胆俱裂；又添我兵二成，立刻击奔后路，后路既清，前队一意夺卡而进。殊贼见势不利，拆桥阻兵，以缓战势。幸江面不宽，立刻架木以渡。又四、五里，行至大坝，人烟稠密，荆榛繁芜，贼众据卡以待，或由碉内放炮，或在卡内放枪，兵勇四面受敌，卡坚难破，于是分作三队，一面取

---

① 任乃强、任新建：《清代川边（康藏）史料辑注》，巴蜀书社 2018 年版，第 750—751 页。

碉，一面攻卡，午后三钟至九钟，始将卡隘攻破，坚碉夺获。于是据碉下营，周围设卡防夜，以杜劫袭。是日晨四钟战至晚九钟，弁勇冒险摧坚，人自为战，争先恐后，精神倍增，标下谕以孤军深入虎穴，惟拼命庶可全身。所以贼虽漫山遍野而来，终不敌以一当百之兵。是日，共夺四卡，行程五十里，毙敌无数，觉聋一带中亘大江，两山壁立，所毙之贼或堕入江漂去，或挂岩无路剎取首级，共取首级三百四十二头，天热路远，解呈维艰；又因后路梗塞，不能呈送。至于蛮刀叉枪夺获无算。因卑营开拔期促，鸡贡民少，乌拉难支，除军火粮米外，一切衣物被垫皆无驮运。波密之民既去，我兵所过村落纯是空房，又无处支应乌拉，现在开拔在途，何能久留所获，军械又不能授敌以柄，当即毁坏投江，又杜后患。惟觉聋碉房为贼占据，虽经夺回，费力不少。既经夺获之碉，后路无人填扎，若仍全壁与贼，萃为渊薮，扼我要害，患伊胡底，当将觉聋夺回之碉与沿途所取之碉，概行焚毁，免使藏垢纳污，贻我后患。卑营帮带黄云章左膀炮伤甚重，然非致命之处，谅无大害。其余什勇受伤阵亡均不乏人，另单粘阅。惟刘复成、冉正海因履险追贼坠岩、坠江而死，失去全套军装。是役也，弁兵苦战，前击后援，往返三次，困顿已极。现在孤军无援，波番之强悍猛鸷又非寻常可比，若前路再遇劲敌，势必难支。拟在拔龙休息一日，以养锐气，而资敌忾；一面搜山断后，并可调治伤勇。除通报调任边务大臣外，为此具详须至详者。

2. 程凤翔详报攻克曲宗[1]

宣统三年（1911 年）闰六月

为详报攻克曲宗事。窃标下于闰六月初一日连夺四卡后，该逆焚桥阻兵，以缓战势，当即派兵率蛮修桥，曾经标下详报在案。讵都基纵河宽水急，但从东岸支木撑架不能以达彼岸，拟扎木筏牵渡，庶不误事。然必有一、二人先凭河以牵绳索。因出赏需五十元，用昭鼓励。桑昂曲宗夷民瑞初曲拍、阿公夷民江村二人，自称素识水性，甘愿徒涉而往。讵至中流淹

① 任乃强、任新建：《清代川边（康藏）史料辑注》，第 752—755 页。

毙，殊堪悯恻。将来查明该夷家族，再给予恤赏，以慰民情而昭体恤。都基之桥既不能架，自应向曲宗寺一路进攻，而近寺大桥亦被逆僧拆毁。卑营所住拔龙，四面皆兵，连日炮声不绝，焦灼万分，无计可施。因思蠢蛮尚有拼命，标下身受国恩，岂容苟且偷安。即于初四日午前十二钟率队径取曲宗，意谓全军深入，匪势猖獗，地无容身，进退维谷，与其坐以待毙，何如奋进求生。曲宗距拔龙三十里，标下乃身先士卒，奋勇直前。比至寺前，中隔大河，未有桥梁，四面枪炮弹雨药云，只得用开花炮轰击，山上之匪畏惧而奔，敌炮稍停，而喇嘛寺之抗拒益力。标下左右分队搜山，以剪羽翼；又用开花炮指击逆寺。喇嘛以我无桥渡江，有恃无恐。搜山弁勇两面施炮，抵住喇嘛不敢扑到河边，标下乘势督勇架桥。而河面宽大，非两岸接连，势必宽不能及。幸蒙天佑，风雨大作，叉枪明火不克应手，喇嘛气沮，又畏我开花、九子等炮，不敢出寺。探哨踩得下游二里，河分数派交流，浅而且平。标下出赏需藏元五十枚，鼓励奋勇过河接木搭桥。该逆但从寺内放炮，不敢出寺逼迫。我兵由坎下偷渡，该逆莫可如何。卑营前次夺卡，此次克寺，虽借重开花大炮，而风雨之来会逢其时，是盖有神灵焉，非人力所能为也。勇至彼岸，仍不能拗木直达，始用包布纹成绳索，接长数丈，系于杆稍，坠石掷去；对岸之勇扯上二根排达拴牢，骑溜而渡。雨仍未止。逆僧见我兵过河，哄然而奔，不敢回顾。我兵奋勇冲击，毙匪甚多。前五什长周福昌左腹亦被炮伤，子弹由侧面穿出，尚不甚重。当又生擒一名罗布桑珠，年六十二岁，曲宗寺对岸纳达村人。称此次波密全境滋事，经手调兵者有世袭番官白马策翁，年四十余岁，住下波密，统管上、中、下波密及保俰地方，今知势败，已遁保境去矣。又有桑宗寺喇嘛降秋、桑江布二人，曲宗寺喇嘛躭姬推哒、降巴、尼聋次登三人，达英寺喇嘛格冗汪姬、登真曲批二人。以上八人皆主手调兵之领袖，现在兵败远扬，不知去向。其余喇嘛百姓，均于三日内可以觅回来投等情。

据此，窃查标下入波八日，于兹所见，只交战之人，并无交谈之民，今罗布桑珠既能详言各节，当即赏茶二甄，以结其欢。使往招诱逃匪归来，一面开导，一面抚绥，除暴安良，庶有下手之处。然曲宗形势险固，诚不多见。此次乘风雨而来，亦难逢之机会。如其前进，无人填扎，该逆潜据（其）中，则异日复攻，恐未必再有机缘，此诚标下所朝夕殷忧者也。标下入寺查点，该寺大招二座，炮碉八座，宿舍七十院。又夺获叉枪八十九杆，英造猪槽快枪二杆，蛮抬枪五杆，蛮刀二把，梭标五杆；青稞麦子所获不多。卑营乌拉皆系阿公百姓过站径送，道远日多，口粮报馈（匮），迄波民败溃远扬，无可采买，即以所获之粮转给，以恤民困。其余物件，不知该逆预藏何处，寺内洞然一空。标下点查明晰，除驻兵碉房外，概行粘贴封条，免使不法之徒任意拆毁。惟附近碉房甚多，恐该逆潜回盘踞，围困我兵，卑营孤军误入，波民强悍绝伦，受累不小。当即焚毁，以杜后患。该寺一面靠江，一面悬崖峭壁，高逾数百寻，借作外坦生成之险，其余三面皆是平坝，该逆高筑围墙，皆有炮眼。又开五门，以通出入，而便巡守，居然城池制度。大招二座及当路僧舍，均凿炮眼重重。此等固垒重关，实难攻破。前奉稳扎稳打之谕，仰蒙威福，一鼓而下，并未多伤兵勇，诚初念所不及料。

正缮禀间，适一蛮民送来我统宪发赏贴松宗，晓谕投诚告示一纸。查松宗距曲宗尚隔一大站，标下当将示中美义反复阐说。据该蛮民称，松宗百姓本愿投诚，惟畏喇嘛，无人敢倡此议。今奉督办告示，又经该番挫败，容我回劝，势必悔罪来归等语。应即暂驻曲宗，俟其来投，仰体我宪恤民之隐衷。倘仍抗拒不恭，标下再督队往攻，以扬国威而戢叛志。

再，标下前奉统宪札饬赴倾多寺会兵，或收服松宗仰即径往倾多之处，伏候统宪训示。再初一日，夺卡而获叉枪蛮刀，因在途接仗，未有乌拉，不能载运，当经毁弃，曾经详报在案。至攻克曲宗寺所获之叉枪蛮刀，以有所危盖，暂存该寺。此次夺获较前虽少，亦需乌拉数十匹，如再开拔，未有乌拉亦无由运载随行。其枪刀将来如何处置之处，并候示遵。

标下于闰六月初一日率队攻卡，拟径攻都基纵，以夺桑宗要隘，至拔龙天晚，不克前进，该逆畏惧，是夜焚桥阻兵，并不投诚。后三日架桥不成，时在四山施放冷枪，用情已属可诛。昨初四日，标下率队进攻曲宗寺，即将乌拉军火粮米概行存营，以期队伍轻捷，该逆乘虚劫营，喊称桑宗之众欲报觉聋之败，逆状显然。我军悉力抵御，未致误事，今移曲宗，料该逆必劫后路辎重，派五成队在途迎击，行十余里，果遇该逆兵追来，两下相攻，贼兵大溃。绕回曲宗下流过渡，沿江而下直攻都基纵。该逆内聚匪党数百人，砌卡据碉以拒，外用马队二百余人分道冲来，我军先将马队击散，然后分作三路，以一队抄出石山之上，指击寺中喇嘛，该逆大恐，哄然而奔，因思都基为桑宗要冲，得之则扼其喉，失之更添一翼，不如焚毁该寺，免使该逆再聚于此，牵制我军后路；或此桑宗失险恐惧来归，不致负固鏖战，亦省兵恤民之计也。除通报边务大臣外，为此具详须至详者。

3. 程凤翔申报遵饬开拔松宗①

宣统三年（1911 年）闰六月十二日

为申报事。窃标下于闰六月十二日奉统宪批，除原文别案恳免备预测外，后开"至松宗、达心两寺，该堪布等不能具保"等语。自应派兵往剿，以示国威。兹复再发告示一张，饬其速赴该营投诚，如再执迷不悟，观望迟延，该管带于奉此批时，先专夷民驰送告示，一面即率兵前往，定于本月十五日将该寺一鼓荡平。克复后即到达心寺，与中营合兵。其达心寺，兹已另派西军中营及本军中营吴、冯两帮带率队，亦于十五日往剿达心。查达心距松宗只一大半站，松宗距曲宗亦只一站，饬中营收复达心后，拔队驰赴松宗夹击，以分其势。彼此望时通声气，彼捷往此应，此捷往彼应，互相应援，庶免贻误。访闻松宗尚有番官在内。至学哇牒巴及喇嘛降秋、桑汪布三人，皆此案首要，不得不厚以兵力。至行军事务，务须时刻留心，埋伏、劫营、包抄、截后皆宜严防，是为至要。等批。奉此。

标下查曲宗距松宗固是一站，标下探得松宗寺前面大桥，该逆早已拆毁，水势湍急，不能凭河而济；且又有贼砌卡防守。外有小路过曲宗寺前大桥，至拔龙进沟，越山即达松宗寺背后，并不过河。卑营即由小路进

---

① 任乃强、任新建：《清代川边（康藏）史料辑注》，第 757—758 页。

攻，较大路远虽过半，然未有河桥阻隔，尚能转迟为速，或可得捷足之登。惟山高路狭，不利辎重，并有徒行可过而不能行牛马之处，现在卑营带伤弁勇，除已身故二人外，尚有一十七名均不能随队前行，拟恳派本营后哨牟韩清和率勇丁六棚，留扎曲宗寺与带伤勇同守辎重，以杜贼匪觊觎固垒，断我后路之妄念。帮带黄云章膀虽受伤，口尚能言，已面商帮带率留扎弁勇镇抚曲宗。借收投诚枪炮刀械。惟卑营兵力单薄，必面面布置周妥，然后前进，以昭慎重。至奉批后立饬喇嘛飞递统宪告示，谕招松匪投诚，往返不过一日。即一面整顿军马准备开拔，并一面飞饬左右两哨弁勇回防，一同前进。窃卑营自鸡贡拔队之日，遵悉前敌吃紧，诚恐迟缓贻误事机，所有随同弁勇，罔非轻骑兼程，各带一月之粮前进，其余粮驮，酌差弁一名，率勇二十名随后押解，以免沉滞。昨初十日，阿公夷僧由襟底纫递该差弁禀称，军粮已至仁宾，闻觉聋山下有波番数百人截堵隘口，夺劫往来文报，杀伤差使，故未敢前进，仰恳派兵前来接运等情前来。标下当派左哨哨弁张绍武、后哨哨弁韩清和二人，共率什勇六十名前往接运军粮，今尚未回。按程计日，当在十四日回防，立即率队前进，尚能十五日直抵松宗，绝不敢稍事稽延，有负委遣之至意。除函张、韩两弁迅疾回防，以期早时开拔，进攻松宗。除电报调任边务大臣暨申复本军统领外，为此具申，须至申者。

4. 程凤翔报攻克松宗情形①

宣统三年（1911 年）闰六月十八日

为通报攻克松宗事。窃标下于闰六月十二日接奉督办批饬，率队进攻松宗，准于十五日一鼓荡平，往达心寺会兵，彼此接应等因。奉此，其时卑营左哨弁张绍武、后哨弁韩清和率勇六十名，往迎后路辎重未回。查该寺大路甚近，河宽水急，桥早拆毁，无从渡济，不得不由小道绕越而行，十五日傍晚，张韩二弁始至，即于是夜一钟拔队前进，逾我大山百余里，陡窄异常，即蛮民亦不常到之地，十六日野宿那衣龙巴，以松枝搭盖牛棚

---

① 　任乃强、任新建：《清代川边（康藏）史料辑注》，第 758—760 页。

二间，十七日五更开拔，沿途茂林蔽天，荆榛匝地；或援木开道，或攀藤绕越，险峻莫匹。行四十里，至却真龙巴，两山耸峙，傍岩脚注注长约里许，高数十丈，两岸半岩突起乳堆，上有微窝，贼就势砌卡于上；岩脚距江不过数丈，并以大石填砌坚卡，高逾于肩。我兵地势不利，至卡并无遮蔽，擂石如雨，大逾合抱，兵勇无力径取。窃维深入重地，又逢绝栈，后路之危，退不容足，前路之远，又难逆料。与其退后受困，势难再返，不如拼命前进，或可求生。因与各哨弁长商议，中路用兵直捣坚卡，以掣贼肘，而见他顾；又以弁长各率勇三十人，从上面石缝中攀岩而上，半山中有石墩能容十余人，高出上卡之上，可以抵击，以断擂石。上卡之贼即被我军半山截击。路卡贼退，我兵乘势追击，不上二里又遇一卡，坚如前状，幸彼可以包抄，贼又溃，两卡毙贼血流满地，尸横遍野。又上下之贼中炮翻落江中者极多；我兵弁险夺隘，失足坠江者一，为贼击毙者四人，均失去枪械军装。两卡既破，贼已大溃，知下流一桥，缓则必为贼拆，于是麾队跟追，先夺要隘，即可径至松宗。沿途追赶击毙该匪甚多，愈追愈奋，贼有抛刀枪而逃者，亦有弃衣物而逃者，自卡至桥二十里，沿途贼尸累累，枪刀纵横，各皆徒步不能搬运，是以置之不顾，首级亦未割取。比至桥东，贼已将桥上复板拆去及半，连击数贼坠江，贼始尽去。勇丁跨度将板移匀，大队始尽过河。又十余里至南约龙巴村之右，其路系经岭中横堑一缝，以通出入。我兵自外而入，贼匿于中指击，以路缝长而窄，又甚纡曲，我炮实不能中。于是堵住路口，分队抄出卡背，先击卡后之贼，以孤其势；缝中之贼无多，四视卡后贼退，惊惧而奔还，据坚碉以待大队。入坝未及一里，四面坚碉中叉枪抬枪齐发，我兵伏匿沟中，幸稞麦深茂，潜由田中伏藏至碉外，一齐举火焚碉数座，贼猝未防，焚毙击毙甚多，水为之赤。然有奋贼据碉施放冷枪者，并饬一律焚烧，以清伏莽。时已午后四钟矣，于是径取松宗。该寺在二水会流之间，三面临江，西北一面二桥虽拆去复板，而桥梁尚存独木。二桥又在该寺之前，实为贼之退路，其时冯、吴两邦带并无接应之信，我兵势寡，但从东南进攻，只能攻及二面。该寺垣墙虽不甚高，而炮眼甚多，四角炮碉坚固，实在无法扑取，始以开花炮轰之，连放多炮，始将东南炮碉轰塌一穴，又接连三炮入寺开花，贼惧，退守西北一面。其是大炮已坏，子弹用完，不能再轰。我兵奋勇三十余人，直入贼碉，焚其巢穴。逆僧率大股贼来围攻，我兵一面奋击，一面焚碉，伤贼百余，焚炮碉一座，我兵亦伤亡二，寺内炮声仍然不绝，又以寺前之桥无人防守，深恐救兵再至，众寡悬殊，势不相敌。晚八钟，派奋勇四十人，各带火药包扑入寺；以中后弁长率兵百名接应。寺大兵少，诚恐兵散难顾，然既入虎穴，不得不即擒虎子。各丢火药包焚碉，贼惧乱窜，焚毙击毙不计其数，我兵伤亡亦多。是日自早七钟战至晚九钟，连夺七卡，焚毁该寺，七十余里饮食概未沾唇，较觉聋之贼尤为劲悍。通共我军阵亡十二名，带伤弁勇三十名，另单贴阅。所有前后打坏枪枝，用去子弹容后汇报。松宗既破，贼匪毙固多，逃亦不少，该逆过河竟将桥梁一并拆去，更无别路可往达心，非连番大战不敢前往接应也。其桥何日修成，容再续禀。再，后哨伙夫刘松亭，于十七日夜自告奋勇入寺放火，因带伤陷入火中，枪支一并焚毁，今于灰烬中清回，枪支已坏不堪用，合并声明。除呈川督部堂外，为此具详须至详者。

5. 程凤翔申报拿获桑江布由[①]

宣统三年（1911 年）七月初四日

为申送要匪事。窃标下于七月初三日据卑营哨弁康德纯等禀称，该哨弁于闰六月二十九日，率队抵一铺贼巢，探知匪首桑江布于前二日逃匿牛厂，距一铺不远。即于七月初一日五更，率队驰追，行至山间，天尚未明，据乡（向）导夷民称，前有卡隘，详审形势，有路包抄，因分两队，以一队度出卡后，齐施排炮轰击。贼众四散，寻至岩窝，擒获桑江布及马一匹，又枪十三杆。悬岩无路，本是木梯搭接以通往来，该匪足破手癣，不能下梯；大路之桥早经匪拆坏，现在尚未修成，即行将匪首押解回营等情前来。

据此，窃查标下于闰六月十二日接奉督办批，内开"学哇牒巴及喇嘛

---

① 任乃强、任新建：《清代川边（康藏）史料辑注》，第 783 页。

降秋、桑江布三人皆此案首要"等因在案。标下奉谕无日不查访踪迹，务期拿获，以除巨害。嗣探得学哇牒巴、喇嘛降秋早逃拔龙，各处战事无非桑江布一人主持，该匪手足虽残，远近僧俗无不听其指挥，实为此案首要，仰蒙威福既经拿获，应即具文赍宪辕伏乞惩治，以振军威。

再，桑江布既为首要，而押解决不敢稍疏，俟该哨弁等解回之日，即由标下率勇亲身押解赴督办风行辕，合并声明。除通报四川总督部堂暨督办外，为此具申须至申者。

6. 程凤翔申报拿获降巴勒曲请示办理由①

宣统三年（1911年）七月二十日

为申报事。窃标下于七月初九日接统领批，开："据申已悉。解到松宗首逆喇嘛桑江布，业已验收提讯，供词大致相同。惟称该寺并无大宝银锭，前供似翻译误会，仍候复讯究办，并据该逆供称，该寺尚有大小降秋喇嘛二名，较桑江布尤为狡悍，闻由雨普村逃赴桑昂曲宗之罗巴村藏匿，仰该管带应随时留心踩捕惩治，以杜后患"等因。奉此，标下遵批即派人四路查访大小降秋踪迹，远近蛮民称，大小降秋固是松宗匪首，其去向实在不知。惟有降巴勒曲，本是阿公学登寺呼图克图，与其胞妹苟合为婚，后来还俗在惹巫村，买小庙一座，在此静坐；又与其妹（即该还俗呼图克图之妻）修民房一间在小庙侧近，以便随时往来。松宗兴兵之时，曾将该呼图克图接调度军务。松宗破后半月始回，藏匿在山，此还俗呼图克图实为松宗匪首等语。标下闻知，即令学登寺喇嘛前往招诱降巴勒曲，且谓汉兵已经撤回，必不再来擒拿，以安降巴勒曲之心，使不再逃，旋于十一日率队回住学登，问及喇嘛，皆称降巴勒曲在松宗助战是实，现尚在家。即派哨弁康德纯轻骑简从往拿该匪首，于十八日解到鸡贡，究讯助战情形是否属实。据降巴勒曲供称，系西藏人，原在阿公学登寺出家，因与其妹甲巴直马配为夫妇，还俗住惹巫村。"当松宗寺欲抗官兵之前，三次来请我去念经，装护身符给与蛮兵，以保护身体而利战事。先到拔胸蛮营内念

---

① 任乃强、任新建：《清代川边（康藏）史料辑注》，第784—785页。

经，装成护身符一筐（篾）筐，共有千余个，分给蛮兵去后，迫大兵来时，我是在拔胸嘛呢堆卡子跟前打过三炮，汉官一炮将我同寺喇嘛打死一人，我见势头不好，退过夺吉宗。两边打仗直至深夜始散，伤蛮甚多，各皆害怕，始焚夺吉宗之桥以阻进路。后来又到松宗寺念经，将前呼图克图之衣服扯碎，装成护身符一千余个，遍给蛮兵，督令上前打仗。闻大兵至却真龙巴沟中来攻我寺之后，恐卡子抵敌不住，派喇嘛八人前往探信，并且助战，比至却真龙巴，而卡子已打破两道，喇嘛八人飞马回报，而大兵已至南约龙巴。我知势不能抵，退过对河躲藏小庙，后有管家四人陆续奔过河来同住于中，即烧松宗（桥）之时，我等皆看得明白，我们在小庙躲藏两日，以为松宗（桥）既经烧断，并无别路可通，必不受汉兵之困，后闻有达心寺之兵由松宗对岸而来，始逃往腊巴村，住二日向雨普逃回阿公地界；又恐大兵来拿，不敢径回家中，后闻松宗大兵已去，方才回家六日，大兵忽来将我拿获，只有悬恩赦宥"等语。据查，降巴勒曲身充呼图克图，配妹还俗已属不守清规，而又助战抗兵，亲施炮击，其罪不容诛。即将该还俗呼图克图降巴勒曲押留在营，禀请训示办理。所有拿获匪首降巴勒曲，讯确口供缘由，除申报四川总督部堂暨统领外，为此具申须至申者。

7. 程凤翔申报办理雨普各村情形①

　　为申报事。窃标下于七月二十日接奉督办札开："照得本督办昨据该管带禀报，阿熙村三十六户及然南、米根两小寺，不惟不来投诚，且复毁桥阻兵，情殊可恶。当经批饬就康哨弁队伍在此偏桥造成，即往剿抚兼施。又查雨普内有墨娃、格扒、阿熙、梅麦、米堆雅达、炯计共七村，又夺吉村属拔胸村，至今均未报名领照。现在罗参赞已派谢管带前来接防，所有未投各村系该营责任，今亟札催。为此，札仰该管带遵照，即便转饬该哨弁等，赶将阿熙村收服；一面分饬所指未投各村，迅速缴械，开造丁口来倾多领照。各村到齐，该管带始可交替，勿任漏网，贻人口实，是为

---

① 任乃强、任新建：《清代川边（康藏）史料辑注》，第787—788页。

至要，特札。"等因。奉此，标下遵谕当即飞转札饬该哨弁等遵办。

去后，于二十一日姚哨长解回阿熙村劫文匪众二十一人，哀恳投诚。因该夷等各有家小，已令亲赴督办行辕领照在案。二十二日，哨弁康德纯、张绍武、李西林等回防，面称：前奉札转督办札饬各节，当即遵照急力赶办，其时所搭偏桥业已兴工数日，尚未搭成，缘该地岩悬路仄，断涧阔深，仅容一二人到桥边；木长且重，不能径递，而峭壁百仞，又无人可以旁助，因设法鳌梯，多上数人帮力，所以需日太久，至二十日甫始行将偏桥搭上一根，因天晚不能跨渡。二十一日黎明，驱队前进。比至，而然南两庙宇成灰烬。究其始末，该寺之险本恃在桥，随时有人在近桥一带侦探。至二十晚，知偏桥搭上一木，可以跨越，一过此处则无险可恃，飞报该僧大恐，即于是夜自焚其寺而奔。此地除僧寺外，更无居民，拟即沿河而上，直抵波密、阿公边界，以清伏莽。据附近百姓称："由此而上，路在沿河两岸，往返过河八道，又无数偏桥均被喇嘛毁坏，如不搭造则无他路绕越。即一桥搭上一木，地势又险，偏桥又长，无论如何催逼，亦须四五个月工夫，若欲修成桥样，恐一年之久尚难告竣。至于该地百姓，我等素有愿投之心，惟无路可通，不能过来，无法来投。"等语。哨弁等往勘首桥，实与所称之险无异，因率队回防，请示办理，等情前来。据此，标下当又传松宗百姓详询该地形势，所称亦同。其桥一时实难修造，应即据实转禀上呈慈鉴复查，七月二十日接督办函开："西藏已派谢管带国梁接防松宗一带，贵营应俟谢营至日，将两处枪刀交清后，即可拔队凯旋。"

二十一日，接罗参赞函开："闻兄经理盐井差务殷繁，不能久驻在外，凤统领欲弟派兵接防，殊为惆怅深之。"又凤统领移文："波境归藏，边军凯旋。"又信云"后营早即回防"云云。

二十一日，接谢管带函称："弟于十七日奉罗参赞命令，开赴松宗、达心一带。然弟由东路进攻，系归凤督办节制，亲诣倾多请示，批谕弟暂驻达心。若由达心开进，尚须听候命令。"

二十四日，又奉督办札开："西藏罗参赞现派谢管带暂驻达心，专待该营将本督办所指各村办毕，即来接防。仰即从速办理，毋稍迟延。"各等因在案。查雨普一带共计七村，其那、宋汝、勒巴、阿熙四村已先后趋督办行辕领过护照在案。所奉督办札谕或七村未投，或六村未投，是已经发过护照之四村均在其中，至未领照之米墨、米堆、协洼三村，百姓实心愿投，不过阻于重桥，无路前来领照，又无他路可以绕越。前奉钧谕"如无战事，即早回防"等因，今谢管带驻扎达心，尚未前来接防，标下为此三村逗留波密，不知回防又在何时。所有办雨普各村情形及谢管带尚未接防各缘由，除通报川督部堂外，为此具申须至申者。

参考文献

一 史籍、档案及地方志文献

1. 阿旺罗桑嘉措：《五世达赖喇嘛自传》，陈庆英等译，中国藏学出版社 2005 年版。

2. 《册府元龟》卷五六〇，中华书局 1960 年版。

3. 陈克绳：《西域遗闻》，载《西藏学文献丛书别辑》，中国藏学出版社 1995 年版。

4. 程凤翔：《喀木西南志略》，中央民族大学图书馆藏 1959 年抄本。

5. 段鹏瑞：《巴塘盐井乡土志》，宣统三年（1911 年）油印本。

6. 多卡夏仲·策仁旺杰：《颇罗鼐传》，汤池安译，西藏人民出版社 1988 年版。

7. 傅嵩炑：《西康建省记》，1912 年排印本。

8. 顾祖成等编：《清实录藏族史料》，西藏人民出版社 1982 年版。

9. 贺觉非著，林超校：《西康纪事诗本事注》，西藏人民出版社 1988 年版。

10. 黄楙材：《得一斋杂著四种》，光绪十二年（1886 年）梦花轩重校刊本。

11. 黄沛翘：《西藏图考》，载《中国边疆史志集成·西藏史志》，全国图书馆文献缩印复制中心 2003 年版。

12. 李凤彩：《藏纪概》，中国藏学出版社 1994 年版。

13. 李梦皋：《拉萨厅志》，载《西藏地方志资料集成》，中国藏学出版社 1999 年版。

14. 马揭、盛绳祖：《卫藏图识》，原系刻本，后有抄补本。

15. 潘锡恩等撰：嘉庆《大清一统志·西藏》，清道光二十二年（1842 年）抄本。

16. 《清实录》，中华书局 1985 年版。

17. 《清史稿》，中华书局 1976 年版。

18. 任竞：《重庆图书馆藏刘赞廷藏稿》，国家图书馆出版社 2015 年版。

19. 任乃强：《任乃强藏学文集》，中国藏学出版社 2009 年版。

20. 任乃强、任新建：《清代川边（康藏）史料辑注》，巴蜀书社 2018 年版。

21. 四川省档案馆藏：《川滇边务大臣衙门档案》（共 1193 卷）。

22. 四川省民族研究所：《清末川滇边务档案史料》，中华书局 1989 年版。

23. 土观·罗桑却季尼玛：《土观宗派源流》，刘立千译，民族出版社 2000 年版。

24. 吴丰培辑：《川藏游踪汇编》，四川民族出版社 1985 年版。

25. 吴丰培：《吴丰培边事题跋集》，新疆人民出版社 1998 年版。

26. 吴丰培编：《赵尔丰川边奏牍》，四川民族出版社 1984 年版。

27. 西藏昌都地区地方志编纂委员会：《昌都地区志》，方志出版社 2005 年版。

28. 西藏昌都地区左贡县地方志编纂委员会：《左贡县志初稿》，不详，2008 年。

29. 西藏林芝地区地方志编纂委员会编：《林芝地区志》，中国藏学出版社 2006 版。

30. 西藏芒康县地方志编纂委员会编著：《芒康县志》，巴蜀书社 2008 年版。

31. 西藏社会科学院：《西藏地方志资料集成》，中国藏学出版社 1999 年起陆续出版。

32. 《西藏研究》编辑部：《西藏志》《卫藏通志》合刊，西藏人民出版社 1982 年版。

33. 西藏自治区察隅县地方志编纂委员会：《察隅县志》，中国藏学出社 2018 年版。

34. 萧腾麟：《西藏见闻录》，清乾隆七年（1742 年）成书。

35. 许光世、蔡晋成：《西藏新志》，上海自治编辑社 1911 年铅印本。

36. 佚名：《西藏志考》，中央民族大学图书馆藏清抄本。

37. 佚名：《西域全书》，南京图书馆藏手抄本。

38. 张海：《西藏记述》，载《西藏学文献丛书别辑》，中国藏学出版社 1995 年版。

39. 张羽新：《中国西藏及甘青川滇藏区方志汇编》，学苑出版社 2003 年版。

40. 中国藏学研究中心等编：《元以来西藏地方与中央政府关系档案史料汇编》，中国藏学出版社 1994 年版。

41. 《中国地方志集成》编辑指导委员会：《中国地方志集成》，巴蜀书社 1995 年版。

42. 中国科学院历史研究所第三所主编：《锡良遗稿》，中华书局 1959 年版。

二　学术论著

1. 边师：《硕果累累的边疆研究者吴丰培先生》，《中国边疆史地研究》1994 年第 2 期。

2. 仓修良：《方志学通论》，华东师范大学出版社 2014 年版。

3. ［英］查尔斯·贝尔：《西藏志》，董之学等译，商务印书馆 1936 年铅印本。

4. 傅振伦：《中国方志学通论》，上海商务印书馆 1935 年版。

5. 格勒：《甘孜藏族自治州史话》，四川民族出版社 1984 年版。

6. 何金文：《西藏志书述略》，吉林省地方志编纂委员会 1985 年版。

7. 黄天华：《边疆政制建制与国家整合：以西康建省为考察中心（1906—1949）》，人民出版社 2014 年版。

8. 拉巴平措、陈庆英：《西藏通史》，中国藏学出版社 2016 年版。

9. 刘凤强：《清代藏学历史文献研究》，中国社会科学出版社 2015 年版。

10.〔日〕山县初男：《西藏通览》，成都文伦书局 1909 年版。

11. 沈卫荣：《想象西藏：跨文化视野中的和尚、活佛、喇嘛和密教》，北京师范大学出版社 2016 年版。

12. 石硕：《西藏文明东向发展史》，四川人民出版社 2016 年版。

13. 王川：《西藏昌都近代社会研究》，四川人民出版社 2006 年版。

14. 王川：《西康地区近代社会研究》，人民出版社 2009 年版。

15. 王尧、王启龙：《中国藏学史（1949 年前）》，中国社会科学出版社 2013 年版。

16. 赵锋：《儒家伦理、国家民族观与权威认同的危机》，《中国社会心理学评论》第 12 辑，社会科学文献出版社 2017 年版。

17. 赵心愚：《清代西藏方志研究》，商务印书馆 2016 年版。

18. 周迅：《中国的地方志》，商务印书馆 1991 年版。

19. 周振鹤：《中国行政区划通史》，复旦大学出版社 2009 年版。

20. Teichman, *Travels of a Consular Officer in Eastern Tibet*, Cambridge at the University Press, 1922.

21. Miachel C. Van WaltVan Praag, *The Status of Tibet：History, and Prospects in International Law*, Westview Press, 1987.

22. 陈一石：《傅嵩炑与〈西康建省记〉》，《四川文物》1988 年第 2 期。

23. 房建昌：《伪造的吴丰培先生所藏〈道光拉萨厅志〉手抄本》，

《西藏研究》2010 年第 6 期。

24. 黄辛建：《雍正时期行政划界研究》，《中国藏学》2018 年第 3 期。

25. 吕昭义：《清末中印边界东段察隅南界标界史实考》，《云南师范大学学报（哲学社会科学版）》2018 年第 3 期。

26. 秦和平：《20 世纪初清政府对西藏察隅等地查勘及建制简述》，《中国边疆史地研究》2009 年第 1 期。

27. 任新建：《凤全与巴塘事变》，《中国藏学》2009 年第 2 期。

28. 西藏自治区地方志编委会办公室：《西藏自治区地方志编纂工作进展情况》，《中国地方志》1999 年第 1 期。

29. 肖幼林、黄辛建、彭升红：《我国首批藏志产生的原因及特点研究》，《中国藏学》2009 年第 3 期。

30. 杨启昌校勘：《丽江——拉萨茶马古道线路及里程介绍》，夫巴主编：《丽江与茶马古道》，云南大学出版社 2004 年版。

31. 张钦：《〈藏行纪程〉所载滇藏交通研究》，《中国边疆史地研究》2020 年第 1 期。

32. 赵心愚：《道光〈拉萨厅志·杂记〉的有关问题及作伪证据》，《西藏大学学报》2014 年第 1 期。

33. 赵心愚：《清代藏汉文化接触日趋频繁的反映与见证——乾隆〈卫藏图识〉对藏语资料的收集、整理与研究》，《西南民族大学学报》（人文社会科学版）2020 年第 9 期。

34. 赵心愚：《清代川、滇、藏行政分界的档案文献及史料价值》，《民族学刊》2020 年第 2 期。

35. 赵心愚：《清末藏东南方志类著作〈门空图说〉〈杂瑜地理〉考论》，《民族学刊》2013 年第 3 期。

36. 赵心愚：《宣统〈盐井乡土志〉的"图"及其绘制特点与价值》，《民族学刊》2014 年第 1 期。